いれずみ（文身）の人類学

❖新装版

吉岡郁夫❖著

Yoshioka Ikuo

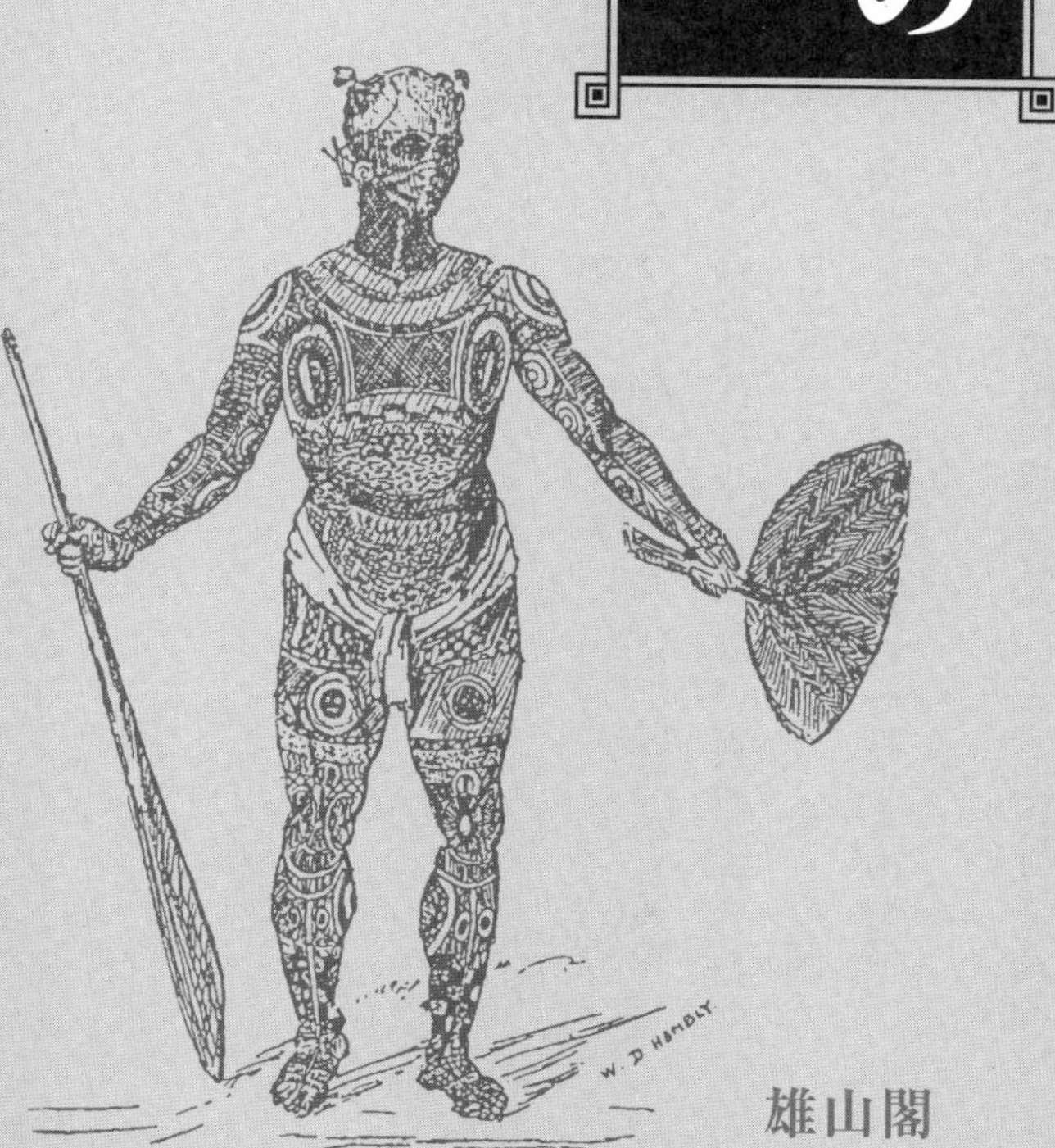

雄山閣

はじめに

いれずみに関心を持つ人は少なくないが、人によって関心のある分野が違っている。私が以前から興味を抱いてきたのは、日本のいれずみ習俗の歴史的な事がらである。縄文時代にはいれずみの習俗が存在したか、『魏志』倭人伝に表れた「黥面文身」の習俗はその後どのような変遷をたどったかなど、多くの問題がある。本書では主にその辺りに重点を置いて述べ、それと関連して日本の周辺地域のいれずみの習俗にも言及した。

いれずみには多くの表記があり、現在では「入墨」「刺青」「文身」が普通に使われている。これらの表記にはそれぞれの歴史的な意味が含まれている（第三部I）。本書では主にいれずみの歴史を扱っているので、倭人伝に由来し、古くから用いられている「文身」を使用した。

本書は全体を三つに分け、第一部では日本の文身習俗について述べ、古代（奈良時代）以降には習俗としての文身はほぼ消滅したと思われるので、簡単に触れるにとどめた。第二部では日本周辺の文身習俗を扱った。アイヌ、琉球は日本の一部であるが、日本の中央部の文身と区別するため、便宜上ここに入れた。文身全般にわたる項目を第三部とした。

内容は三部のどの章から読んでいただいてもわかるように配慮したつもりである。ただ第三部Ⅱ（文身の医学）だけは、できるだけわかりやすく書くように努めたが、基礎的な知識がないと理解しにくい個所があるので、飛ばして読んでいただいてもよい。

最後にお断りしておかなければならないのは、本書で取り上げた文身習俗の事例は自分で調査したものではなく、すべて引用である。これは私の関心が主に過去の問題にあったからでもあるが、現在日本の周辺地域では習俗としての文身は行われていない。現代の文身については、すでに何人かの研究者によって調査が行われているので、ここでは習俗としての文身に限ることにしたい。

目次

第二部　日本周辺の文身習俗

第一部　日本の文身習俗

I　縄文時代の文身

1　初期の文身研究

無形文化の研究　遠い時代へのロマンをかき立ててきた縄文時代の遺跡は、日本列島を襲っている開発の波によって、急速に現実の世界へ引きもどされている。それにもかかわらず、この時代の多くの習俗はいぜんとして明け渡しを拒んでいるようにみえる。

縄文時代に文身習俗が行われていたか、という問題は明治以来、人類学や考古学の研究者によって論じられている。未開社会は地球上から消えてしまったが、近年まで文身が行われてきたところが多い。そのため、一般にはその存在を肯定する傾向があるが、現代の習俗から直ちに縄文まで遡って考えるには、あまりにも時代の隔りが大きすぎる。

このような無形の文化を直接証明することは、日本では非常に困難であり、土偶などの遺物や古文献のほか、比較民俗学的な方法によって推測するほかはない。こうして生まれた仮説は新しい知見によって検討し、修正を加えながら乗り越えなければならない。そこで、明治まで遡って文身の研究史をたどること

図1　東京都大森貝塚の発掘（Morse 1879）

から始めることにしよう。

アイヌの伝承　縄文時代の文身習俗にはじめて言及したのは、坪井正五郎であろう。坪井は東京大学動物学科の学生のとき、東京人類学会（日本人類学会の前身）を設立し、後に東京帝国大学人類学教室の初代教授となり、日本人類学の基礎を築いた人である。

坪井はとくに文身に関する研究を発表してはいないが、土偶の顔の文様を文身と推定している。彼は、土偶の頬に文身の文様を示すような線を描いたものがあり、それは曲線を表していると述べているだけで、具体的にどのような文様かは記していない。

坪井は土偶よりもむしろアイヌの伝承の方を重視している。そのころ、アイヌの伝えるところによると、アイヌ女性の文身はコロボックルという異民族から学んだものだという。コロボックル女性は額と手先から肘まで、あるいは口の周りと手先から肘までの部位に文身をしたと伝えている。それに従うと、コロボックルの文身はアイヌ女性のそれとあまり違わなかっただろう、と推定している。しかし、後の論文では、石器時代（縄文時代）の文身は頰に曲線を入れるが、アイヌ女性のそれは口の周囲から耳の方に向かってベッタリと入れている、と両者の違いを強調している。

コロボックルというのは、アイヌの伝承に出てくる幻の民族である。坪井は、この伝承が北海道のほぼ全域にわたってアイヌの間で語られているので、事実を伝えているると考えた。

一方、坪井が東京大学予備門（予科）に入学した明治一〇年（一八七七）、モースE. S. Morseが大森貝塚を発掘して多数の縄文土器などを採集して話題になった。そのとき、獣骨に混じってそれと同じように壊れた人骨が発見されたのを見て、モースはそれを食人の証拠と断定した。彼は、アイヌは土器を作らないこと、食人の習俗がないこと、古代日本人が装身具として使った勾玉が発見されないことなどの根拠をあげて、この貝塚を遺した種族はアイヌでも日本人でもなく、アイヌよりも前も日本列島に住んでいた先住民と考え、それをプレアイヌと仮称した。坪井のコロボックル説は、モースの「プレアイヌ」を「コロボックル」に置きかえてみるとわかりやすい。坪井説も当初はモースのあげた根拠と大差がなかった。坪井はモースとの関係を否定しているが、影響を受けていることは間違いない。

土偶の顔面文様　坪井が文身と考えた土偶の顔面文様は、弟子の八木奘三郎によってより具体的に記載されている。八木は「標本取扱」として人類学教室に入り、明治三一年（一八九八）、かつての名著といわれる『日本考古学』を著した。これは日本考古学をはじめて系統的にまとめた概説書である。

この本のなかで、八木は、土偶の顔には二種類の文身が表現されているといい、

1　両側頰部に施されるもの。

2　両側の眉から眉間にわたって施され、同時に口の周囲にも施されるもの。

図3　**文身を表すといわれる縄文土偶**（イ・ロ）**とエスキモーの文身**（ハ・ニ）（八木1902）

図2　**八木奘三郎著『日本考古学』**（1902）**の扉**

に分けている。また、土偶の頭部と共に、エスキモー（＊注）の文身の図を掲げているが、本文にはその説明がない。

八木もまた師のコロボックル説を支持していたので、この文身はコロボックルの習俗ということになる。この本は坪井が校閲しているので、坪井の考えもこれに近いとみていいだろう。坪井は明治二九年（一八九六）ごろから、コロボックルはエスキモーに似ていることを強調しているので、八木がエスキモーの図を載せたのはそれを意識してのことであろう。

明治三九年（一九〇六）、中沢澄男と八木の共著で出した改訂版『日本考古学』でも、前著と同じ分類が引きつがれ、さらに次のような説明が追加されている。

> 頬部の文身にも多少の差があり、はなはだしいものは耳の近くまで及ぶものがある。これは必ずしも女子とは限らず、乳房のない土偶のなかにも、この風習を表したものがある。また、男子の文身はエスキモーの間にも行われているので、男女共通の文身習俗は珍しく

明治三十七年十月二十日

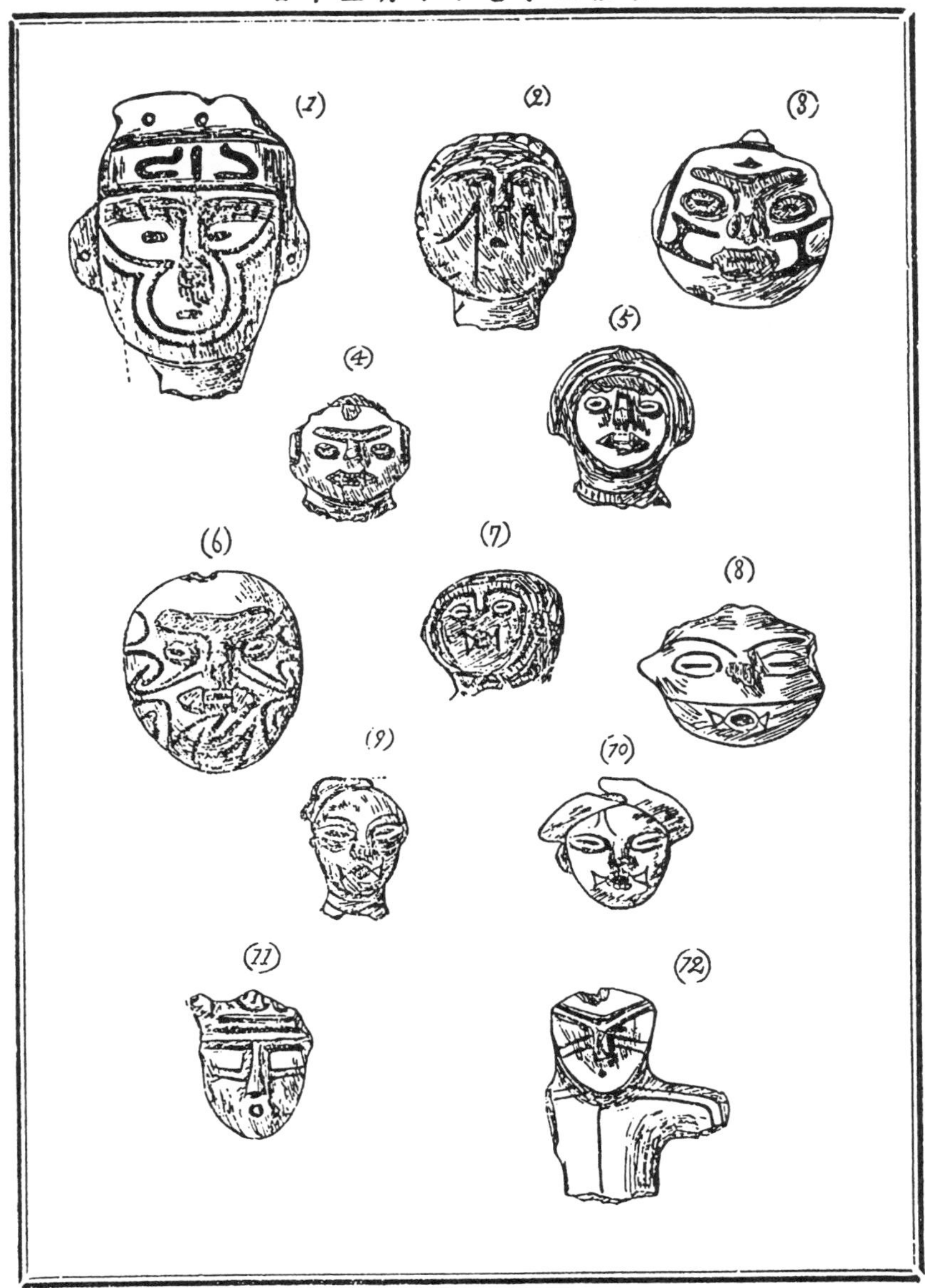

図 4　大野の〝黥面土偶〞（大野 1904. 1・2信濃, 3〜7陸奥, 8羽後, 9・10陸中, 11・12常陸）

ない、と説明されている。

黥面土偶　坪井のコロボックル説は最初から組み立てられたものではなく、単に支持者が掩護射撃をするような形で始まったが、アイヌ説と論争を重ねていくうちに、しだいに補強されて学説の形ができあがった。しかし、彼の晩年になると、この説は支持されなくなり、自分の弟子のなかから、鳥居龍蔵や大野延太郎（雲外）らの反対者を出すに至った。

大野は遺物の絵を画くための画家として、坪井のいる人類学教室に入り、そのうちに研究者としても知られるようになった。大野には土偶に関する論文が多く、縄文時代の文身についての詳しい論文を発表したのは、彼が最初である。そのなかで、明治三七年（一九〇四）と四三年（一九一〇）に、「黥面(げいめん)土偶に就て」という同名の論文を発表している。

はじめの論文では、信濃、常陸、陸奥、陸中、羽後から発見された土偶一二例を取り上げて説明している。そして、土偶の顔の文様は文身か髯(ひげ)かの区別がつかないが、と断ったうえで、

1　頬に施したもの。

2　口辺に施したもの。

3　頬と口辺に施したもの。

に分けている。彼の論文は、いかにも画家らしく、挿図が多いのでわかりやすい。

これらの文様のなかには、口の両側に三角形を描いたものがあり、これが文身であれば、アイヌの文身習俗とよく似ているという。また、これらのなかには男性と考えられるものがあり、男子も文身をしたとすれば、注目すべきである、と述べている。アイヌの文身習俗は女子のみで、男子には知られていないか

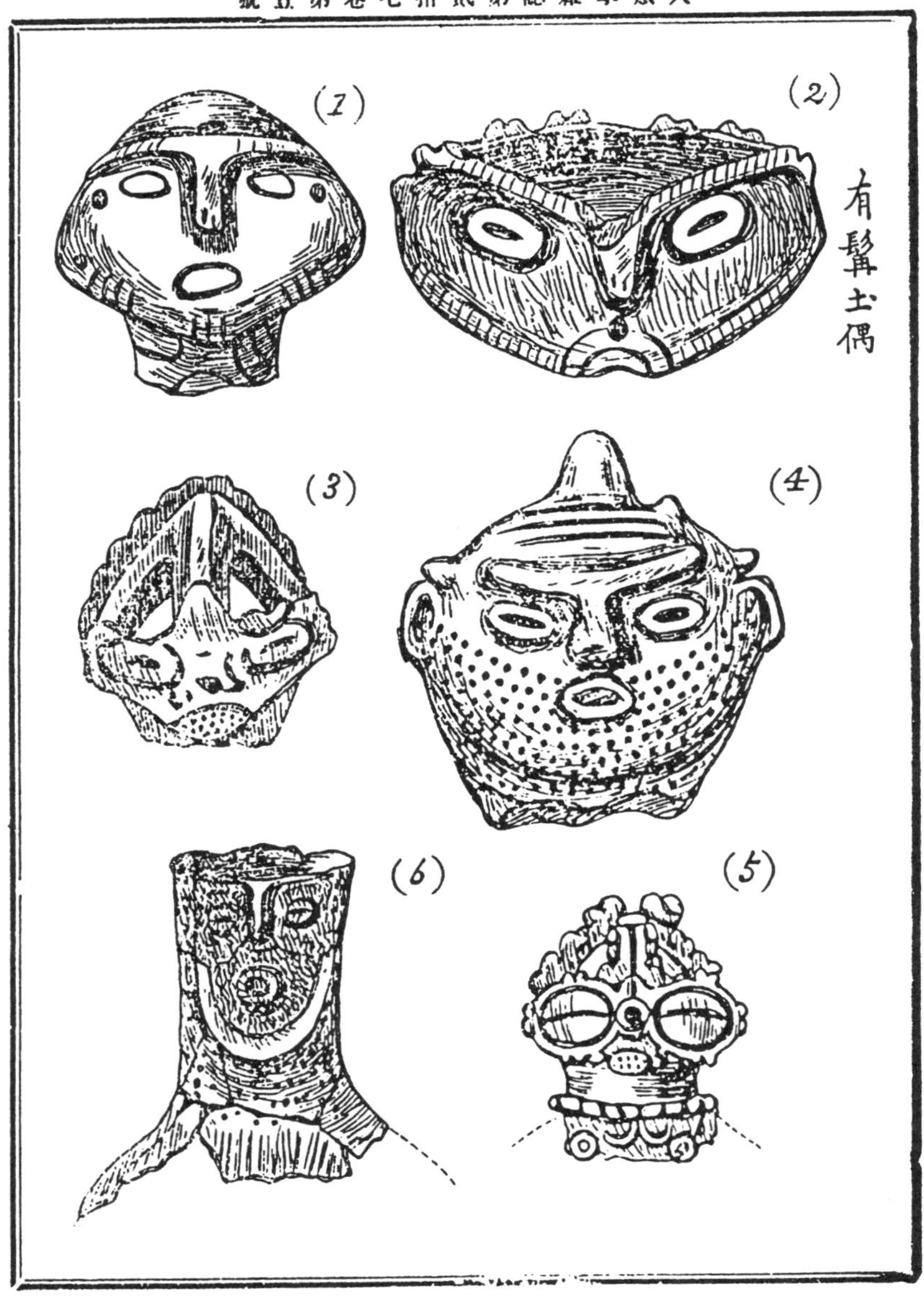

図5　いわゆる“有髯土偶”（大野 1911.　1 磐城，　2・4 下総，　3 武蔵，　5 陸奥，　6 下野）

らである。

後の論文では、常陸、武蔵、下総、下野、岩代、羽後の土偶三三例を、黥面土偶として追加している。眼下左右、口辺左右、口辺の細かい点刻を文身とみなし、これらは乳房と腹部の膨れからみて、すべて女子であって、男子は一例もない、と判定している。頬から口の周囲にかけての細かい点刻は、かつて坪井が髯と考えたものであるが、大野は女性だから髯ではなくて文身と考えたのである。

しかし、大野は後に、この点刻に女子なら文身、男子なら髯だろう、と二通りの解釈を与えた。このように考えると、アイヌでは女性に文身をし、男性は文身をしないが髯が多いので、これらの土偶はアイヌに似ているという。彼は土偶の研究から、師の説とは反対に、アイヌ説に傾いていった。この説はいちおう理屈が通っているようにみえるが、同じ文様を一方は文身、他方は髯と解釈するところに、多少の抵抗を覚える。

＊注　マスコミでは「エスキモー」を蔑称と誤解して「イヌイット」と改称し、これが中等教育にまで及んでいる。カナダでは「エスキモー」が差別用語との認識が強いが、アラスカでは「イヌイット」といっしょに認識されることを嫌って「エスキモー」を好んで使う傾向があるという（スチュアート・ヘンリ「イヌイットかエスキモーか　民族呼称の問題」『民族学研究』五八巻一号、八五〜八八頁、一九九三年）。

2 縄文時代に文身習俗があったか

甲野の「黥面土偶」批判　明治末期になると、坪井のコロボックル説は支持されなくなり、ほとんど孤立無援に近い状態であった。そして、大正二年（一九一三）、坪井がロシアのペテルスブルグ（旧レニングラード）に出張中、急死するに及んで、コロボックル説は自然消滅の経過をたどった。それによって、反対する相手を失ったアイヌ説は全盛期を迎えた。大正一五年（一九二六）に出版された大野の『遺物遺跡より観たる日本先住民の研究』には、アイヌ説の立場から土偶の文様が論じられ、「黥面は男女共に一様ならずして、両頰の部分に黥（いれず）みを為し、或は口辺の周囲に黥みせしものあり。これらの類は婦人ならん」と従来通りの説が記されている。

ところが、昭和に入ると、明治以来の学説が検討されるようになってきた。文身についても例外ではなく、甲野勇は縄文時代の文身の有無を論じ、その考え方は最近まで多くの研究者に影響を与えた。甲野は東京帝国大学人類学科の専科を修了後、大山史前学研究所員として、主に縄文文化の研究を行った。また、縄文時代の装身具の研究から、未開民族の身体装飾についても造詣が深かった。彼は昭和三年、土偶から衣服や身体装飾を考えることは無益とはいえないが、単なる推測にすぎないし、これまで考えられていたほど重要ではない、と従来の研究に批判的な意見を述べている。

この考え方は昭和七年の論文で、さらに具体的になっている。それまで文身と推定されていた土偶の顔面文様を、次のように分類している。

1　口を中心として環状の線刻があるもの。

2　両眼の下縁から頬にかけてハ字状の線刻があるもの。

3　口の周りに点列のあるもの。

4　口の両端に三角形の沈刻または半彫があり、その頂点が口端を向くもの。

5　4と同じ三角形であるが、その底辺が口端を向くもの。

これらのうち、1・2は主として勝坂式（縄文中期）（まれに加曽利E式?）に伴うらしく（*注）、3はだいたい加曽利B式（後期）、4・5はおそらく亀ケ岡式（晩期）に伴うのだろう。地域別にみると、1・2は主に甲斐・信濃を中心とする山岳地帯、3は関東平野、4・5は東北地方北部にとくに多く発見される、と述べている（表1）。

4・5は坪井によって、エスキモーが下唇に孔をあけて着けるような、口唇装飾を表現していると考えられたもので、大野はこれを文身とみている。

土偶の文様が文身を表しているという説の根拠は、土偶のなかでも比較的写実的に作られている1・2の顔の文様は、身体装飾を反映しているようで

図6　縄文晩期の容器形土偶顔面　甲野の第1型式

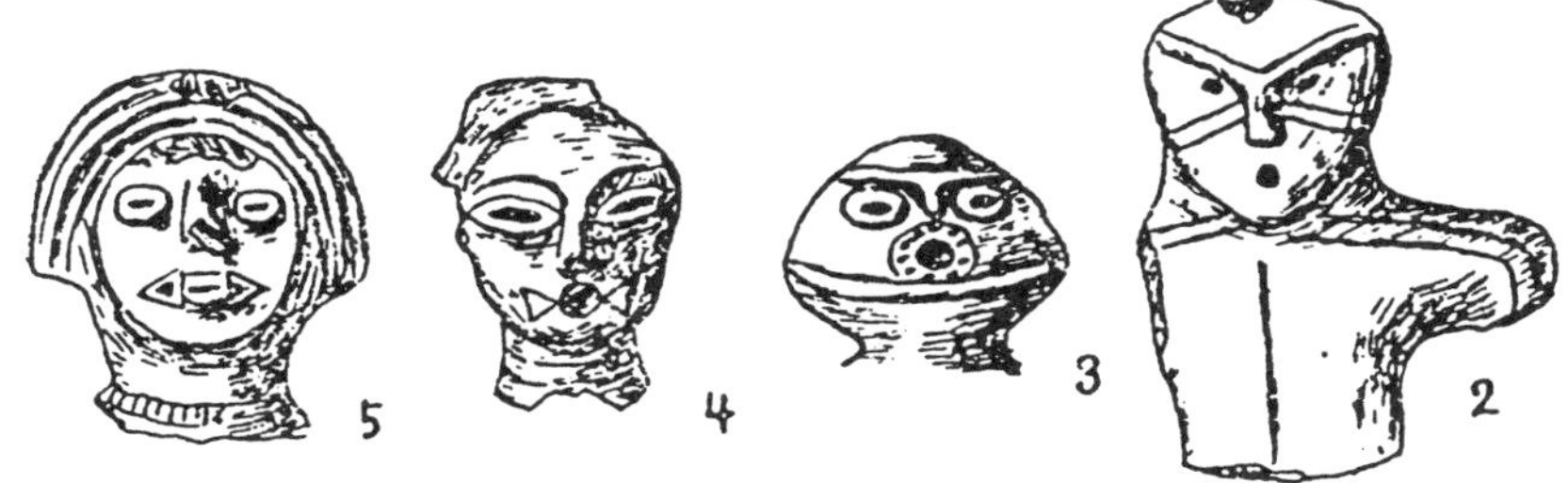

図7　文身を表しているとされる縄文土偶　甲野の第2～5型式（甲野1932）

表1　文身を表しているとされる土偶の分布（甲野1932）

型	時期	地　域
1	中期*	山梨・長野
2	中期	山梨・長野
3	後期	関東平野
4	晩期	東北地方北部
5	晩期	東北地方北部

＊晩期に伴うことが判明

あり、縄文人には文身の習俗があった可能性が認められる、というのである。写実的な部分の一つとして、いわゆる〝みみずく土偶〟の耳に、滑車形耳飾り（輪状耳飾り、耳栓）が表現されていることをあげている（図14ａ2－1）。この耳飾りは以前、用途がわからなかったが、人骨の耳のあたりで発見されてから、耳飾りと確定されたものである。

しかし、土偶はあまり写実的に作られていないので、文身説には大きな不安を感じる、と甲野はいう。その例として、宮城県宝ケ峯から発見された猿の土製品がある。この猿はなかなかよくできているが、その口のあたりには、4型と同じ三角形が刻まれている。猿が文身をしたり、口唇装飾をつけるとは考えられないので、これはただ空間を埋めるために刻まれたに違いない。だから、土偶に刻まれた三角形の文様も同じように解釈するべきである、と説いている。

このように、土偶には滑車形耳飾りのように、写実的な表現もあるが、体の状態や風俗を正確に伝えているとはいえない。その文様は単に顔に色を塗っただけの顔面塗彩かも知れないし、皮膚を傷つけて装飾とする瘢痕傷身かも知れない。写実的な土偶でも、それだけで文身があるかどうかを証明することはできない。それを証明するには、文身をしたミイラが発見されることである、と結んでいる。

戦前の研究　大正時代までの研究は土偶の顔面文様を何の疑いもなく、何かを表現しているという前提に立って論じていたようにみえる。甲野の意見は基本的には正しいし、現在でもそのまま通用するといってよい。だが、日本で縄文時代のミイラが発見される可能性はほとんどないし、将来この問題が解決される見通しもない。といって、事実だけで物ごとを論じなければならないとすると、すべての仮説は成り立たないことになる。定説とか通説とかいわれるものはすべて仮説であって、事実ではない。

当時、甲野の論文はかなり大きな影響を与えたらしく、この論文が出てしばらくは、土偶の文様から文身を推定するような研究は影をひそめた。

そのころの縄文人の文身に関する研究といえば、戦時色が深まり行く昭和一三年に出た、樋口清之の論文ぐらいである。樋口は国学院大学史学科を卒業、母校の教授として考古学を講じ、長らく身体装飾の研究を行っている。

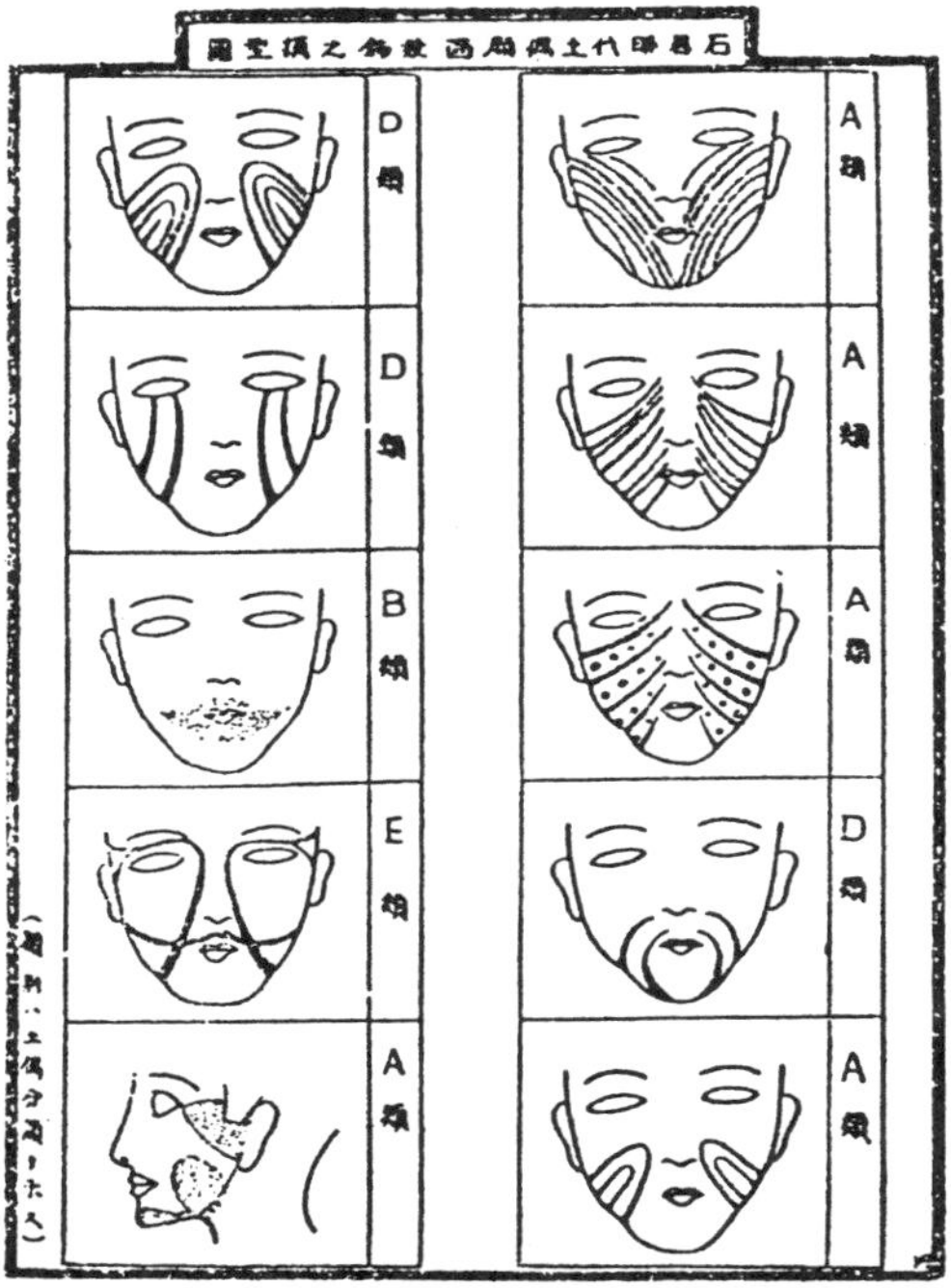

図8　文身を表すと思われる縄文土偶の顔面文様の分類（樋口 1938）

樋口は、土偶の顔の文様には、文身を表した文様があるという可能性を考えて、次のように分類している。

A類　主として下総、常陸、武蔵に分布。顔面の正中線を基準として左右の頬に数条の平行線をひくもの。∨形・∧形のもの、平行線の間に点刻のあるものを含む。

A・D類　D類の分布はごく少ない。左右の頬に平行線で半楕円形を描くもの。

D類　目の下から頰にかけて縦に左右対称に曲線を平行させたものや、口をめぐって左右対称に平行曲線を描いたもの。
B類　関東、東北南部に分布。口部を中心に菱形にアイヌ女性の口辺文身のように施されたもの。
その他　複雑なもの。

この論文は身体装飾の概論であるから、文身の説明は簡単で、この分類のもとになった土偶については記載されていない。その内容を見た限りでは、文身については別に発表する予定であったような印象を受けるが、その後詳しい発表はなされていない。

次いで昭和一六年、三森定男は『日本原始文化』のなかで文身に触れ、この習俗が縄文時代に存在したかどうかを直接知る材料はないが、と断ったうえで、次のように述べている。

土偶の顔面にそれ（文身）らしいものが見られることや、古典に記載がある所から、我国に当時住んでいた人々の一部には、確かにかかる風習が存在していただろうことは考えられてくる。殊に石器時代（縄文時代）には、抜歯や頭部変形その他各種の装身具を有している文化が存在したのだから、これと共通の基層から出発したこの文身の風習が同時に存在しなかったと考えることの方がより困難と云わなければならぬ。（原文は旧仮名遣い）

この短い文章から察すると、三森は文身と抜歯をセットで考えていたようである。

三森（元北海学園大学教授）は京都帝国大学史学科選科で考古学を専攻し、主に縄文文化を研究していたが、後に民族学に転じた。この説は民族学的な知見を基礎とした発言として注目される。しかし、日米開戦の直前であり、その後三森の興味が考古学から民族学へ移ったためか、詳しい論文は発表されず、研究者の注意をひかなかったようである。

戦後出版された清野謙次の『日本民族生成論』には、樋口の分類が引用されている。この本の序文の日付は昭和一八年一二月となっているので、その内容は戦前から戦時中にかけて書かれているとみてよい。清野は京都帝国大学医学部病理学教室の教授として、生体染色の研究で学士院賞を受けているばかりでなく、古人骨の研究にも大きな足跡を残している。

図9　清野謙次著『日本民族生成論』(1946) の表紙カバー

清野はここで、「古い体質を示し、日本石器時代人の血を受けたと思われ、また古い習俗の多分に残るアイヌと沖縄人とに入墨が残るのも、石器時代からの習俗と思われる間接証拠である」と述べている。清野は、アイヌには日本石器時代人の血がかなり濃厚に伝わっていると考えていたので、この説をもとにして、アイヌの文身習俗は縄文時代から引き続き行われていた、と考えたのである。

戦後の動向　太平洋戦争が終って間もない昭和二三年五月三日、御茶ノ水の交番近くにあった喫茶店の二階で、三日間にわたって「日本民族の起源」と題する座談会が行われた。このときのメンバーは、石田英一郎（民族学）を司会として、江上波夫（東洋考古学）、岡正雄（民族学）、八幡一郎（考古学）の四名である。

このなかで、八幡は縄文時代の文身について、次のように発言している。

どんなに人骨がたくさん発見されても、かんじんな肉がのこらないから、入墨がほどこされたかいないかを議論することはむずかしい問題だ。縄文式文化の土偶の顔面に刻線を加えたものがある。その刻線は頬から顎にかけて左右相称にほどこされ土偶の形式によって一定の様式があるようだ。縄文式文化人の服装はかなり封鎖的であったらしい。上衣とだぶだぶしたももひき、深靴の組合せで、多分に北方的な服装だったとおもう。だから屋外で赤裸になる機会があれば別であるが、身体四肢に入墨することはなかったものとおもわれる。けれども土偶の顔面に見られる刻線から、顔面には入墨したかとおもう。これがイニシエイション（参入）に関係があったかどうかは、同じく顔面に入墨する北方のことに古アジア人と比較研究してみる必要がありましょう。魏志の「倭人伝」に倭が身体に文身し海に入って魚介を捕えるとあるのは非常におもしろい記載だ。あるいは弥生式文化人は文身したかも知れぬ。隼人の習俗なども研究の余地がある。もしこれらを関連させて、弥生式文化人が文身したとあれば、広く南方諸族の例に照して、イニシエイションの存在を考えてもいいじゃないかと牽強附会（こじつけ）するしだいです。

八幡は東京帝国大学人類学科の選科を修了、縄文文化の研究のほか、戦前から中国、東南アジア、ミクロネシアの考古学的・民族学的調査に参加している。このような学問的背景をもとに、広い視野から縄文時代の習俗を理解しようとした試みは注目に価する。このような考え方はすでに戦前から芽生えていたと思われる。

＊注　1型は晩期に伴うことが明らかにされている。

3 最近の動向

図10 縄文中〜晩期の文身を表すと思われる土偶（江坂1960. 1長野，2山梨，3新潟，4・6茨城，5青森，7・8千葉，9群馬）

江坂の土偶研究　戦後の混乱期を乗り越え、全国的に考古学的調査が軌道に乗り始めたころ、考古学者による文身の研究が現れるようになった。それまで長年にわたって土偶の研究を進めてきた江坂輝弥（慶応大学名誉教授）は、昭和三五年にそれを一冊にまとめ、そのなかで、縄文人の文身にも言及している。

江坂は、縄文人が文身をしていたという確証はないが、三世紀に倭人が文身をしていたという「倭人伝」の記録があるし、日本周辺の諸民族、ヴェトナム、フィリピン、海南島、台湾、ア

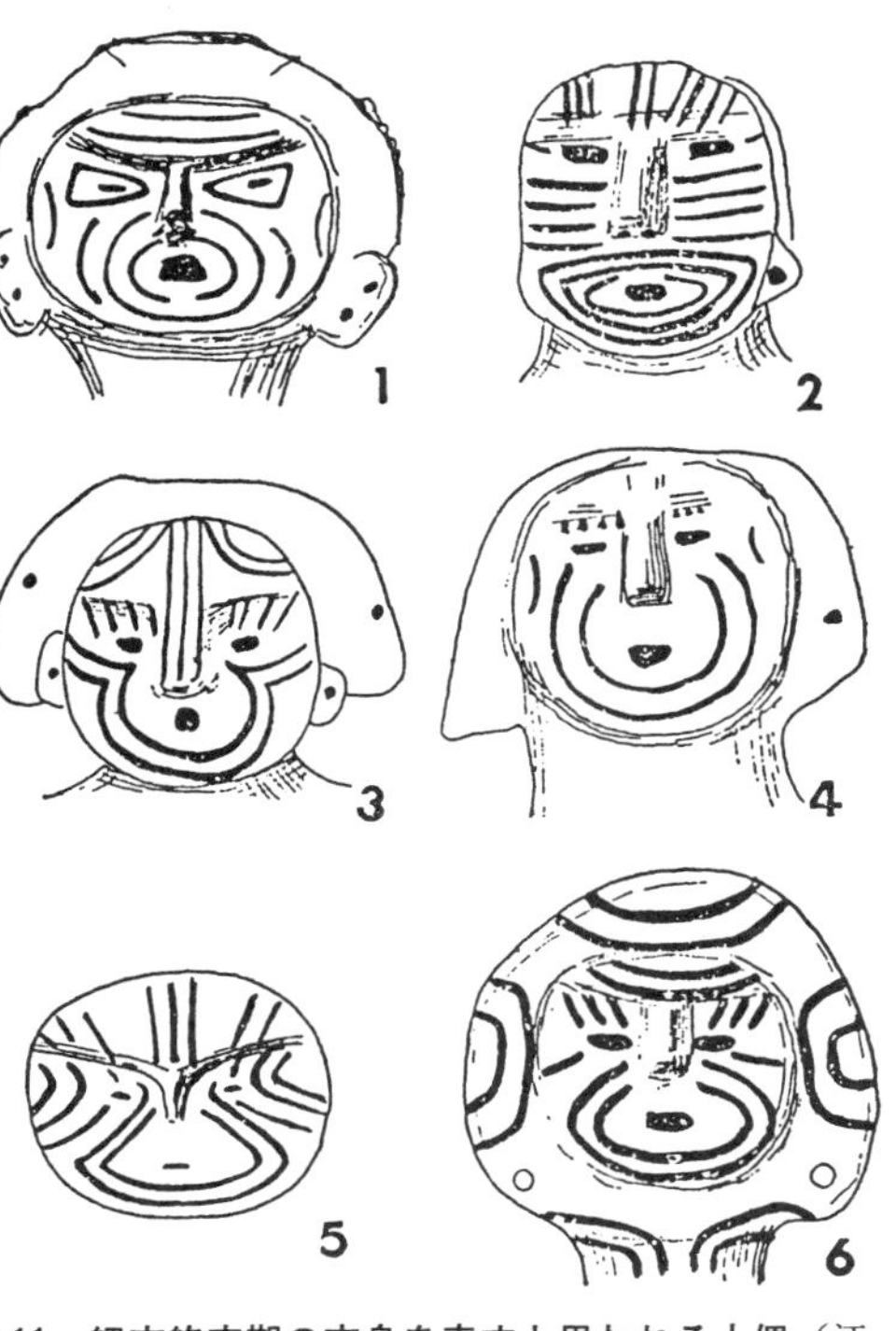

図11　縄文終末期の文身を表すと思われる土偶（江坂1960．長野・山梨・東京・神奈川出土）

イヌに文身習俗があり、縄文時代に文身がまったくなかったとはいえないという。そして、文身を表現したと思われる縄文中期から晩期の土偶顔面を図示している。これらのなかには大野延太郎が文身と考えた資料も含まれる。

そのほか、江坂はいくつかの重要な指摘をしている。土偶のなかには、両側の頬にハ字形の沈線や点列を持つものがあり、この文様は海南島の少数民族の文身と共通したところがある。次に、東北地方の晩期後半の土偶には、口唇の両端に三角形の文様を刻んだものがある（甲野の5型）。これとよく似たものに、明治二五年（一八九二）ごろ、小金井良精（元東京帝国大学医学部教授、解剖学）が石狩地方で、ただ一例だけ見つけて報告した文身文様がある。これは口唇の両端に菱形の文様を入れたもので、異例のものとされている。この三角形の文様はかつて坪井が口唇具と考えたものであるが、東北地方の遺跡からは口唇具が発見されていないので、文身と考えられる。また、口部、頬、下顎などに見られる刺突文も文身ではないか、と述べている。

以上は顔面の文様について述べたものであるが、江坂は土偶の体部の文様も見方によっては文身ではないか、と考えられるものがあるという。その例として、胸と体部の文様二例をあげ、日本列島周辺の民族の体の文身と比較してみると、面白い結果がでるかも知れない、と示唆を与えている。

最近、江坂はその後の資料を追加し、口の周囲と眼尻の両端の刺突文、両頰から下顎にわたる刺突文、下顎・両頰・鼻下の三列の刺突文は文身を表した可能性があるという。台湾のアタヤル族、海南島の黎族、俘族、美孚黎族、ラオスのカー族などは女性が顔に文身をする風習があることをあげて、顔の文身は女性のみに行われたのではないか。また、アイヌ女性の口辺文身と同じ文様が、青森県の後期後半の土偶に数例あると述べている。そして、日本周辺の諸民族の事例からみて、土偶の顔の文様は化粧というよりも、

図12　**海南島の少数民族女性の文身**上から白沙山同族，美孚黎族，俘族.（Stübel『海南島民族誌』1943）

文身の可能性が強いことを強調している。

ダブル・ハの字　江坂の『土偶』が出て九年後、江坂の薫陶を受けた高山純（帝塚山大学教授、民俗考古学）の『縄文人の入墨』が刊行された。高山は土偶の文様を日本周辺の諸民族、主に東アジアとオセアニアの文身習俗と比較して、縄文人の文身習俗を推定している。

高山は、土偶の顔の文様のうち、「かなり写実的とみなしうる文様で、同一のものが各地にみいだされ、かつ髭（ひげ）とみまちがえる心配がなく、しかも単なる装飾としての手法のテクニックから生まれたものでないことが明らかなもの」という条件に合うものを文身とみなしている。このような条件に当てはまるものは、

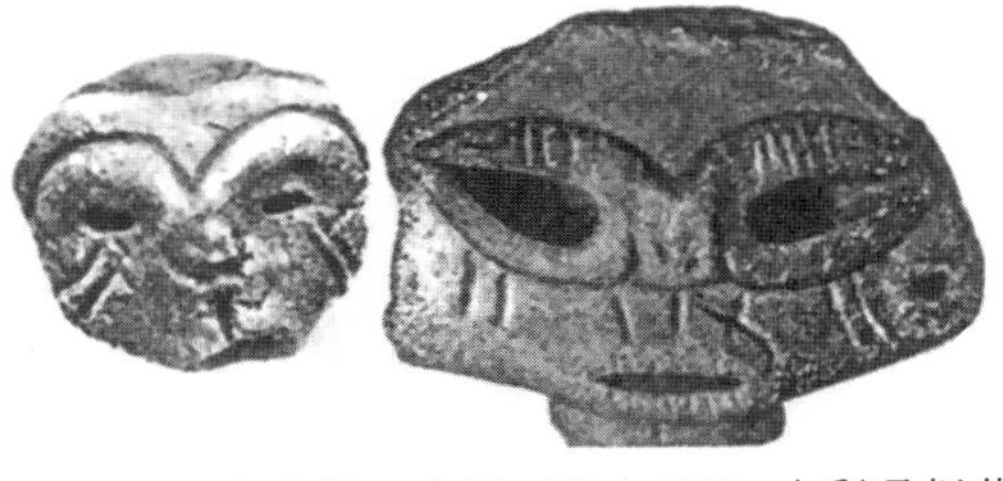

図 13　縄文中期の土偶（高山 1969. 山梨県坂井〈右〉，東京都中原〈左〉出土）

図 14 a　土偶顔面文様の分類（大塚 1992.　1－1 長野葦原，1－2 長野広見，1－3 長野藤内，2－1 茨城三笠，2－2 千葉上新宿，2－3 千葉余山）

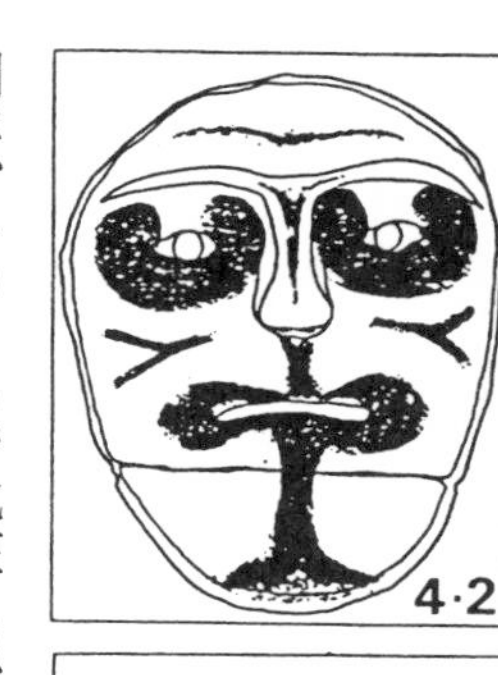

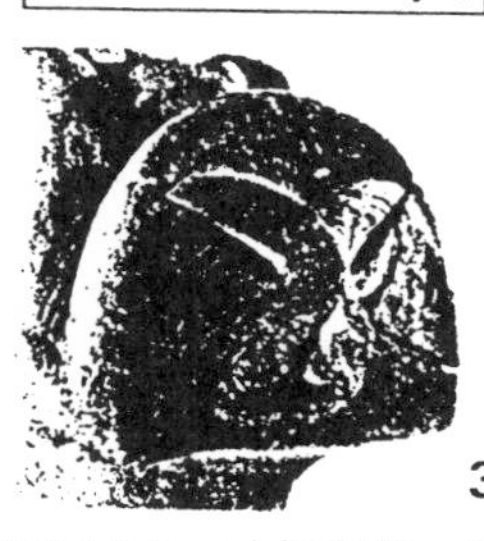

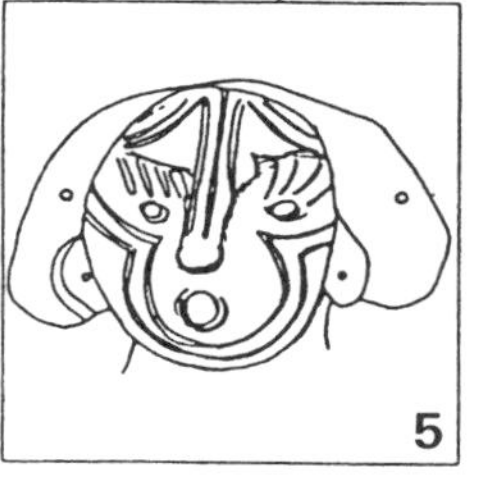

図14 b　土偶・土面顔面文様の分類（大塚1992．3 山梨上黒駒〈土偶　江坂1960〉，4－1 大阪仏並〈土製仮面〉，4－2 埼玉発戸〈土製仮面〉，5 神奈川中屋敷〈土偶形容器〉）

両頰のハ字形の線刻以外には見当らないという。この文様は甲野の分類では2型に当り、左右がそれぞれ二本の平行線からなるので、高山はこれを「ダブル・ハの字」と名づけている。この文様は縄文中期から晩期まで見られ、関東、長野、山梨、新潟、愛知、福島、青森の各県に分布している。それに加えて、二条の平行線が円形に描かれたものもダブル・ハの字に類するものとみなしている。

大塚の分類　平成四年、大塚和義（国立民族学博物館教授）は土偶や土面などの顔面文様を調べ、そのうちで化粧と思われるものを次のように分類している。

1　眼を基点として二条の平行線によって表されるもの（3類に細分。中期、晩期）

2　頰を中心に沈線を施すもの（3類に細分。後期）

3　右眼の直下に二列の列点文、右頰にL字状の二条の沈線があり、左眼の縁を一周してから連続して頰を横切る一本の沈線があるもの。左右非対（山梨県上黒駒遺跡出土。中期）

4　ベニカラと思われる赤色で彩られるもの。土偶にはないが、土製仮面がある（2類に細分。後期）

5　二条の平行する沈線を口辺部、頰、額に施すもの（神奈川県中屋敷遺跡の土偶形容器。弥生）

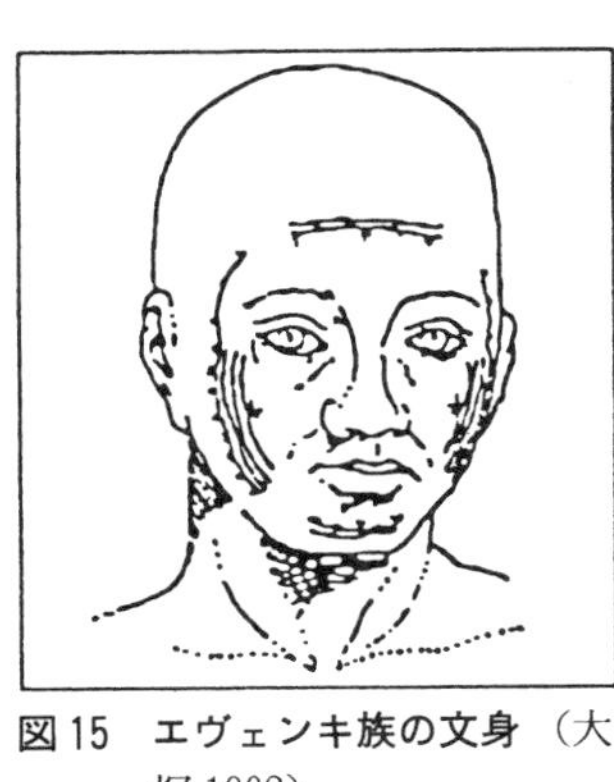

図15　エヴェンキ族の文身（大塚 1992）

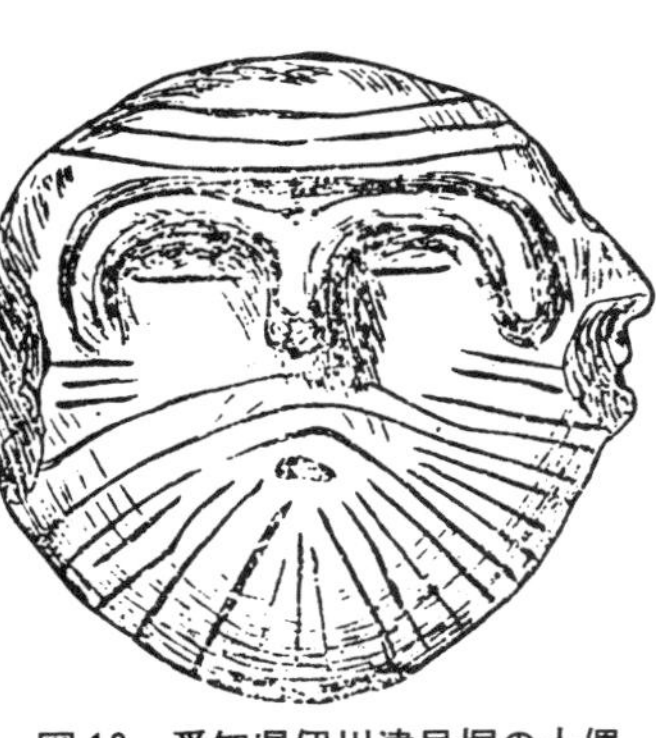

図16　愛知県伊川津貝塚の土偶（大野 1905）

大塚は、ベニガラを使っているものは儀礼のときの、ボディペインティング（身体彩色）や顔面塗彩の習俗を思わせ、土偶の顔や体に刻まれた沈線や点列の多くは文身を表している、と推定している。そして、土偶の顔の文様はシベリアや北アメリカ北西海岸の諸民族の文身に似ているといい、とくにシベリア東部のエヴェンキ族の文身文様は縄文時代の様式ときわめてよく似ている、と述べている。

有髯土偶　縄文時代の土偶については、まだ議論しなければならない問題がある。それはいわゆる「有髯（ゆうぜん）土偶」に見られる顔面の刻線である。「有髯土偶」の名をはじめて使ったのは中村士徳とされている。中村は明治三七年（一九〇四）、三河渥美町伊川津貝塚から出土した土偶の頭部を報告し、額の線をしわ、口の周りの線をひげとしている。その翌年、大野も「有髯土偶」の名を使ってこの土偶を記載し、顔の線について中村と同じ意見を述べている。

大野は明治四三年（一九一〇）、土偶の分類について述べた際、女子と判定した土偶が多かったので、「有髯無髯の土偶にも多少の疑ひが起った感じがするゆへに今後は尚ほ注意が肝要」と慎重な態度をとっている。同じ年に、大野は黥面土偶といわれるもののうち、口辺に点刻のあるもの三三例集め、これらをすべて女性と判定した（前述）。これらのなかには、坪井がひげと考えた下総余山貝塚の一例も含まれている。

その翌年、大野は「有髯土偶に就て」という論文を発表し、彼が確かにひげだと判断したものを六例あげている（図5）。その文様は、頰、顎、口辺に点刻のあるもの、顎に短い平行線の刻みのあるもの、〃遮光土偶〃（坪井により遮光器をかけた状態を表現しているといわれたのでこの名がある）で口部に点刻のあるもの、眼口鼻の周囲に多数の線刻のあるものをあげている。大野が最終的に有髯土偶と決定したものは、武蔵、下総、下野、磐城、陸奥から出土している。そして、「最初の当時は材料の不足と鑑識の不十分とによって判断を誤ることがあれば、これを訂正し」た、と付け加えている。

甲野の論文が出てから、土偶顔面の文様が文身とは断定できないというので、「黥面土偶」の名は使われなくなったが、文身から除外されていた「有髯土偶」という名称は現在まで細々と命脈を保ってきた。甲野も有髯土偶についてはまったく触れていない。

有髯土偶の検討　その後、江坂は伊川津貝塚の土偶やこれと同タイプの土偶の顔の刻線を、文身であろうと推定し、大野がひげと考えた口辺の点刻も文身と推定している。

最近、荒巻実と設楽博己（国立歴史民俗博物館）は有髯土偶を取り上げている。それによると、有髯土偶とは、一般に円形、楕円形、扇形の顔面で、眉と鼻がT字形に連結して隆起しているものが多く、目と口がえぐられている。そして、額、眉の下、頰、口の周りなどに、細い数条の沈線を左右対称に施すのが大きな特徴であるとしている。この定義に従うと、伊川津貝塚の土偶はこれに含まれるが、大野の報告した六例は除外される。これらは縄文晩期後半に属し、文身を表現した可能性が示唆されている。斎藤卓志

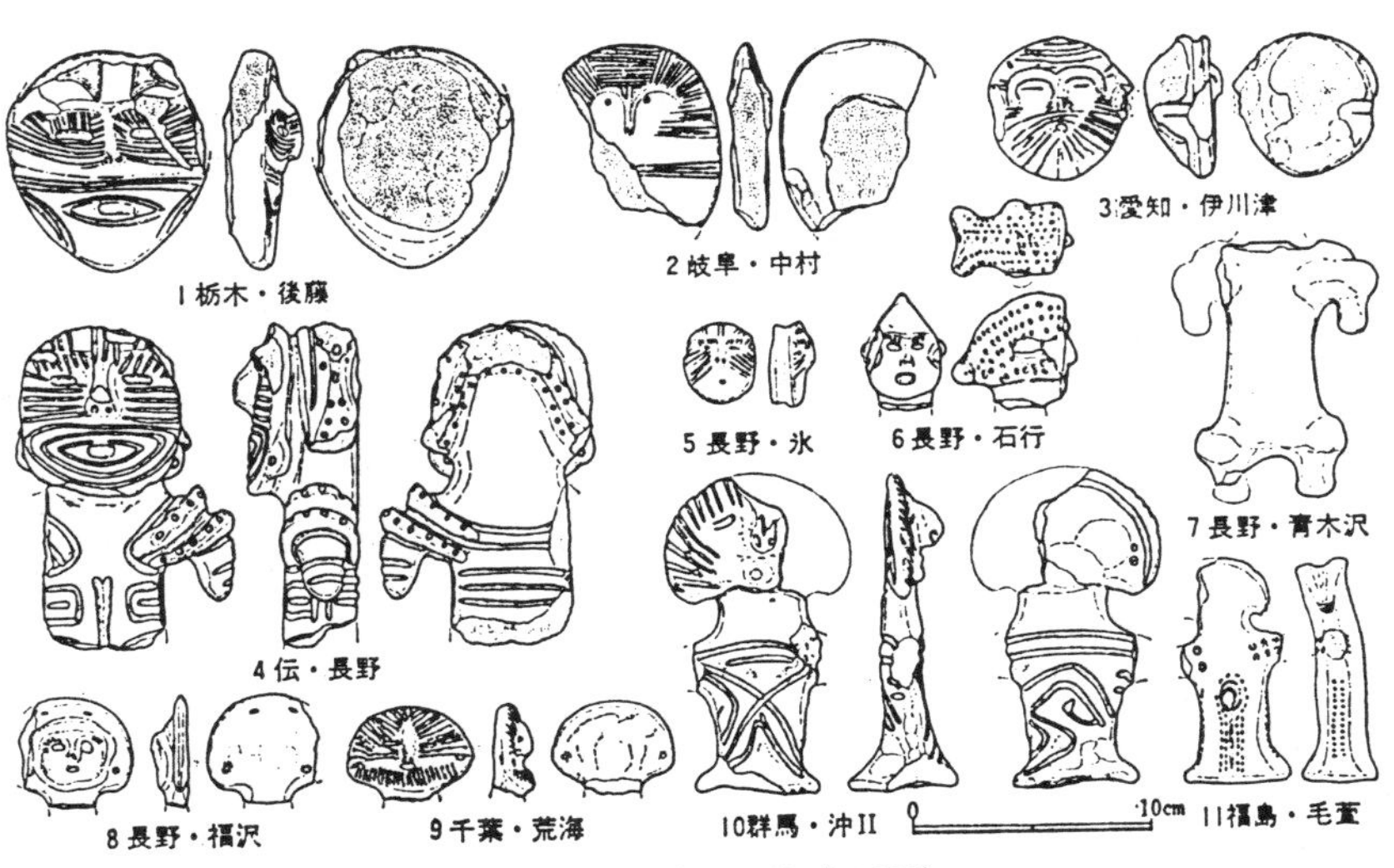

図17　有髯土偶（設楽 1990）

（安城市歴史博物館、民俗学）も伊川津の土偶などの顔の細線について、頬部にはひげは生えないので、文身とみている。縄文晩期末になると、土偶の口の周りを曲線で囲んだり、鼻や額にも線刻が施されている。江坂はこれらも文身の可能性があるといい、高山は口を囲む文様を中期のダブル・ハの字文様から発達したものと認めている。

土偶の分布　これまで、縄文時代に文身があることを認めようとする研究者の多くは、土偶のほかに、三世紀ごろの日本に文身習俗があったという記録や、日本列島の周辺地域にその習俗が広く分布していることを、傍証としてあげている。

ただ、ここで問題になるのは、これまでに発見されている土偶の数が著しく東に偏っていることである。先学の文献を読み直してみると、昭和一四年、樋口はすでにそれを指摘している。その論文では、土偶の「分布も我国の中部以東にほぼ限られているので（例外は勿論あるが——原著者）、これのみによって先史時代に於ける全般状態を明かにすることは困難である」と述べている。

この発言はこれまでほとんど注目されていないが、この分布状況は現在でもあまり変っていない。江坂によると、中部から東の地域には土偶が多いが、近畿以西には、中期や後期の土偶はまれである。晩期にも近畿以西には土偶が少ないが、九州では、後期後半から晩期初頭にかけて多くなり、それ以外には見られない。

このような土偶の分布状態からみると、中部以東の東日本では、文身習俗の可能性を推定することができるが、近畿以西では資料がない。少なくとも私が参照することのできた文献では、西日本に文身を表現したような土偶は見当らないようである。このようなネガティブな所見は西日本に文身がなかった証拠にはならないが、習俗の地域差を考えると、東西の地域を直接結びつけて考えることには慎重でなければならない。

三世紀（弥生時代）になると、『魏志』に倭人が文身をしていたことが記されている。しかし、そこに出てくる邪馬台国などの国々は、九州説か畿内説のいずれをとるにしても、主に近畿以西であることは疑いない。とすると、東日本の縄文晩期に文身があったと仮定しても、西日本の弥生時代の習俗とは直接つながらないことになる。

Ⅲで述べるように、最近では、西日本でも縄文晩期と弥生時代とをつなぐ文身資料として、人面画が発見されているが、それまでは、アイヌと琉球の文身習俗はかつて日本全土で行われていた習俗の名残りであろう、という仮定を前提として論じられることが多かった。

民俗学の立場からいうと、習俗には地方差、地域差があることを考える必要があり、縄文人に文身習俗が行われていたとすれば、いくつかの変異があることを考えなければならない。とくに、縄文後期以降、何波かに分かれて日本列島に渡来したグループがあった、と考える研究者が増えている。もしそうだとすれば、習俗の違いはいっそう変異に富んだものになる。次章では、文身習俗の相違に関連して、私見を述べてみたい。

Ⅱ　縄文時代の海人

1　ダイバーの職業病

「倭の水人」は証明できるか

『三国志』魏志東夷伝の倭人の条は「魏志倭人伝」として、一般の人々の間にもよく知られている（以下「倭人伝」と記す）。そのなかに、倭の水人が黥面文身し、潜水して魚貝を採ることが記されている。これに関する論考は多くの研究者によって発表されている。

このような潜水漁を行っている人々は、日本では海人（あま）と呼ばれ、性別によって海士（男）あるいは海女（女）と表記される。これらの人々には、外耳道外骨腫（以下「外骨腫」と略す）という疾患が多発し、海人の職業病の一つとされている。これは骨性外耳道に限局性の骨増殖を生じ、外耳道が狭くなるものである。文身は死後、皮膚が残らないので、古人骨がいくらたくさんあってもその存否を確かめることができないが、その人骨が「水人」であったかどうかは、頭骨の保存状態がよければ、それを推定ないし証明できることがあると考えられる。

ただ、外骨腫はダイバーのすべてにできるものではないので、本症がないことは「水人」を否定するものではない。また、耳鼻科医以外の医師には、外骨腫を知らない人も少なくないし、人類学者でも本症に関心を持っていなければ、人骨の報告で記載漏れになることもありうる。

「倭人伝」に表れた水人は三世紀末の日本列島での見聞にもとづいて記された、と考えられる。このような潜水漁法は東シナ海から南シナ海の周辺に広く分布していたが、その起源はどこまで遡ることができるだろうか。日本では、弥生時代にその記録があるので、少なくとも縄文晩期までは遡るのではないかと推測されるが、出土人骨からそれを証明することはできないだろうか。幸いにも、縄文人骨は多数発見されていて、それらのなかには外骨腫のあるものも報告されているので、縄文時代の水人(以下「海人」と仮称)について考察したい。

外耳道外骨腫　まず、外骨腫についての説明から始めよう。限局性のものは帽針頭大からくるみ大までの大きさがあるといわれ、わが国の臨床報告例では小豆大から小指頭大まである。症例報告は普通より大きいために報告される例が少なくないので、平均的な大きさよりも大きいとみてよい。

その数は一定しておらず、一個のもの、前後壁から向かい合って出ているもの、三個以上のものがある。Hrdlička(1935)はカリフォルニア頭蓋で、一個七三・七パーセント、二個一七・五パーセント、三個一・二パーセントと報告している。

外骨腫のある症例はほとんど成人であって、一五歳以下にはきわめてまれである。Bezold(1885)は九三三九名の小学生には一人の外骨腫もなく、また、一七〇名の本症のなかに一五歳以下のものはいない、と報告している。Ostmann(1894)はマールブルグ地方の小学生七五三七名のうち、外骨腫はわずか一名しかいないことを報告している。DiBartolomeo(1979)は、外骨腫患者七〇名のうち二〇歳以下ではじめて本症が現れた（発症）のは、わずか三名にすぎず、最低年齢は一三歳であったと述べている。

表2　外耳道外骨腫の症状（DiBartolomeo 1979）

症　状	%
聴力低下	40
急性耳感染	40
疼痛	40
耳鳴	30

外耳道外骨腫の症状　小さいものはまったく自覚症状がなく、まれに痒みを訴えるぐらいであるから、耳鼻科外来で偶然に発見されることが少なくない。大きくなると、難聴、疼痛、耳閉塞感、耳鳴などを訴えて医師を訪れる。まれには外骨腫の圧迫によって顔面神経まひを生じたり、圧迫で壊れた組織が化膿して激痛を訴えることがあるという。Moose（1884）は、外骨腫の圧迫により、激烈な三叉神経痛を来した例を報告している。しかし、外骨腫は悪性腫瘍のように無制限に大きくなるものではないので、このように重篤な症状を来すことはきわめてまれである。

外骨腫が外耳道炎、湿性耳垢、中耳炎などがあると、分泌物が十分に排出されなくなり、経過が悪くなる。このような症状で訪れた患者に、たまたま外骨腫が発見されることがある。DiBartolomeo は外骨腫五〇例の臨床症状を表2のように示している。

本症で症状のないものは治療の必要はない。耳垢の貯ったものは洗って取り除く。障害が現れたものは、手術的に外骨腫を切除する。

初期の病因論　人類学ではじめて外骨腫に注目したのは、Zschokke であるといわれている。彼はインカの古代ペルー人頭蓋に外骨腫が多いことを認めた。次いで、Seligman（1864）や Virchow（1885）も古代ペルー人頭蓋に高率に外骨腫を認め、その原因が人工頭蓋変形にあると考えた。

その後、世界各地から人工頭蓋変形や外骨腫のある頭蓋があい次いで発見され、この説はしだいに支持

表3　ペルーの外耳道外骨腫の頻度

地　方	報　告　者		N	外骨腫	%
ハイランド	Seligman	1864	6		83.0
アンコン	Wyman	1874	330		2.4
〃	Virchow	1885	134	18	13.4
〃	Dorsey	1894	86		7.0
〃	Ranke	1900	21	3	14.0
ドルゼー	〃	〃	123	6	4.9
ペルー	Ostmann	1894	111	12	10.8
〃（海岸）	Ten Kate	1896	50		8.0
〃	Flower	1897	147		6.1
〃	Russell	1900	447		5.4
〃	Burton	1927	78		12.8
〃	Hrdlička	1935	3651		♂ 22.2 ♀ 6.3
パカトナム	Verano	1986			
S_1			16		18.8
S_2			12		8.3
S_8			21		28.6
S_{20}			17	0	0

されなくなった。例えば、ミシシッピー河流域のフォックス・インディアンや南太平洋のマルケサス諸島住民には、頭蓋変形がないにもかかわらず、外骨腫が認められ、それとは逆に、南米ティティカカ盆地の変形頭蓋には、外骨腫が存在しないことが明らかになった。

一方、臨床医学では、それよりも早くから外骨腫の存在が知られていた。私の知る範囲では、すでに一九世紀初頭から本症に関する報告（Autenrieth 1809）があるので、それ以前から知られていただろう。医師の眼に触れる外骨腫は、外耳道炎や中耳炎などで来院した患者に偶然に発見されたものが多いことは、昔も今も変らない。このような症例が積み重ねられていくに従い、外骨腫と外耳・中耳疾患との関係が考えられたのは、自然のなりゆきであった。痛風、慢性リウマチ、結核、梅毒などを合併した症例では、それぞれこれらの疾患が誘因とみなされた。こうして、耳鼻科領域では、外骨腫の成因として炎症説が主張された。

外骨腫患者には医師を訪れなかったものも多かったはずであるから、実際の頻度は報告された症例数よりはるかに多かったであろう。このような患者は特定の地域に多く、ときには家族性に発生することがあった。そこで、Schwartze（1885）は遺伝説を唱えたが、Bezold（1885）は、本症は幼小児にはほとんど見られないので、必ずしも遺伝だけによるものではないと主張した。

また、本症が主として思春期以後に見られることから、Politzer は骨性外耳道の発育中ないし化骨中に骨が増殖する、という発育異常説を唱えた。Wagenhäuser は骨折のあるところに仮骨が過剰に形成されて、外骨腫になることがあると説いた。鼓膜の周囲が癒着して化骨が増大したという説（Moose）、乳嘴腫（Hedinger）やポリープ様腫脹（Cocks, Ménièr）などの化骨によるという説もあった。

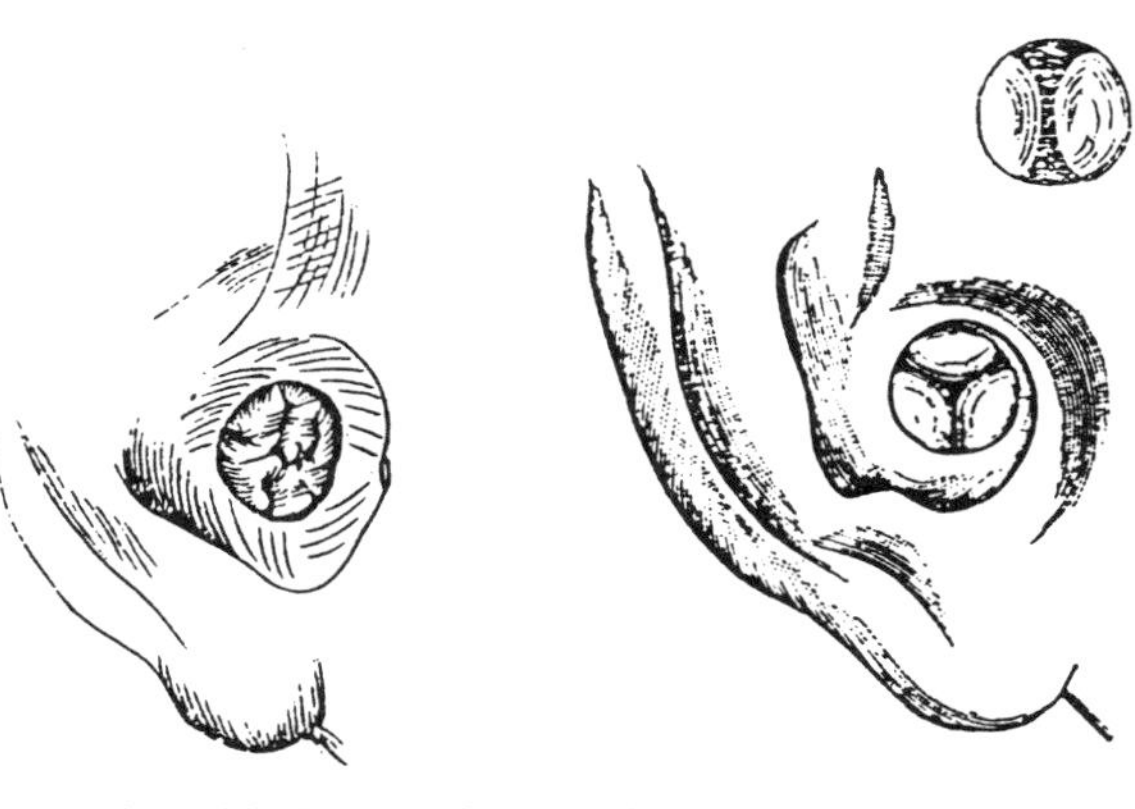

図 18　外耳道外骨腫の臨床所見（寺田 1902．右 第 1 例 <右上隅は左耳>，左 第 2 例）

他方、Wyman（1874）や Field（1878）はすでに外骨腫と水泳との関係を示唆している。この J. Wyman はアメリカで E. S. Morse とともに貝塚を発掘した人物と知って驚いた。彼こそ本症と水泳との関係を最初に考えた研究者である。この学問的センスのよさは、Morse にも少なからぬ影響を与えたに違いない。Morse が大森貝塚を発掘したとき、人骨の出土状態から、Wyman の説に倣って食人説を唱えたことはよく知られている。

このように、外骨腫は一九世紀から多くの研究者によって論じられてきたが、臨床医学と形質人類学とはほとんど交流がなく、それぞれが別々の土俵で議論を闘わせていたのである。この傾向は二〇世紀に入っても続き、日本では今でも変っていない。

表4　日本人の外耳道外骨腫の頻度

時代・地域	報告者		N	外骨腫	%
縄文人（大船渡湾）	長谷部	1925	7	6	—
〃（太田貝塚）	三宅・今道	1931	35	9	25.7
〃（亀山貝塚）	清野	1949	14	2	—
現代日本人（東京）	寺田	1905	1860	4	0.2
〃（東京）	長谷部	1924	135	0	0
〃（京都）	高田		7817	3	0.38
〃（札幌）	猿渡・浜	1937	5000	2	0.4

日本での初期の研究　わが国では、明治三二年（一八九九）、佐藤敏夫の報告が外骨腫の最初の症例である。彼は中耳炎で来院した一二歳の女児の、左外耳道に小豆大の外骨腫を認めている。第二・三例は寺田豊作が明治三八年（一九〇五）に「巨大外聴道骨腫」として報告した二例である。寺田は東京帝国大学耳鼻科外来で診療した一八六〇例中四例（〇・二二パーセント）しか本症を認めなかった、と記している。

それ以来、昭和一〇年（一九三五）までに、猿渡二郎・浜凱は臨床報告例一四例を集めているが、昭和二八年までに太田文彦らが集めた文献例はわずか一七例にすぎない。一八年間にわずか三例しか追加されていないのは、たとえ太平洋戦争による研究の中断があったとしても、臨床家の本症に対する関心の低さを思わずにはいられない。

人類学領域では、大正一四年（一九二五）、長谷部言人が陸中大船渡湾付近の細浦貝塚と大洞貝塚から出土した人骨に、外骨腫を認めたと報告したのが最初である。その頻度は両貝塚を合わせて七例中六例という高率である。長谷部は東京大学人類学教室の主任教授を勤めた後も長らく名誉教授室に詰め、天皇の上に法皇ありといわれたが、このときは東北帝国大学教授（解剖学）であった。長谷部は外骨腫が太平洋沿岸に多く、しばしば家族性に現れることをあげて、遺伝説を支持している。

次いで大正一五年（一九二六）、清野謙次は備後大田貝塚（注1）を発掘して、多数の人骨を採集した。そのなかに外骨腫のあるものがあり、その頻度は外耳道の残る頭骨三五例中九例（二五・七パーセント）ときわめて高い。清野門下の三宅宗悦らは、本症のあるものは一般に外耳孔の断面形が縦長であり、頭蓋変形は必須の発生条件ではないが、短頭では丸いことをあげて、外骨腫と頭型との関係を重視している。

冷水との関係　初期の研究では、外骨腫の成因として、頭型との関係、炎症説、発育異常説、遺伝説など多くの説が唱えられてきた。他方、外骨腫患者にしばしば水泳の習慣や既往歴があることも知られており、本症と水泳などの水の刺激との関係が示唆されていた。

外骨腫と冷水刺激との関係を、はじめて実験によって示したのはVan Gilse（1938）である。彼は北海やバルト海の冷水で泳ぐ人たちに、しばしば外骨腫が見られることを認め、人体実験を行った。彼は一二名の被験者の外耳道に一五秒間、一五度Cの冷水を入れると、しばらくして外耳道の皮膚に紅斑と充血が生じ、それが四五分間続くことを観察した。それに対して、四〇度Cの暖水では、わずか一分間の充血しか見られなかった。その結果、彼は冷水が反覆して外耳道に入ることが原因で外骨腫を生じると考えた。

次に、動物実験で外骨腫ができることを示したのは、Fowler & Osmum（1951）である。彼らはモルモットの外耳道に一九度Cの冷水を注ぎ、外耳道の軟骨組織の線維化、硝子化と少量の骨新生が起こることを観察した。Adams（1951）は、外耳道の温度が体温以下の三五度Fまで下がることが、外骨腫のできる最も重要な要素としている。外骨腫のできる厳密な温度はまだ確定していないが、一五〜一九度C（五九〜六六・二度F）の水温が外耳道に著しい変化を起こすことを、これらの実験は示している。

ダイビングの頻度　Fowlerらはまた、外耳道の骨新生は冷水の作用する頻度と多少とも比例していることを見出した。つまり、冷水で泳ぐ回数が多いほど外骨腫はよく発達する、というのである。これは外骨腫が二〇歳以下、とくに一五歳以下に非常にまれであることからも支持される。

欧米で報告された外骨腫患者のうち、冷水で長期間水泳した既往歴を持つものは高い比率を占めている(表5)。

わが国でも、海女に外骨腫が高率に発症することが報告されている。野垣徳次郎は石川県輪島市の海女八七名一七四耳を調査し、四八耳(二七・六パーセント)に本症を認めている。そのうち、一九歳以下の三二名六四耳には、本症はまったく見られないので、二〇歳以上ではさらに高率になるという。柴田精郎は対島の日本人海女三三名中一〇名、朝鮮人海女一一名中四名、五嶋の海士五名中二名に外骨腫を認めている。また、柴田と山野辺守幸は天草の海士二〇名の全例に本症を認め、そのうち片側は二名のみで、他はすべて両側性であったと報告している。

表5 外耳道外骨腫を有する泳者(Ascenzi & Balistreri 1975)

報告者		外骨腫	泳者
Van Gilse	1936, 1938	205	188
Hlavàcěck	1941	24	24
van den Wildenberg	1947	2	2
Adams	1949, 1951	28	28
Harrison	1951, 1962	60	60
Guerrier et al.	1966	17	14
Bremond et al.	1968	11	9
DiBartolomeo	1979	50	50

最近、Kennedy(1986)は世界各地の外骨腫についての報告を集め、その頻度と緯度との関係を調査している。それをみると、ごく少数の例外はあるが、南緯・北緯〇—三〇度および北緯四五度以上の地方では、外骨腫の頻度は三・〇〜ゼロパーセントと低い。その頻度が最も高いのは南緯・北緯三〇—四五度の中緯度で、海あるいは淡水の資源を利用している人々に見られた。Kennedyはこれら

のデータと、文献から得た臨床的および実験的データを併せて考察し、外骨腫と冷水資源との間には因果関係があり、とくに水泳や潜水と関係がある、と結論している。

一方、まれにはスウィマーやダイバーでなくても、外骨腫ができることも事実である。このような少数の外骨腫は慢性炎症その他の刺激によってできる、と考える研究者が多い（Van Gilse 1938, Fowler & Osmum 1942, Ascenzi & Balistreri 1975, DiBartolomeo 1979, Filipo et al. 1982)。

このように、外骨腫の主な成因は冷水刺激と考えられるが、これをまとめてみると、冷水、炎症、機械的刺激などによって、外耳道の皮膚の血管が拡張し、紅斑や充血を生じる。このような変化が骨膜に緊張増加をひき起こし、骨芽細胞を活性化して骨増殖が起こる、と考えられる（Belgraver 1938, Fowler & Osmum 1942, Harrison 1962, DiBartolomeo 1979）（注2）。

注1　清野らは「太田」と記しているが、地名は「大田」なので、以下「大田貝塚」と記す。

注2　日本の人類学研究者の間では、ヘリチカ A. Hrdlička（1935）の遺伝説が信じられているが、彼は遺伝的素因のみを重視しているのではなく、外耳道外骨腫の発症には〝刺激による原因〟がなければならないと説いている。ヘリチカの説は発表された時点では妥当な説であっただろうが、一九三五年以後の知見や、耳鼻咽喉科領域の研究が加味されていない。

2　縄文時代の海人に文身習俗があったか

大船渡湾付近の貝塚人骨　外骨腫の説明にかなりの頁を費やしたのは、本症が一般にはあまり知られていないこともあるが、耳鼻科の教科書・専門書には、本症の成因には諸説があり不明、と記されているからである。そして、本症の大多数が冷水刺激によって生じ、ダイバーの職業病とされていることを理解してもらうためである。従って、本症が高い頻度で見られるグループは長期間にわたって水泳・潜水を行ってきたと考えられ、それが古人骨に多いときには、潜水漁を行う海人の集団とみられる。

外骨腫のある人骨は、前にも述べたように、陸中大船渡湾付近の貝塚と、備後大田貝塚がよく知られている。大船渡湾では、西南隅の細浦貝塚（大船渡市末崎町細浦上の山）と東北隅にある大洞貝塚（同市赤崎町大洞舞良）から外骨腫を伴う人骨が出土している。

表6　外耳道外骨腫のある縄文人骨(1)（陸中細浦・大洞貝塚　長谷部1924）

	人骨No.	性	年齢	外骨腫	抜歯
1	細浦 A 1	♂	熟年	両側	記載なし
2	〃 B 1	♂	壮年	〃	－
3	〃 B 2	♂？	13, 4歳	〃	－
4	〃 B 3	♂	青年	〃	－
5	大洞 1	♂	壮年	〃	＋
6	〃 2	♂	熟年	〃	－

細浦貝塚は縄文中期に営まれ、大正八年（一九一九）と一四年（一九二五）、五体の人骨が出土し、外骨腫はその四例に認められる。外骨腫のない一例は左側頭骨のみの骨片で、四例は両側に本症が認められた。大洞貝塚は後期と晩期の土器を出土し、四例の人骨のうち二例の両側に外骨腫が見られた。これらの性別、年齢などは表6に示す。

両者を合わせると、外骨腫の頻度は九例中六例という高い比率である。長谷部によると、細浦貝塚で発

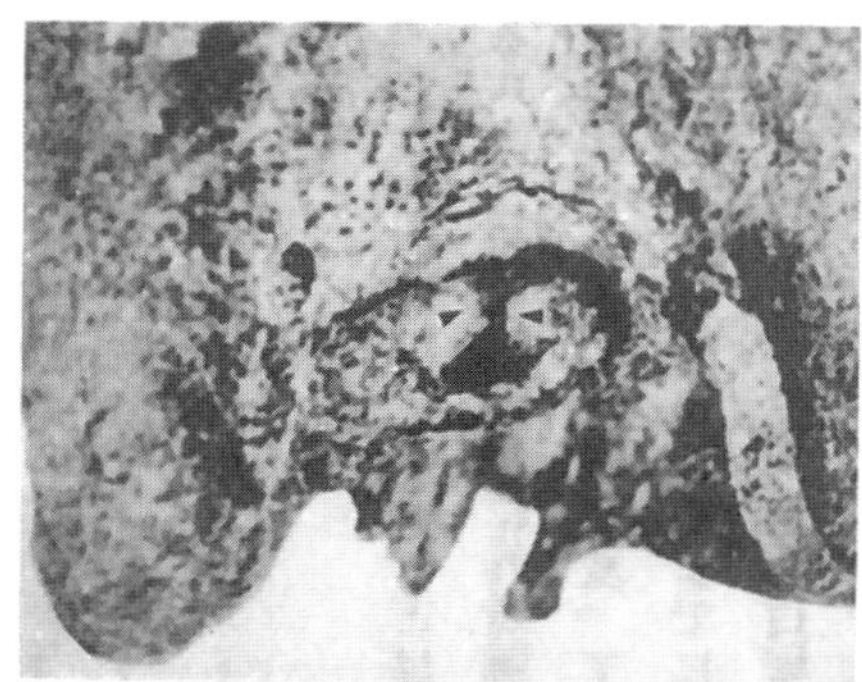

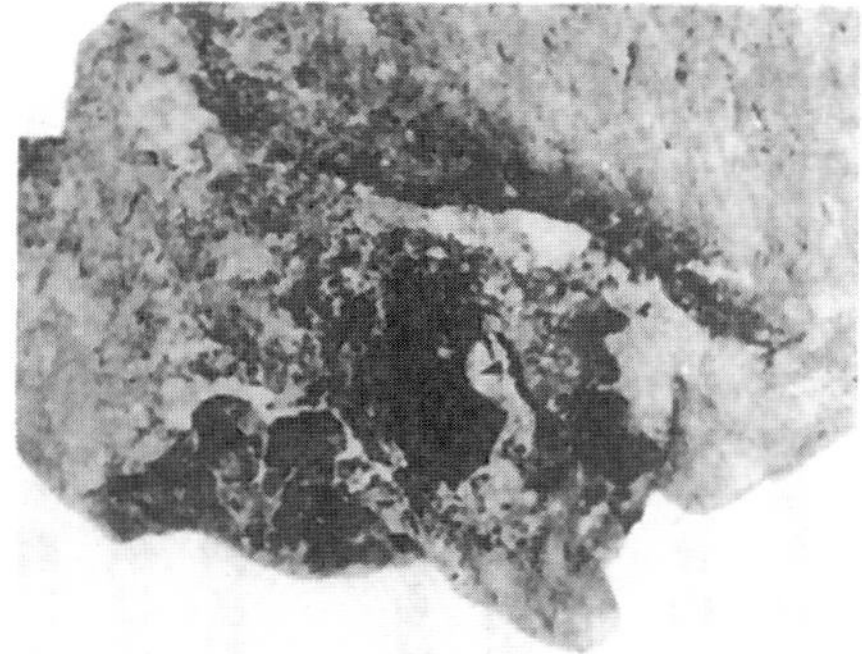

図19　外耳道外骨腫（右）（矢印）（広島県大田貝塚〈清野 1959〉，上 第3例，下 第4例）

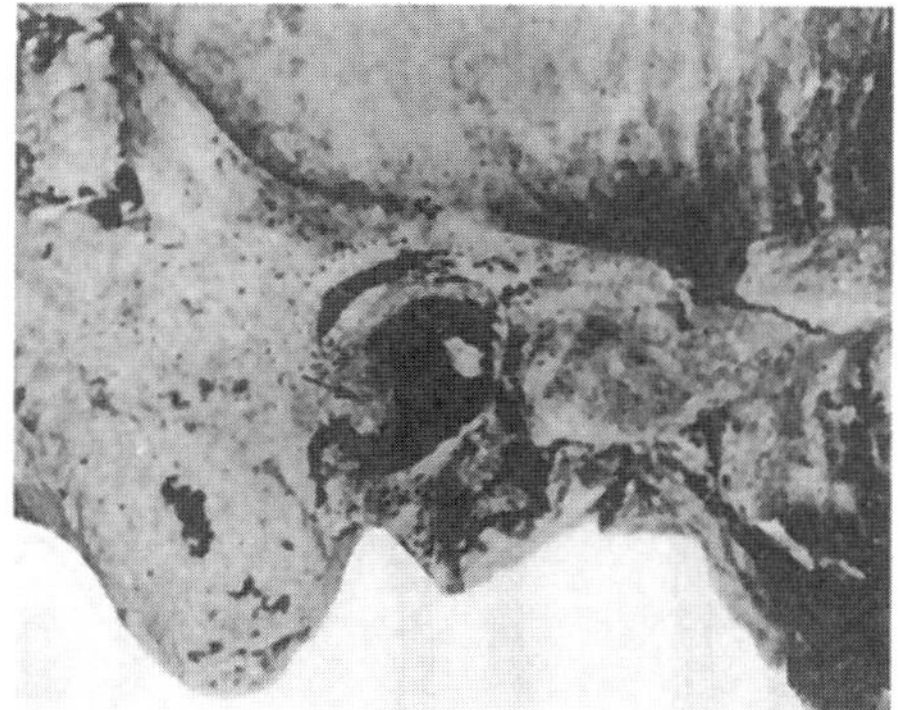

図20　外耳道外骨腫（右）（矢印）（愛知県亀山貝塚♂〈清野 1959〉）

表7　外耳道外骨腫のある縄文人骨(2)（備後大田貝塚　三宅・今道 1931）

人骨No.	性	年齢	外骨腫
1	♂	熟年	両側
2	♂	老年	〃
3	♂	壮年	〃
4	♂	熟年	右（左欠）
5	♂	〃	両側
6	♂	〃	〃
7	♂	壮年	左（右欠）
8	♂	〃	右（左欠）
9	♂	〃	両側

掘された人骨は三〇体を超えないから、四例以外に外骨腫がないと仮定しても、約一三パーセントに達する。そして、全例が男性で、左右両側に発症している。

大田貝塚の人骨　大田貝塚は尾道市高須町大田にあり、大田川と呼ばれる小川の河口付近に位置する。標高は三メートルという低い位置にあり、縄文後期前半の海岸線に接近して営まれている。大正一五年（一九二六）、清野謙次らによって発掘調査が行われ、六六体の人骨が出土した。これらのなかに多数のである。

外骨腫が見出され、清野門下の三宅宗悦・今道四方爾によって報告された。三宅らによると、外耳道の残る頭骨は三五例あり、そのうち一八例は両側、一七例は片側に外耳道が残っている。これらのうち、外骨腫は九例二五・七パーセントに認められ、総数六六例に対する比率でも一三・六パーセントという高頻度である。

これらの性別、年齢などは表7の通りである。これらはすべて男性、壮年期以降で、両側に外耳道のある六例はすべて両側に外骨腫が見られる。抜歯は六六例中わずか二例にのみ見られ、その後の資料を加えても、七一例中二例と変っていない。

三宅らは、そのころまでに清野の収集した縄文人骨約九〇〇例のうち、備中津雲貝塚、備前粒江貝塚、河内国府遺跡、三河吉胡貝塚、遠江蜆塚貝塚、肥後阿高貝塚、肥後有喜六本松貝塚などの人骨には、外骨腫は一例も見られなかったと述べている。

清野は大正一一年（一九二二）に発掘した、三河渥美町亀山貝塚の人骨でも外骨腫を伴う頭骨を収集している。この遺跡では、計測可能な頭骨一四例のうち二例（男壮年、女壮年）に外骨腫があり、男性と推定される骨片を含めて、三例に外骨腫があると記している。

習俗の相違　外骨腫を伴う縄文人骨はその他にもまだ事例があると思うが、それらがまとまって発見された例は少ない。先にあげた例はほとんどが男性と推定され、女性と推定されたのは、三河亀山貝塚の一例のみである。年齢も陸中細浦貝塚の二例を除き、壮年以上に見出される。中耳炎、外耳道炎などの炎症性刺激による外骨腫の頻度はきわめて低く、片側性であるから、これほど高頻度に両側性の外骨腫が発症するのは、水泳や潜水などによるとしか考えられない。

大田貝塚発掘の少し前、大正九年（一九二〇）と一〇年（一九二一）、清野らは数回にわたって、備中笠岡市東大島津雲貝塚を発掘している。清野は津雲と大田の出土遺物や人骨の間に違いがあることに気づき、次のように述べている。

津雲貝塚と大田貝塚とは地理的に相距ること一〇里（約四〇キロ）に過ぎないのに拘らず風習上の差異が著しいのは時代差であるか、部落差である。風習差として著しいのは津雲貝塚に抜歯が盛んであるのに大田貝塚にこれを見ないこと、腰飾や貝製腕輪も津雲貝塚人が使用して居るに拘らず大田貝塚人はこれを使用しないこと等である。（『日本貝塚の研究』）

図21 広島県南部の縄文貝塚（○印）（1 大田貝塚，2 津雲貝塚）

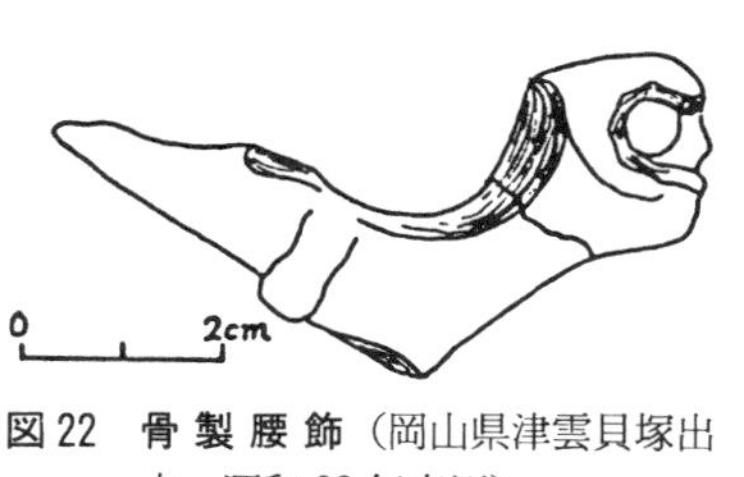

図22 骨製腰飾（岡山県津雲貝塚出土，昭和22年実測）

清野は大田貝塚が津雲貝塚よりも古いことを、両者の習俗の異なる理由の一つとしている。この推定はその後追加された資料によって、多少修正しなければならないが、大筋では変っていない。大田貝塚の土器は、連続爪形文（前期　磯ノ森式）、縄文地に沈曲線（中期　船元式）、磨消縄文（後期　中津式）の三群にまとめられている。

昭和三九年、県史跡の現状変更がなされた際に調査が行われ、このとき出土した人骨一体は前期のものと考えられている。このことから、清野の発掘した人骨のなかには、前期のものも含まれると推測されているが、それぞれの人骨がどの時期に埋葬されたかは不明である。また、土器の型式からみると、津雲と大田には重なる時期があり、時代差だけでは説明できないように思われる。

清野は習俗の違うもう一つの理由を部落差としている。これは地域差とも生業の差とも解釈できる。清野はまた、

大田貝塚は北に山あり、南に瀬戸内海に面して大田貝塚は風光の佳い健康地らしく思はれるのであるが、この地から出た古人骨には……種々の疾病、すなわち畸形性関節炎、外聴道骨腫（外耳道外骨腫）等があるし、また穿顱術（穿頭術）が施された頭蓋骨が出たのは意外であった。

と述べている。それに対して、清野が津雲貝塚で収集した人骨は一六四体に及んでいるが、このなかには外骨腫は一例もない。

津雲貝塚は縄文時代の貝塚に普通に見られるように、標高約一〇メートルの台地縁に位置している。大田貝塚も背後に台地を負っているが、貝塚は平地といっていいような緩やかな傾斜地に営まれ、標高はわずか三メートルにすぎない。清野は、津雲貝塚には石鏃などの石器が多いのにひきかえ、大田貝塚には石器が少ないことを強調している。清野ら発掘地点では、貝層の上部が削られていたことを、土器や石器などの少ない理由としている。

ところが、山本新（福山市松永町の開業医）は大田貝塚で多数の遺物を採集しているし、石鏃は一〇〇〇本以上も出土しているという。また、清野は、大田貝塚人は貝輪を使用していないと述べているが、その後数片出土している。漁具としては、津雲では骨製釣針と石錘、大田では石錘が出土している。

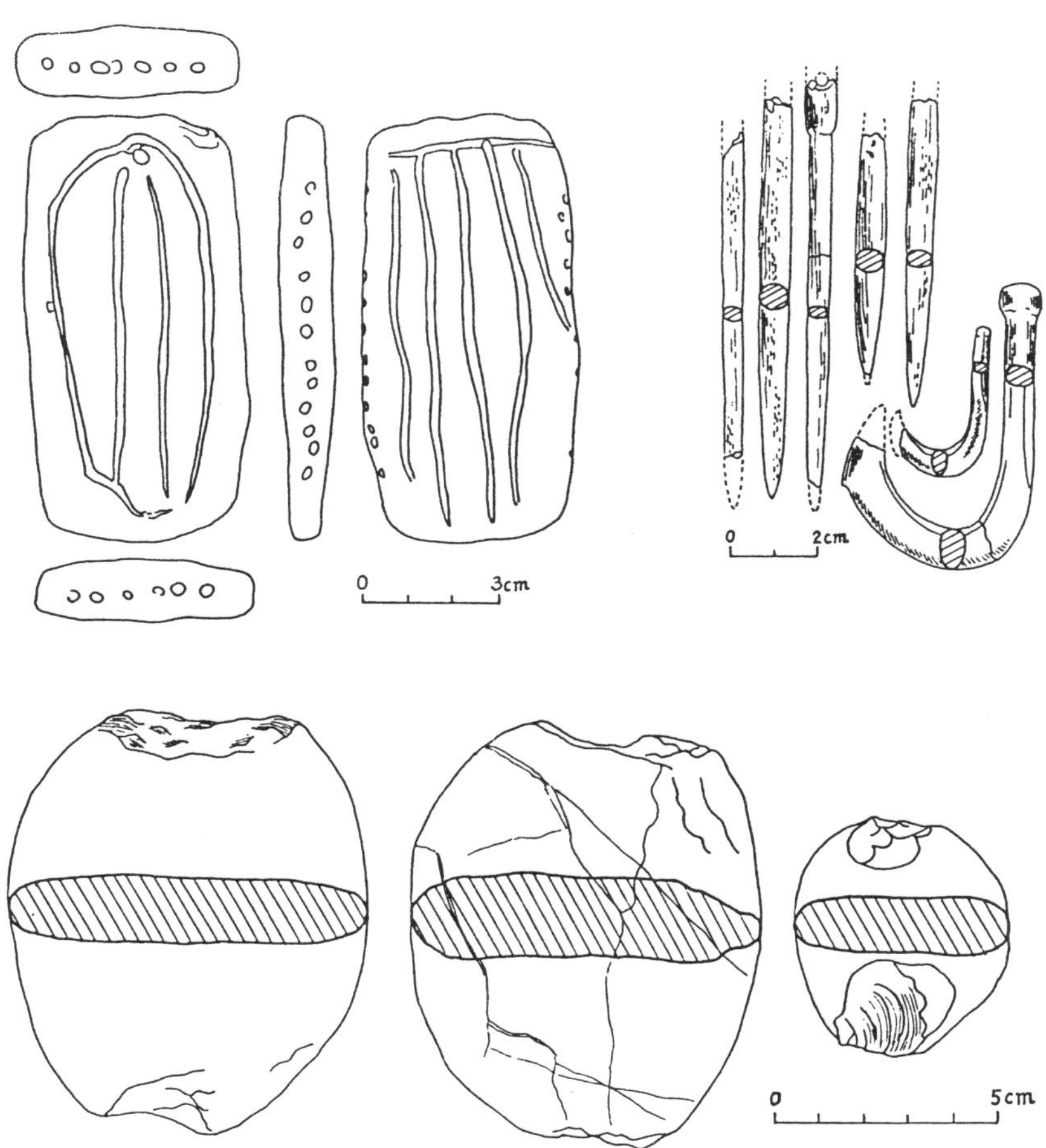

図 23　岡山県津雲貝塚の遺物（土版〈左上〉，骨針・骨製釣針〈右上〉，石錘〈下〉．昭和22 年実測）

このように、出土遺物の違いは、清野が考えていたほど明確ではないが、大田貝塚人にはダイバーの職業病である外骨腫が多発している。これは大田貝塚人が潜水漁を行う海人の集団であったことを示している。津雲貝塚人も漁撈は行っているが、大田にはない釣針があり、生業の内容が相違していたと考えて差し支えなかろう。

清野の活躍した時代には、縄文時代についての知見は今とは比較にならないほど乏しかったし、外骨腫の成因も不明であったが、遺物や人骨から津雲と大田の習俗の違いを論じたことは大いに評価されなければならない。

海士と海女　外骨腫を伴う縄文人骨のほとんどが男性であることは、主に男の海人（海士）によって潜水漁が行われたことを示している。現代の海人は北海道を除き、沖縄本島までの全地域に分布している。香原志勢（立教大学教授、人類学）によると、日本近海では八月の月別平均海水温度が二五度Cの線のあたりに、いわゆる海女どころが集中し、それより南あるいは北へ行くと海士が多くなり、海女にとって代るようになる。

南の海人は南シナ海、ポリネシアまで広く分布する本来の海士に属する。北上するに従って海女が多くなるのは、皮下脂肪の多い女性の方が有利になるからである。皮下脂肪は体温の低下を防ぐので、脂肪が増えてくる中年の方が若い女性よりもすぐれた海女になるという。さらに北へ行くと、ふたたび海士が多くなるが、北の海士は本業と副業の区別があいまいで固定しておらず、その時々の経済的要因によって左右されるのだろう、と香原は推測している。

これを縄文人骨に当てはめてみると、三河亀山には女性と推定される外骨腫があり、西南の備後大田と、北の陸中大船渡に海士の集団があったことになる。また、百々幸雄（東北大学医学部教授、解剖学）によると、北海道噴火湾岸の縄文人骨にも外骨腫が認められる（第三部Ⅲ参照）。

では、縄文後・晩期の海水温はどうだったのだろうか。縄文時代には気候が温暖化し、海面が上昇して縄文海進を来したことはよく知られている。日本近海では暖海性のハイガイが著しく増殖し、大船渡湾の貝塚からは発見されていないが、その北限は日本海側の秋田県まで及んでいる。縄文後期以降、気候はしだいに冷涼化に向かっていたが、水温が一〇度以上あれば潜水作業は可能とされているので、季節によっては北の海にも海人の活躍する場があったと考えられる。

文身習俗はあったか　だいぶ横道にそれたが、この辺で文身の話にもどりたい。三世紀ごろの「倭人伝」には、男子は顔と体に文身をし、潜水をして魚貝を採ったとある。「倭人伝」の内容の解釈は研究者によって異なり、その内容を疑う人もいるが、私は文身などの習俗を記した条は実際の見聞記録にもとづいて編纂されたと考えている（次章参照）。

弥生時代に日本の一部で文身が行われていた記録があるので、縄文後期以降も文身が行われたのではないか、という推測が可能になる。この時代に文身習俗があったという証明はできないが、早くから土偶の顔面文様のなかには、文身の文様を表現したものがあるのではないか、と考える研究者が多い。ダイバーのように身体を露出するものは、体に文身を入れるのが普通である。もしそれを表現した土偶があるとすれば、顔面だけでなく、身体の文様も強調したのではないだろうか。今のところ、土偶が身体の文身を表しているると考える研究者は少ないが、江坂輝彌は、土偶体部の文様のなかには、文身を示すものがあるのではないか、と述べており、今後はこのような観点からも検討する必要があるだろう。

縄文時代の土偶で文身を表すと推定されているものは、すべて中部以東の東日本から発見されている。それに対して、西日本では土偶の発見例が少なく、文身を表現しているとされる縄文土偶は見られない。

弥生時代には、土器、土製品などに描かれている人面画が関東以西にかなり広く分布している。この人面画は文身を表していると考える研究者が多い。この時代には文身の記録があり、人面画も縄文土偶よりはその可能性が高いが、これと海人との関係は不明である。

そこで、日本の周辺地域に眼を向けてみると、北はエスキモー、シベリア、アイヌ、南は琉球、台湾、呉越、雲南、古代ヴェトナムおよびラオス、ミクロネシアに至る広い地域に、かつて文身習俗があり、近年まで存続していた地方も多い。これらのうち、シナ海をめぐる呉越、雲南の哀牢夷、古代ヴェトナムおよびラオスでは、水中事故を防ぐ目的で龍の文身を施していたことが知られており、倭の水人の文身もこれらの地域と同じ龍文身の系列に属すると考えられている（次章参照）。このような状況から判断すると、倭の水人につながると思われる縄文時代の海人にも文身習俗があったと推測される。

抜歯習俗との関係　縄文人の習俗で注目されるのは抜歯である。大田貝塚人には抜歯の習俗がなく、清野らの得た六六例中わずか二例にすぎない。その後追加された資料を加えても、抜歯をした人骨は七一例中二例と変っていない。それに対して、津雲貝塚人には、八三例のうち若年以上の個体で抜歯のないものはなく、清野以外の事例を合わせると、抜歯のある個体は一〇九例に及んでいる。細浦貝塚でも、外骨腫のある四例のうち三例は抜歯をしていないし、亀山貝塚でも抜歯の例はなく、近くにある三河田原町

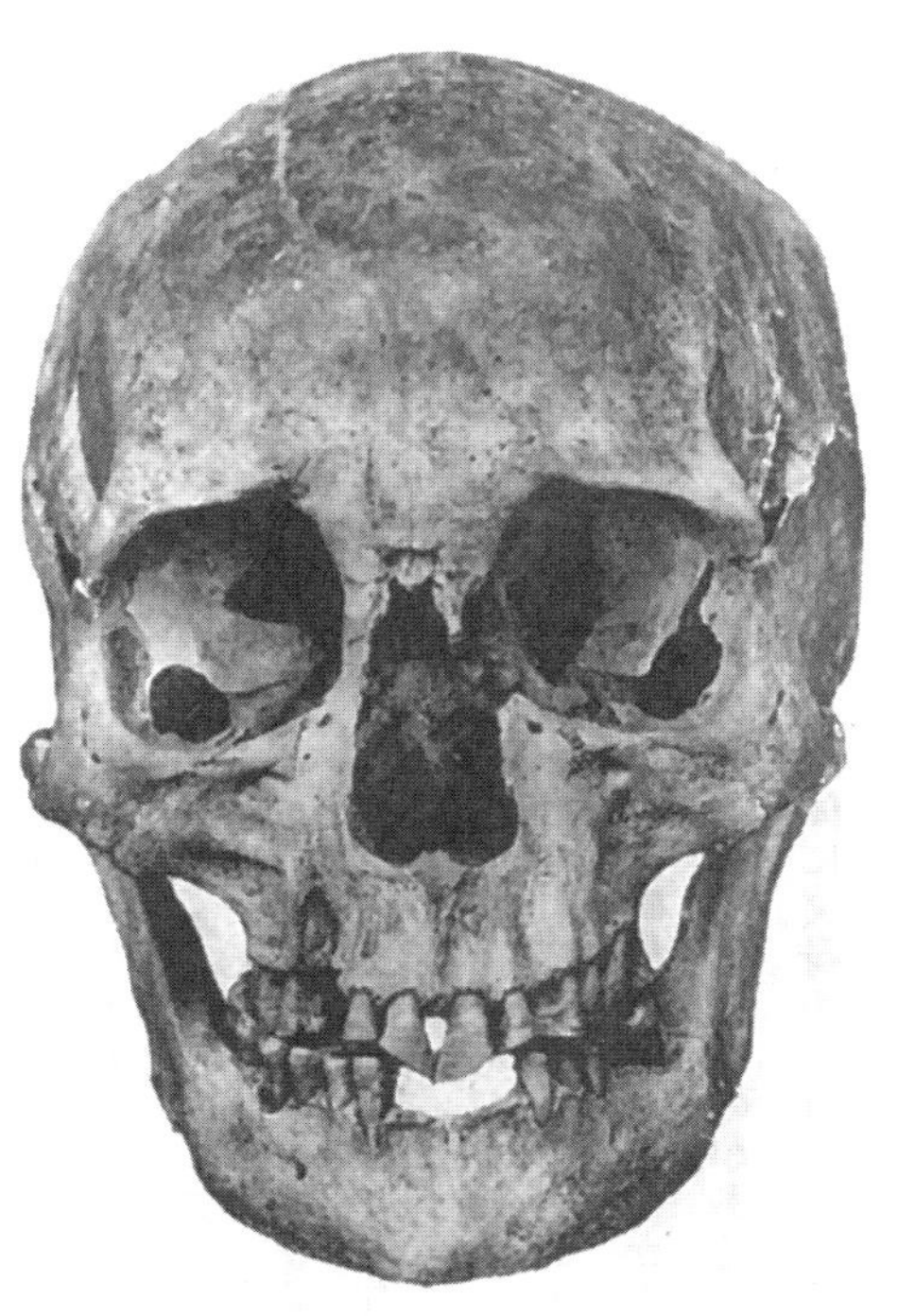

図24　抜歯をした縄文人
（岡山県津雲貝塚出土，〈清野 1959〉）

吉胡貝塚（晩期）には、抜歯が多く外骨腫を見ない。

縄文時代には、全国の沿岸部の到るところに貝塚が営まれているが、彼らの習俗は必ずしも同じではない。少なくとも大田貝塚人に代表されるような潜水漁撈民と、津雲・吉胡貝塚などの非潜水漁撈民のように、習俗を異にする複数の集団がいたことは間違いない。そして、外骨腫を伴う縄文人骨が少ないことは、縄文人全体からみて、海人のグループは少数派であったと考えられる（＊注）。

文身はおそらく両者ともしていたであろうが、それぞれのグループによって、文身の動機や目的、部位、文様などに差があったと想像する。この問題については次章でもう一度取り上げることにしたい。

＊注　全国各地には、比較的少数ではあるが、アワビを出土する縄文遺跡がある。アワビ類のなかには、比較的浅い海中の岩に着生することもあるが、一般には潜水しなければ捕獲することができない。しかし、関東地方にはアワビを出す遺跡が多く、遠方から運ばれたものもあるらしい（第三部Ⅲ）。

Ⅲ　弥生時代の文身

1　日本最古の文身の記録

『魏志』に表れた文身

「倭人伝」については、早くから多くの研究者によって論じられており、それに関する著述は日本古代史のなかでも群を抜いている。これらのうち、倭人の習俗に関するものだけを取り上げてみても、史学、考古学、人類学、民族学、民俗学など多方面から論じられている。

このなかに、わずか数行であるが、文身についての記録がある。そこに書かれている時代は三世紀末と考えられ、日本では弥生時代に当る。これはいうまでもなく、日本の文身に関する最も古い記録である。この稿を書き始めたころ、弥生時代の文身についてはほぼ尽された感があり、私が付け加えることはほとんどないように思われた。だが、稿を進めていくうちに、まだ残された問題があることに気がついた。

文身の記録　「倭人伝」の本文は多くの文献に引用されているので、御存知の方が多いと思うが、順序として、文身に関係のある部分だけを抜き出して、仮名混じり文で記してみよう（＊注）。

男子は大小となく、皆黥面文身す。古より以来、其の使中国に詣るや、皆自ら大夫と称す。夏后少康の子、会稽に封ぜられ、断髪文身、以て蛟龍の害を避く。今倭の水人、好んで沈没して魚蛤を捕え、文身しまた以て大魚・水禽を厭う。後やや以て飾りとなす。諸国の文身各々異なり、あるいは左にしあるいは右にし、あるいは大にあるいは小に、尊卑差あり。その道里を計るに、当に会稽の東冶の東にあるべし。(岩波文庫本)

「男子は大小となく」を大人も子供もと解釈したものが多いが、作家の松本清張は、大小は年齢ではなく、身分の上下と解釈するべきである、と述べている。わが国の研究者には素人の意見を無視する人が少なくないが、たしかに松本が指摘するように、世界各地の文身習俗をみると、男子の文身は成人式などの通過儀礼に関連して施されるのが普通であり、「小」が子供でないことは疑う余地がない。ここにも比較民俗学の必要性が認められる。また、この時代には、顔の文身を「黥面」、体のそれを「文身」と呼んで区別している。

次の「其の使中国に詣るや、皆自ら大夫と称す」という文は、一見前後の文章とつながりがないようにみえるが、森浩一(同志社大学教授、考古学)は、文身の説明のなかに挿入されていること、それに続いて少康の子が任地の習俗に従って文身したと述べていることからみて、「中国へくる使いたちも、大夫と自称しているが、顔と身体に入墨がある」と解釈している。大夫とは大臣などの高級官吏である。私は学生に「倭人伝」のこの文章を現代文に直して書かせたところ、数人の学生がこれと同じように訳した。この解釈は当を得ていると思う。

最後の「道里を計るに、当に会稽の東冶の東にあるべし」という文章は、倭の位置を会稽の東方と考えていたことを示している。会稽郡は今の浙江省から江蘇省にわたる地方、東冶県は福建省閩侯県付近である。

これまでの学説のなかには、「倭人伝」の記した方位を修正して読もうとするものがある。しかし、このような修正は往々にして恣意的になりやすい。明らかに誤写という証拠がない限り、自説に合うように訂正して読むことは避けるべきである。倭の位置が会稽の東というのは、民俗方位と解釈できる。民俗方位は磁石の示す方位とは必ずしも一致しない。会稽から北九州（後述）の方向は東北東に当り、これを東といっても、民俗学的には不自然ではないし、船で東へ向かえば、黒潮の流れに乗って九州に達するのは、比較的容易である。

この文章はただ倭が会稽（越）の東にあることを説明するだけでなく、倭人の文身が越の習俗と関係があると考えていたからだろう、という意見には賛意を表したい。「倭人伝」の最初に、倭の位置を述べた文章があり、そこで述べないで文身の条で記したのは、このような意味を含んでいると考えられるからである。

龍子の文様　「倭人伝」には、倭人がどのような文様を文身していたかを直接伝えていないが、文身の説明で倭人と越との関係を示唆しているので、越の文身と同じように、龍子の文様を入れていたと考えられている。

それを最初に説いたのは、鳥居龍蔵である。鳥居は坪井正五郎に師事し、独学で人類学・考古学を修めた。東京帝国大学助教授（人類学）を辞職後、在野の研究者として中国大陸へ渡り、探検調査旅行に従事した。

鳥居によると、「夏后少康の子、会稽に封ぜられ、断髪文身、以て蛟龍の害を避く」という文は、『史記』の「越世家」に、「越王勾踐、其の先禹の祀を守り、文身断髪し、……」とあるのを引用して説明したのだろうという。この引用文に続いて、「今倭の水人……文身し亦以て大魚・水禽を厭う」とあるのは、倭人の文身が越のそれと同じ目的であることを示すと考えられる。夏后少康は夏六代の王、相の子であり、少康の子はその庶子である。漢族の彼は会稽に赴任するとき、非漢族の原住民の習俗に従って、髪を切り、身体に文身をした、と解せられる。夏后少康の子の引用文から考えると、倭人の文身は龍子のような文様だったのではないか、と鳥居は推定している。この説は今なお多くの賛同を得ている。

文身の目的　『史記』の「集解」（註の意）には、それに付け加えて、「応劭曰く、常に水中に在り、故に其の髪を断り、其の身に文し、以て龍子を象る。故に傷害を見ず」と記している。倭人が文身をして大魚や水禽をはらうのも、これと同様である。鳥居は、当時は水中に蛟龍や魔物が棲んでいると信じられていたので、水中の王である龍子の文身をすれば、魔物が恐れて近寄らないと考えたのだという。

漢の時代、倭や越と同じ目的の文身はさらに南へ延びて、今の雲南省あたりまで分布していた。『後漢書』「西南夷伝」には、哀牢夷の文身を記し、彼らの祖先は龍と関係があると信じられ、そのしるしとして龍を彫り、衣服には尾がついていると述べていることを、鳥居はあげている。

最近では、文身の目的は蛟龍を威嚇するためではなく、同類であることを知らせるためだ、という説が多くなっている。金関丈夫（元九州大学医学部教授、解剖学・人類学）は「西南夷伝」の哀牢夷の記事のなかに、沙壹という女が水中で沈木に触れて子を孕むという伝承がある。沈木は龍と化して子をはぐくみ、その子孫は龍の文身をして衣に尾をつけた。これは水中の龍をトーテムとする種族で、同族であることを示すために文身をした、というのである。水中で魚貝を採る漁民が文身によって蛟龍の害を避けたというのにも、これに似た信仰があったのであろう、と述べている。

和歌森太郎（元東京教育大学教授、史学・民俗学）は民俗学の立場から、志摩の海女が頭に巻く手拭の中央に、黒線を一条縫いつけて、海中でトモカヅキに遭うのを避けるという伝承があることをあげている。トモカヅキとは、主に曇った日に水底でよく見かける、自分と同じような姿の魔障といわれる。これを避けるための鉢巻のしるしを、「魔よけ」とか「魔おとし」と呼んでいる。このような手拭いのない時代には、文身のように身体に加工して、仲間であるしるしにしたのだろうという。この説は倭人の文身に通じるように思われ、大変興味深い。

水中事故を防ぐ文身　江南と倭人との関係は多くの研究者によって論じられている。松本信広（元慶応義塾大学教授、民族学）は日本神話に現れるワニは龍の思想が入る前の、日本の海神思想を表しているという。BC五世紀の『淮南子』には、九疑（広西省あたり）の南部では、水に入るため、体に鱗虫の文身をするといい、『前漢書』「地理志」でも越の住民は文身をして蛟龍の害を避けるといっている。『淮南子』の鱗虫は鰐魚とみられ、中国人は鰐魚を蛟龍と考えていたらしい。日本のワニという動物を鮫あるいは海蛇とする説があるが、このワニも最初は南方と共通のもので、おそらくこの鱗虫であったのではないか、と述べている。

水中事故を防ぐことを目的とした文身は、江南からさらに南へ延びてインドシナ半島に及び、東アジアの東縁に広く分布している。大林太良（東京女子大学教授、文化人類学）はインドシナ半島の事例として、ヴェトナムとラオスの例をあげている。ヴェトナムでは一四世紀まで、王は龍の文身をして龍の子孫であることを示した。また、漁民はワニの文身をし、他のものは蛇の文様をつけて、ワニや蛇の害から身を守った。ラオスでは、ウロコの文様をしていたという。ビェンチャン以南のメコン川流域のラオ族は下肢にズボンをはいたように文身をしていた。これもワニに食われないようにするためといわれている。

アジア大陸からは少し離れているが、ヤップ島では、女性の下肢や手背に鮫の文様を入れている。この文身をしていると、ラグーンで泳いでいるとき、鮫に襲われるのを防ぐといわれている。これと関連のある事例として、松岡静雄（元海軍大佐、民族学）は、サイパン島に住んでいるカロリン人のなかに、鮫のほか亀を彫っているものがあり、トーテムあるいはクラウン・バッヂを意味するものかも知れない、と述べている。

倭の水人が実際に避けようとしたのは、「倭人伝」では「大魚・水禽」となっている。大魚のなかには、もちろん鮫も含まれていたであろうが、実吉達郎（動物ライター）によると、マンボウでさえ潜水漁民の命綱をかみ切ることがあるし、普通は人を襲わない種類の鮫でも、大きなエビをつかんで上がってくる途中、そのエビといっしょに片腕を咬み取られてしまう、という話を記している。

また、「水禽」とは水鳥であるが、その説明を避けて通る研究者が多い。実吉は、ウミワシやアホウドリが、海面に浮き上がった漁民を魚と間違えて降りてくることが、まれにはあったのではないかと推定し、難破して板子にすがって泳いでいた少年に、アホウドリが下りてきて目や頭をつつこうとした話をあげている。

2　海人と非海人

どの地域の習俗か　「倭人伝」の記事は必ずしも正確ではないという意見もあるが、これまで述べてきたことから、弥生時代の日本には、少なくとも一部に文身の習俗があったとみて差し支えなかろう。次に、「倭人伝」に記された文身は日本のどの地方の習俗かを考えてみよう。

「倭人伝」の内容を考える際、和歌森は次のような注意が必要であることを述べている。「倭人伝」には、編者がかなり深く知っていた範囲から、あまりよく知らないが伝聞を知っていた範囲まで段階がある。「倭人伝」全体としてどれだけ史料価値があるか、ということを決めることは困難であって、各部分について判断しなければならない。

「倭人伝」をめぐる論争の一つとして、邪馬台国の所在についての論争があり、九州説と畿内説が対立していることはよく知られている。しかし、この文身習俗の場所を考える際には、邪馬台国の所在はあまり問題にする必要はない。

和歌森はまた、次のようにいっている。「倭人伝」に記された習俗は「倭」の習俗であって、それがどの地域を指しているかは明らかでない。北九州の海辺地域というのが無難かも知れないし、あるいは当時彼方で認められた限りの日本全体ということになるが、いずれにせよ、それがそのまま邪馬台国の習俗であるとはいえない。従って、この習俗がどの地方の習俗かを確かめれば、邪馬台国の所在がわかるという議論は成り立たない。

この指摘は「倭人伝」について議論するうえで重要である。これらのことを念頭に置いて考えると、まず、「倭人伝」の記事で注目されるのは、「その地には牛・馬・虎・豹・羊・鵲（じゃく）なし」という文章である。弥生時代の日本に牛馬がいたことは、まったく疑いのない事実である。出土量はそれほど多くはないが、いくつかの弥生遺跡からは牛馬の骨が発見されている。和歌森はこの点について、「倭」はせいぜい魏との交渉の深かった北九州海辺だけを指している、という方がよいかも知れない。あるいは「倭」は一応日本であるにしても、習俗は北九州海辺のみというべきかも知れない、といっている。

私もこの黥面文身の条は、魏の使節が海人のムラを見て、そこで牛馬を見かけなかったことを、そのまま記録したもので、日本全体あるいは倭全体についての見聞ではないと考えている。「倭人伝」の編者は実際の見聞記録にもとづいて書いたと思われ、それを見聞した場所は、「会稽の東治の東」にある北九州とみられる。

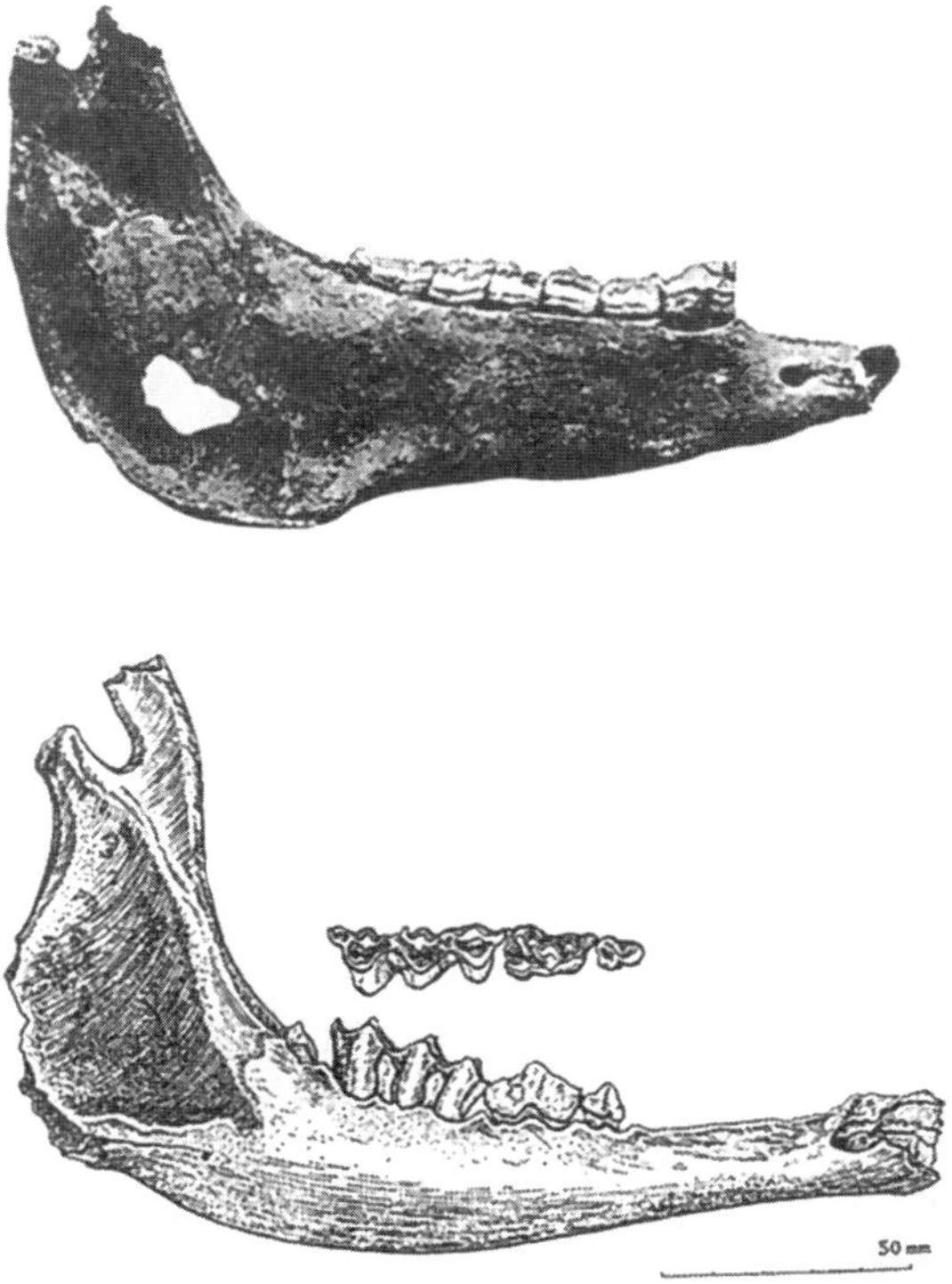

文身の習俗が西日本の一部であろうと考えられる理由の一つは、海人の分布である。前章で述べたように、海人は南では海士すなわち男性であるが、北上するに従って、しだいに女性の海女にとって代るようになる。文身をしている「倭の水人」が男であって女ではないということは、黥面文身は倭全体の習俗を記したのではなく、西日本あ

図25 弥生時代の牛馬の右下顎骨（上 ウマ 千葉県余山〈直良1970〉，下 ウシ（仔）静岡県白岩〈直良1973〉）

表8　カラカミ・ハルノツジ遺跡の自然遺物（岡崎1968による）

カラカミ遺跡	
貝　類	カキ，アワビ，サザエ，オキシジミ，イガイ
棘皮類	ウニ
哺乳類	イヌ，イノシシ，シカ，アシカ，クジラ，ドブネズミ，シャチ，イルカ，ウマ
植　物	イネ
ハルノツジ遺跡	
貝　類	マガキ，アワビ，サザエ，バイ，ツメタガイ，ウミニナ
魚　類	イシダイ，マグロ，その他
鳥　類	オオミズナギドリ，アホウドリ，ハシボソガラス，ニワトリ，トキ
哺乳類	イヌ，イノシシ，シカ，ウシ，ウマ，ネコ，タヌキ，アシカ，クジラ，シャチ，イルカ
植　物	イネ，コムギ

るいはそのなかのある地方であろう、と推測されるのである。

海人の遺跡　「倭人伝」とほぼ同じ時代の遺跡に、長崎県壱岐島のカラカミ遺跡とハルノツジ遺跡がある。岡崎敬（九州大学名誉教授、考古学）によると、両遺跡からは表8のような自然遺物が発見されている。砂浜が少なく岩礁の多い壱岐では、二枚貝よりもカキ、アワビ、サザエなどが多い。

両遺跡からは鯨の骨でつくられたへら状骨製品が出土しており、このような遺物は福岡県、山口県の弥生遺跡からも発見されている。岡崎はこの遺物を現在壱岐の潜水漁撈者が使っているアワビガネと比較して、骨製のアワビオコシとみなしている。「倭の水人」もこのような道具を使ったのだろうと考え、その伝統は現代の日本にも伝えられている、と述べている。

カラカミ遺跡とハルノツジ遺跡からは炭化した籾が少なからず出土しており、後者からは小麦も発見されている。農具として石庖丁や鉄鎌もあるので、米や麦を栽培していたことは明白である。伊藤彰（民俗学）は、ハルノツジ遺跡の遺物と、すべての男子が黥面文身して潜水漁を行うという「倭人伝」の記事からみて、「倭の水人」の生業構成を、

男性 漁撈（捕鯨を含む）、狩猟、航海。

女性 水稲作および畑作。

と推定している。そして、民俗学の立場から、潜水漁の主体が大筋で海士から海女へと移行したことを想定している。

有髯土偶と人面土器

海人以外の人たちの文身はその部位や文様が海人とは異なっていたのではないか、

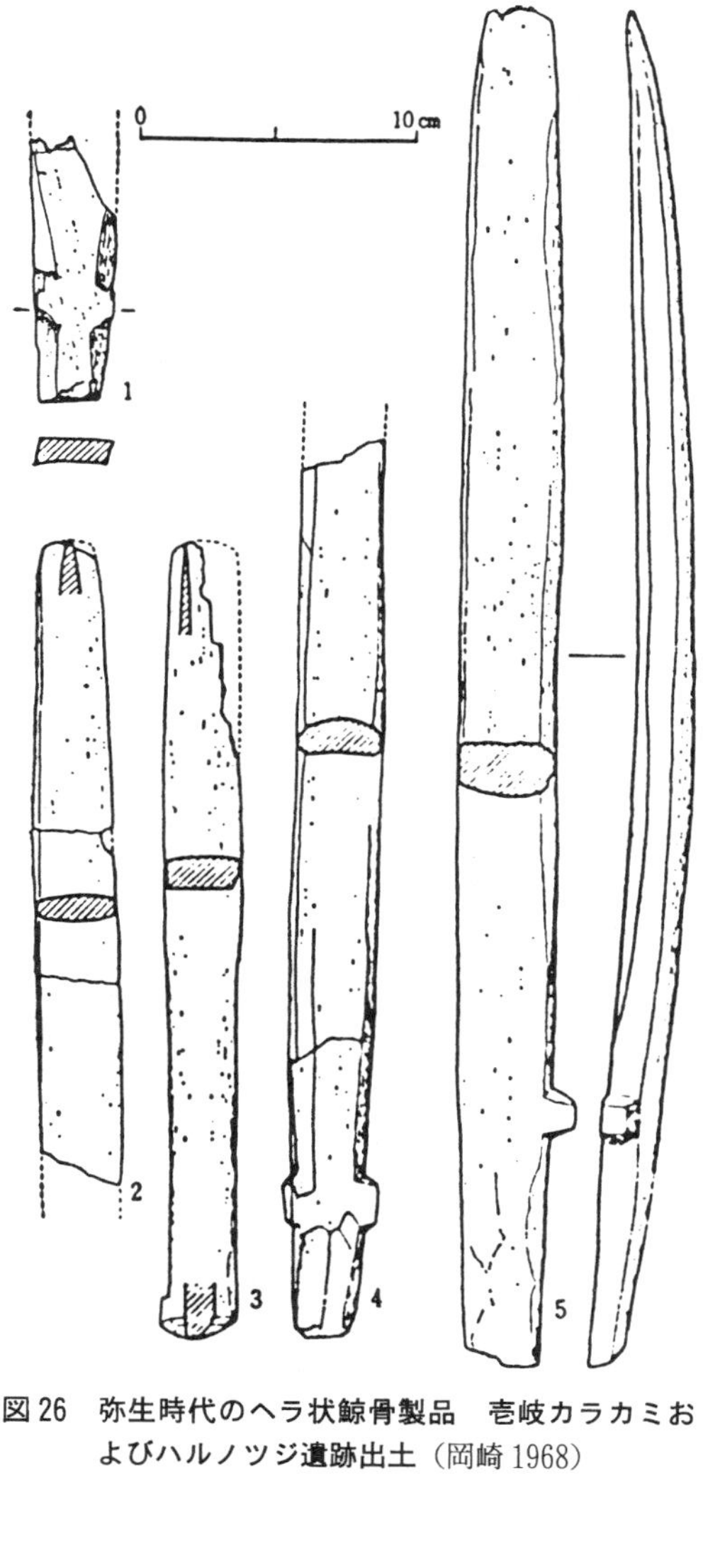

図26 弥生時代のヘラ状鯨骨製品 壱岐カラカミおよびハルノツジ遺跡出土（岡崎 1968）

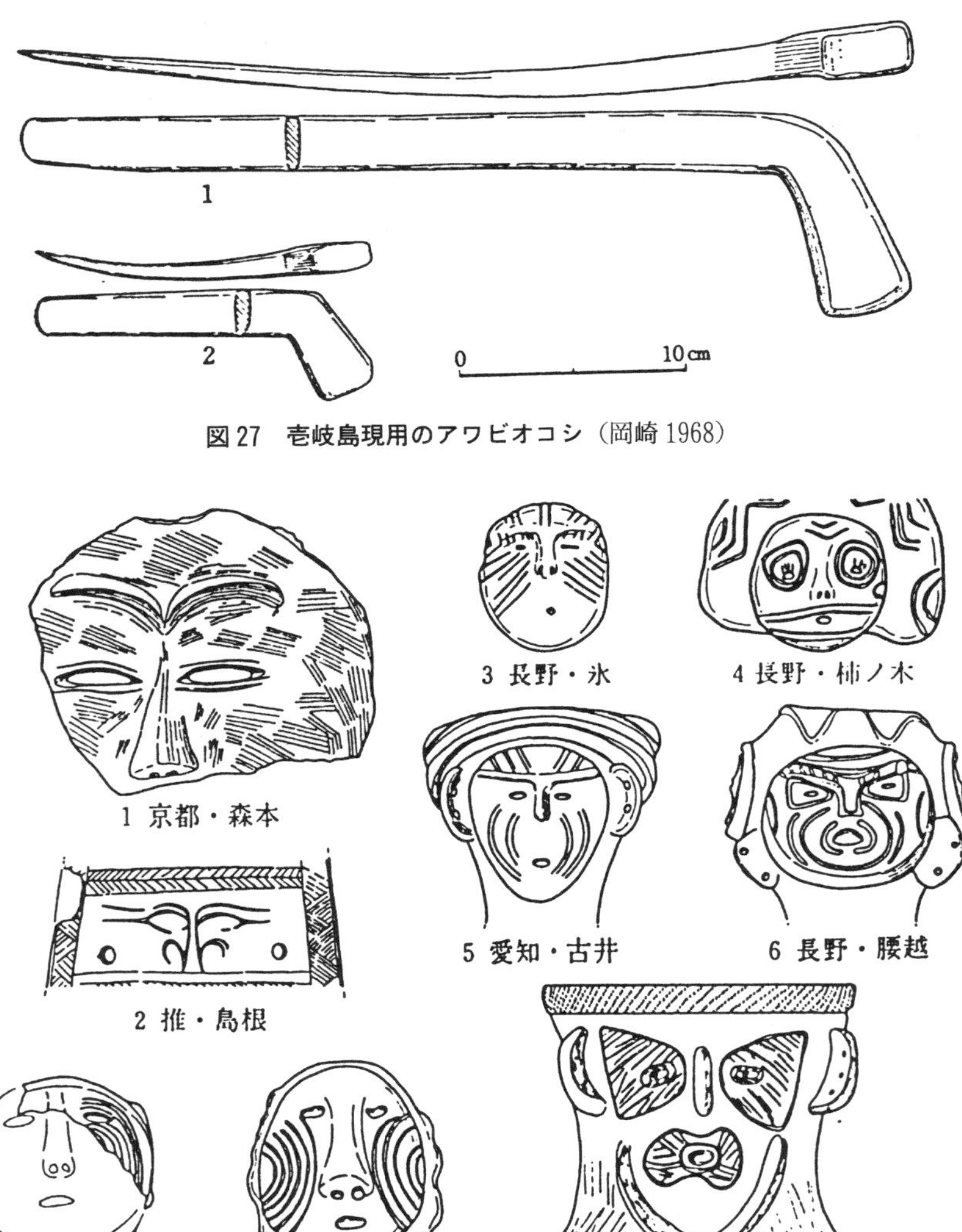

図27　壱岐島現用のアワビオコシ（岡崎 1968）

図28　縄文・弥生時代の人面画（設楽 1990）

と考えられることは前に述べた（第一部Ⅱ）。海人のように裸になる機会の少ない人たちは、衣服におおわれている部位に文身をすることは少ない。「倭人伝」に「後やや以て飾りと為す」とあるように、文身には呪的な要素のほか、多少とも装飾の目的があるからである。従って、彼らの間に文身が行われたとすれば、顔か手に彫られたと想像される。そして、それを推定する手がかりは文献以外に求めなければならない。文身を表現しているのではないかといわれているのは、有髯土偶と人面土器などの遺物である。

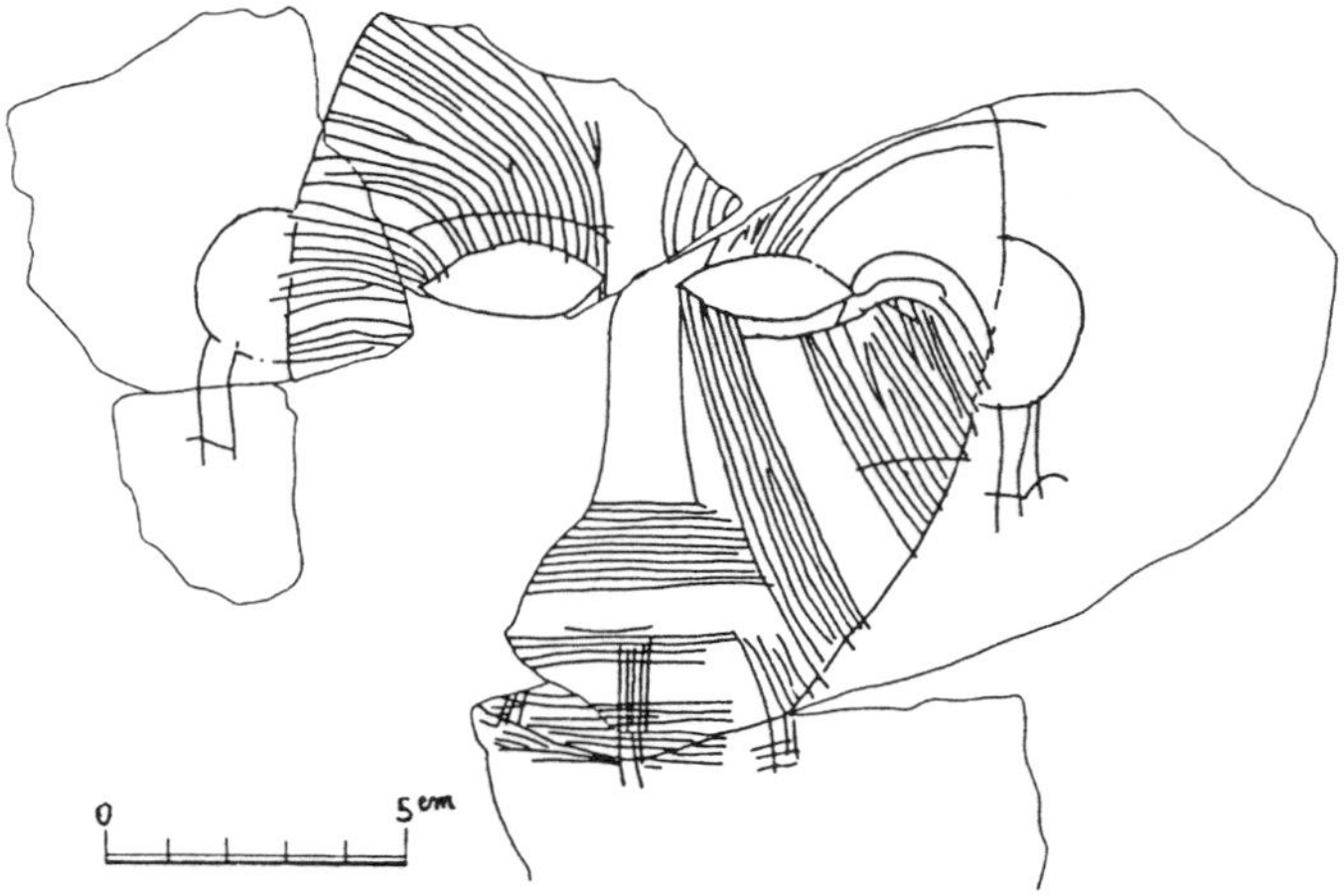

縄文晩期終末から弥生前期初頭にかけて、いわゆる有髯土偶がつくられ、その顔の文様が文身を表しているのではないかといわれていることは、前に述べた（第一部Ⅰ）。設楽博巳は、額と頬に刻まれたハの字形の多条沈線は、縄文土偶のダブル・ハの字が複雑化したものと考えることができ、弥生時代になると、口の両側に弧状に描かれたり、眼を囲んだりすることを指摘している。もし、これらが文身を表しているとすれば、中部・関東・南東北地方で文身が行われていたことになる。

弥生から古墳時代の移行期になると、人面を描いた土器などの遺物が現れる。この種の線刻画の第一例は、愛知県安城

図29　愛知県安城市亀塚遺跡の弥生土器に見られる人面画（天野 1978）

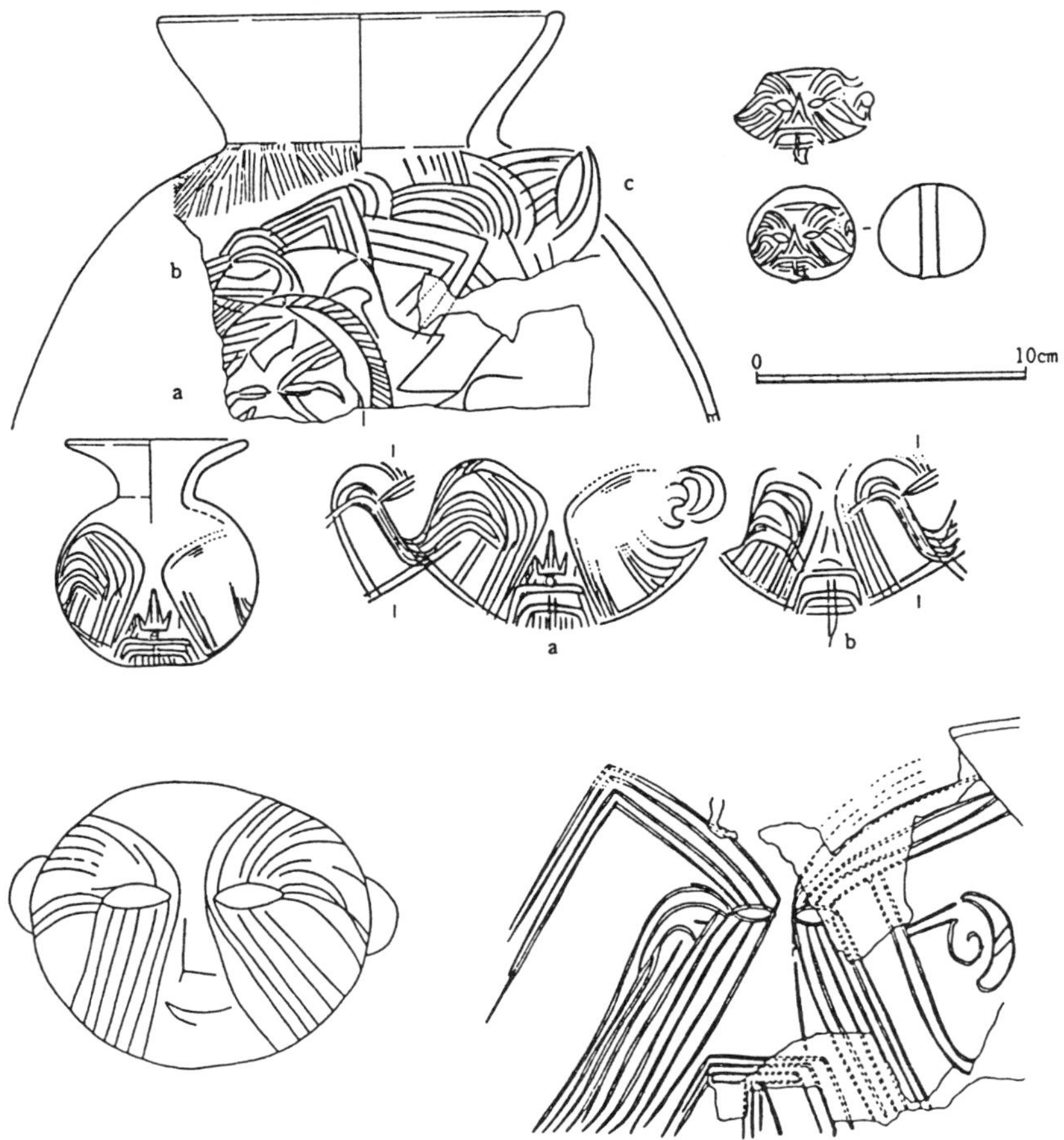

図 30　弥生・古墳時代の人面画（設楽 1990．上左　愛知廻間，上右　愛知根崎，中　静岡栗原，下左　香川仙遊，下右　群馬天神塚〈古墳〉）

市亀塚遺跡の弥生土器である。人面画はこの壺の胴部に大きく描かれている。その顔には、額・頬・目尻・口からそれぞれ外方へ向かって、線の束が描かれている。これらの線条は左右対称ではない。

　これと同型の線刻画は、土器、土製品、石棺の蓋石、円筒埴輪などにも見られ、設楽は一六遺跡二一個体に描かれた三二例を集めている。これらの人面画は例数が少ないにもかかわらず、またかなり広い範囲に分布しているにもかかわらず、共通の表現が非常に多い点が注目される。

　その分布は、設楽によると、

吉備・讃岐地方　四遺跡　六例

尾張・三河地方　七遺跡　一〇例

駿河地方　一遺跡　一例

関東地方　四遺跡　四例

となっており、畿内には見られない。

　設楽は、これらの人面画には写実的に描かれたものがあり、共通の習俗があることを想定し

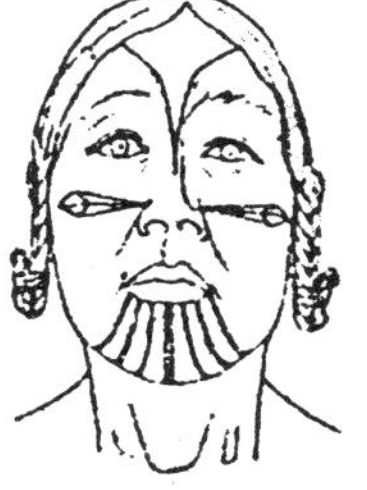

図31　エスキモー女性の顔の文身（Ploss & Bartels, 1927）

ている。これらには塗彩された痕跡がまったくないので、顔面塗彩ではなく、文身を表現したものと推定している。また、斎藤卓志は亀塚遺跡の人面について考察し、民俗事例からみて、文身は数回に分けて行われるのが普通であり、文様が左右対称でないのは文身の文様を表現した可能性があると推測し、あごひげといわれた線刻も、エスキモーや台湾の高山族の事例と比較して、文身であろうと述べている。

弥生時代の文身習俗　有髯土偶と人面土器などの顔面文様について、設楽は、この両者は「時期的にちかく、イレズミの施術様式の地方差、系統差を示している」と推定している。この仮説は、ハの字状線刻と多条線刻という表現の相違だけでなく、分布が違うことからみても妥当と考えられる。有髯土偶の系統は主に中部以東に分布する。それ以外にも、山口県綾羅木郷遺跡と熊本県秋永遺跡のわずか二例ではあるが、西日本にもあり、特定の集団と結びつけることはできない。どちらかが海人のものであったかも知れないし、どちらも海人以外の集団であったと考えることもできる。

人面の線刻の目的について、設楽は「倭人伝」の水人の記事を引用して、人面の眼と文身の表現は邪悪なものを退散させる役割を持つものと推測している。また、この人面画は畿内には見られず、吉備・讃岐と尾張・三河に集中する分布状況、土器との交流が少ないこと、文身の習俗を表現していると考えられることからみて、海人との関係を想定している。しかし、海人と関係づけるには、まだ資料が不十分であるように思われる。

最近の日本人起源論によると、弥生時代以降、何度も人類の渡来があったと考えられる。それらのなかには、文身をしていないグループもあっただろうし、すべての弥生人が文身をしていたと考える必要はない。可能性としては、顔と身体あるいは体のみに文身をするもの（海人）、顔のみか顔と手に文身をするもの、文身習俗のないものなどがあったと考えられる。

＊注 「倭人伝」の読み方は研究者によって違っている。私は「男子は大小となく……東冶の東に在るべし」までを、倭の諸国の文身習俗について述べたものとみる、従来の読み方に従うことをお断りしておきたい。

「男子は大小となく、皆黥面文身す」という最初の行は、編者の考えとしては「皆」のなかに「倭の水人」も含まれていると解釈し、文身習俗を総括的に述べたと考えられる。従って、「黥面文身」は男子の一人一人がすべて顔と体に文身をしていたのではなく、顔に文身をすることも、体にすることもあるという意味に解釈したい。その理由は、裸で生活する種族は体や顔に文身をするが、衣服を着る人たちは露出している顔や手などにするのが普通だからである。もう一つの理由は、「其の使中国に詣るや、皆自ら大夫と称す」という文は、倭の使節が文身をしていたことを説明していると考えられるが、皆体に文身があったかどうかは、裸にならなければわからなかったはずだし、おそらくなかったであろう。

また、「今倭の水人……文身し大魚・水禽を厭う」は海人の習俗のみを述べたものであることはいうまでもないが、「黥面」の文字が見えないのは、「文身」の目的を説明したものと考えられる。

Ⅳ　古墳時代の文身

1　文献に表れた文身

『隋書』の記録　古墳が現れるのは二、三世紀であるが、ここでは古墳時代の始まりを、古墳の築造が普及した三世紀末から四世紀初頭としたい。古墳は五、六世紀の最盛期を経て七世紀末に及んでいる。この終末期に、日本の文身についての記録が中国側にある。

順序からいうと、『後漢書』「倭伝」（五世紀）に、「男子は皆黥面文身し、其の文の左右大小を以て、尊卑の差を別つ」と記されている。後漢は魏よりも前の時代であるが、『後漢書』は『魏志』よりも後にできている。しかも、倭に関する記事は『魏志』「倭人伝」を借用しているので、少なくとも倭人の文身に関しては、史料価値はほとんどない。

次いで、六二二年、唐の魏徴の撰した『隋書』が現れる。これはそれまでの史書、『魏略』『魏志』『後漢書』『宋書』『梁書』を参考にしているが、隋になってからは、日本との交渉が多くなったので、その「倭国伝」には、正確な見聞がいくつか見受けられる。そのなかに、「男女多く臂に黥し、面に黥し、身に文し、水に没して魚を捕う」とある。その他に、婚姻習俗、鵜飼、阿蘇山についても記し、また、竹斯(筑紫)国以東はみな倭に属すると述べている。

『隋書』を編纂したころには、中国側の知識が大和朝廷の勢力範囲のほぼ全域に広がっていたと考えられ、文身の記事も推測や引用によって付け加えたのではなく、実際の見聞にもとづいて書かれたと考えられる。これによると、潜水漁を行う漁民の間では、顔、腕および体に文身をする習俗が、男女とも広く行われていたことが知られる。

海人は、南では男性の海士であり、北上するに従って女性の海女が現れることは、前に述べた。古墳時代には、寒冷な気候が続き、海面が現海面よりも低下していたが、その終末期には温暖化に向かっていた。「倭国伝」が書かれたころには、現在の気候に近づいていたと考えられるので、この海人の文身は西日本一帯の習俗であろう。

このような見方をすると、「倭人伝」では男子のみの文身が、「倭国伝」で男女になっているのは、必ずしも時代の推移とはいえない。魏の使節が見た地域以外では男女とも文身をしていたかも知れないし、隋の使節が記録した状況はそれよりも広い範囲であったか、別の地域であった可能性が考えられる。それとは別に、男子だけが潜水漁を行っていた地域でも、しだいに海女にとって替ったこともありうる(第一部Ⅲ)。

『古事記』に見られる文身　『隋書』に続いて八世紀になると、日本側にはじめて文身の史料が現れる。和銅五年(七一二)に編纂された『古事記』には、次のような記事がある。まず、「神武記」には、

> 大久米命(おおくめのみこと)、天皇の命を以ちて、其の伊須気余理比売(いすけよりひめ)に詔りし時、其の大久米命の黥ける利目(さとめ)を見て、奇(あや)しと思ひて歌ひけらく、胡鷰子鶺鴒(あめつつ)　千鳥ま鵐(しとと)など黥ける利目　とうたひき。爾(ここ)に大久米命、答へ

て歌ひけらく、媛女に　直に遇はむと　我が黥ける利目　とうたひき。（『日本古典文学大系』）

「黥ける利目」とは、目の周りに文身をしていたことを表している。この文の意味は、天皇がイスケヨリヒメを召されるとき、大久米命が天皇の命を受けて、そのことをヒメに伝えた。彼女は大久米命が目の周りに文身をしているのを見て不思議に思い、どうして目の周りに文身をしているのかと尋ねたところ、彼はヒメにすぐ会おうと思って文身をしたと答えた、というのである。

もう一つは「安康記」である。

……市辺王の王子等、意祁王、袁祁王、二柱、此の乱を聞きて逃げ去りたまひき。故、山代の苅羽井に到りて、御粮食す時、面黥ける老人来て、其の粮を奪ひき。爾に其の二はしらの王言りたまひしく、「粮は惜しまず。然れども汝は誰人ぞ。」とのりたまへば、答へて曰ひしく、「我は山代の猪甘ぞ。」といひき。（『日本古典文学大系』）

すなわち、市辺の忍歯王の子の二人の王が山城の苅葉井（綴喜郡樺井）に逃げてきて、乾飯を食べようとしたとき、目の周りに文身をした老人がきて、それを奪った。二人の王は「飯は惜しくないが、お前はだれだ」と聞くと、「私は山城の猪飼だ」と答えたという。猪飼とは、猪を飼う仕事である（＊注）。

『日本書紀』に見られる文身

『古事記』から八年後の養老四年（七二〇）、官撰の史書『日本書紀』が完成している。これには、刑罰としての文身があったことを思わせる記事がある。「履中紀」元年四月の条に、

阿曇連浜子を召して曰く、「汝、仲皇子と共に逆ふることを謀りて、国家を傾けむとす。罪、死に当れり。然るに大きなる恩を垂れたまひて、死を免して墨の刑に科す」とのたまひて、即日に黥む。

> 此に因りて、時人、阿曇目と曰ふ。（『日本古典文学大系』）

とある。天皇は即位のとき、阿曇連浜子の反逆罪に対し、死罪を減じて墨刑にした。そこで、当時の人々は目の周りに文身をしたものを阿曇目といったという。

同じ履中天皇五年九月の条には、

> 天皇、淡路嶋に狩したまふ。是の日に、河内飼部等、従駕へまつりて轡に執けり。是より先に、飼部の黥、皆差えず。時に嶋に居します伊奘諾神、祝に託りて曰はく、「血の臭きに堪へず」とのたまふ。因りて、卜ふ。兆に云はく、「飼部等の黥の気を悪む」といふ。故、是より以後、頓に絶えて飼部を黥せずして止む。（『日本古典文学大系』）

と文身の中止を記している。文身をした目の周りの傷が癒えず、臭くてたえられないので、止めさせたといっている。

しかし、「雄略紀」一一年一〇月の条には、飼犬の事故に対して、墨刑を科した記事がある。

> 鳥官の禽、菟田（大和国宇陀郡）の人の狗の為に囓はれて死ぬ。天皇瞋りて、面を黥みて鳥養部としたまふ。（『日本古典文学大系』）

先の反逆罪に比べると、ずいぶん重い刑である。この時代に墨刑があったことを疑う研究者は少なくないが、まだ法律が整っていなかった時代の刑罰には、このような刑があったかも知れない。

五世紀ごろの文身　履中・雄略天皇のころは、中国側の史料に出てくる倭の五王の時代である。履中天皇を「称」あるいは「讃」とする説があるが、雄略天皇が「武」に当ることはほぼ一致している。いずれにしても、履中天皇は五世紀のはじめ、雄略天皇は五世紀の終りから六世紀のはじめにわたって在位している。五世紀といえば、日本では最も巨大な古墳が造られた時期であり、天皇陵でも、応神陵、仁徳陵という巨大な墳丘を持った前方後円墳が築造されている。

『古事記』は日本最古の史書であるが、内容を読めばわかるように、官撰の『日本書紀』に比べると、信頼性が落ちることは否定できない。文身について書かれている「神武記」や「安康記」など、初期の天皇は実在の人物であることが疑われているので、記事の内容そのものも疑わしい。しかし、これが編纂されたころ、顔や眼の周りに文身をしたという記録がなければ、こんな話は生まれなかっただろう。これらの記事は五世紀ごろの文身のことを伝えていると考えられる。

『日本書紀』でも、神武天皇以来、初期の天皇についての記述は信頼できないが、二けた以後の天皇の事績についても、最初から疑ってかかる人が少なくない。たしかに、朝廷側に都合のいいように書かれている可能性はあるが、その内容を否定するときには、恣意的な解釈をしないで、それ相応の根拠を示す必要があるだろう。記紀に文身の記事がいくつも出てくるのは、一部にそれを行う習俗があったと考えなければならない。

「神武記」で、イスケヨリヒメが大久米命の文身を見て奇異に感じたというのは、畿内では、文身が一般的な習俗ではなかったことを示している。そして、上層階級や一般の習俗ではなく、久米部、猪飼部、馬飼部、鳥飼部など、特定の部曲の間で、眼の周りなどに文身をしていたことがうかがわれる。

『播磨国風土記』には、応神天皇が山の形を見て、「此の二つの山を見れば、能く人の眼を割き下げたるに似たりとのたまひき。故、目割と号く」という文がある。これは地名伝承であるから、実際にあった話ではない。また、応神天皇の名が出てくるが、伝説では時代を古く見せようとする傾向があるから、それよりもずっと後に作られた話であろう。山を見て眼の周囲の文身を連想したとすれば、このような文身はそれほど珍しくなかったのではないか、という解釈もできるが、私は記紀の記事とのかね合いから、単なる伝説であろうと考えている。

海人族の文身　「履中紀」「雄略紀」では、前にあげたような墨刑の記事がある。中国では、魏晋の時代から墨刑が行われているので、日本の墨刑は中国の刑法に倣ったという説が多いが、一方では、それに反対する人も多い。

「履中紀」の墨刑の記事について、和歌森は民俗学の立場から、次のように説いている。

このような記述は『日本書紀』の性質からみて、けっして史実ではない。阿曇連の系統のものがどうして目サキ、つまり目のふちに入墨しているのかという疑問に答えて、中国での刑罰としての黥にならして、かれらは昔、悪いことをして刑罰として黥をうけたのだと説明しようとしたまでのことである。……書紀の応神天皇三年十月三日の条に、東の〝蝦夷(えびす)〟は皇威に服したけれども、ところどころの〝海人〟は抵抗してしかたがなかった。そこで阿曇連の祖先である大浜宿禰(すくね)をやってかれらをしずめたいらげた。そのうえ、阿曇連をして海人たちのかしらとしたといわれるように、海人族をひきいたものであった。〝阿曇大浜〟とか〝浜子〟とかの名にもうかがえるように、海辺に寄留して漁撈する部族としての〝海人〟の長であった。かれらが黥面の習慣をもっていたことの説明を、中国の墨刑の知識をかりて説明したのが、さきの「履中紀」の記事であろう。

海人族を「倭人伝」に出てくる「倭の水人」に連なる集団という説には賛成であるが、「履中紀」の文身の記事が、単なる文身習俗の起源説話かどうかは、今少し考えてみる必要がある。

記紀には、海人族に文身の習俗があったとはいっていないが、「倭人伝」や「倭国伝」からそれを知ることができる。そのせいか、「履中紀」の阿曇連の話や文身習俗の起源説話とする説が通説のようになっていて、最近では、墨刑の存在を否定する研究者が増えているような印象を受ける。

記紀の話の内容を額面通りに受け取ると、「履中紀」（元年）と「雄略紀」の記事は墨刑であるが、「神武記」「安康記」「履中紀」（五年）に出てくる久米部、猪飼部、馬飼部の文身はもとからあったもので、刑罰として彫ったものではない。これからみると、鳥飼部も同じように、部民のすべてが墨刑を受けた罪人ではない。これらの内容から察すると、部曲を賤民あるいは犯罪者の集団とすることは誤りであろう。鳥飼部に文身をする習俗があったから、それに準じて、墨刑を科して鳥飼部とした、という解釈に賛成したい。従って、「雄略紀」の記事は起源説話ではないと考える。

これらの部民が犯罪者の集団でないとすると、安曇部（海人）はどうだろうか。「応神紀」三年一一月条に、「処々の海人、訕哤（さばめ）きて命（みこと）に従はず。則ち阿曇連の祖大浜宿禰を遣して、其の訕哤（さばめき）を平ぐ。因りて海人の宰（みこともち）とす」とあり、阿曇連が海人を支配していたことを記している。それから後に、「履中紀」元年の反逆の記事が現れる。これを起源説話とすれば、なぜ最初の方で述べないで、この期に及んでいわなければならないのか。また、文身の起源を説明するのに、呪的な説明ではなく、刑罰と関係づけなければならないか、という疑問が生じる。

伊藤純（大阪市文化財協会）は墨刑を認める立場をとり、次のように述べている。

> 日本に黥面が存在した時期、中国では南朝で黥刑が確認できるのである。……ある時期以降、日本で黥面が見られなくなる理由を、梁代の五一五年に黥刑が廃止されたことに求めることも可能である。

日本の律令制の手本となった随唐の制度の中には黥面（黥刑）は存在しない。この事実が、『日本書紀』が語る阿曇連や鳥飼部の黥面について、「中国風の思想から説いた起源説話」（『日本古典文学大系』の注）とする見解に従えない理由である。

私もこれを単なる起源説話とみることには反対であり、大宝・養老律令に墨刑がないのは、中国の律令制に学んだからである。しかし、それ以前に、日本で墨刑が法令で制定されていたとは思えない。「履中紀」や「雄略紀」の内容を見ても、処罰の軽重ははっきり決まっていない。おそらく刑罰としての文身は私刑に近いもので、天皇の考え一つで行われたとみられる。

図32　マオリ族酋長の文身（松岡 1941）

阿曇連の話は全部が史実ではないとしても、ある程度事実を伝えているのではないかと考えている。海人族はしばしば大和朝廷に反逆したが、阿曇連を処刑する代りに、彼を介して海人族を支配しようとしたのだろう。大胆に推理すると、そのまま無罪放免にしたのでは、周りに対して示しがつかない。そこで、苦肉の策として、墨刑という名目上の刑にしたのではないか。古来、海人族には文身の習俗があるから、仮に文身を追加したとしても、ごく狭い範囲であろう。

比較民俗学的に見ると、「履中紀」には、

天皇が刑を宣告して、「即日に黥む」とあるが、一回で黥面が完成したとは思えない。たとえ墨刑であったとしてもである。顔の文身は一回で完成するものではなく、数回に分けて行われるのが普通である。このように考えると、今までの黥面に少し追加した程度か、形式的なものであっただろう。

別の見方をすると、マーシャル諸島住民やニュージーランドのマオリのように、首長だけが顔に文身をしたり、台湾の高山族（高砂族）のある種族のように、特定の階級だけに許される文様がある。阿曇連の文身から「阿曇目」という言葉が生まれたとすれば、首長の彼だけが特別の文様を入れていたと想像することもできる。この話のなかで、起源説話が語られているとすれば、「阿曇目」にだけは当てはまるかも知れない。しかし、今となっては、この記事の真偽を証明することは不可能であるから、さまざまな意見が出てきても不思議ではない。

＊注　古代には、野生のイノシシを猪（久佐井奈岐、伊之志）といい、飼育しているものを豕（布多、夫多）と呼んでいる。弥生時代の遺跡からは、すでに野生のイノシシとは異なる家畜化されたブタが出土している。猪飼部の猪は今日の改良されたブタではなく、イノシシに近い形であろう。

2　埴輪と文身

文身を表現した埴輪　古墳時代の文身の資料としては、まず、前章で述べた人面画をあげることができる。これらは弥生時代終末から古墳時代前期にわたって見られ、最も新しいものは、四世紀末から五世紀

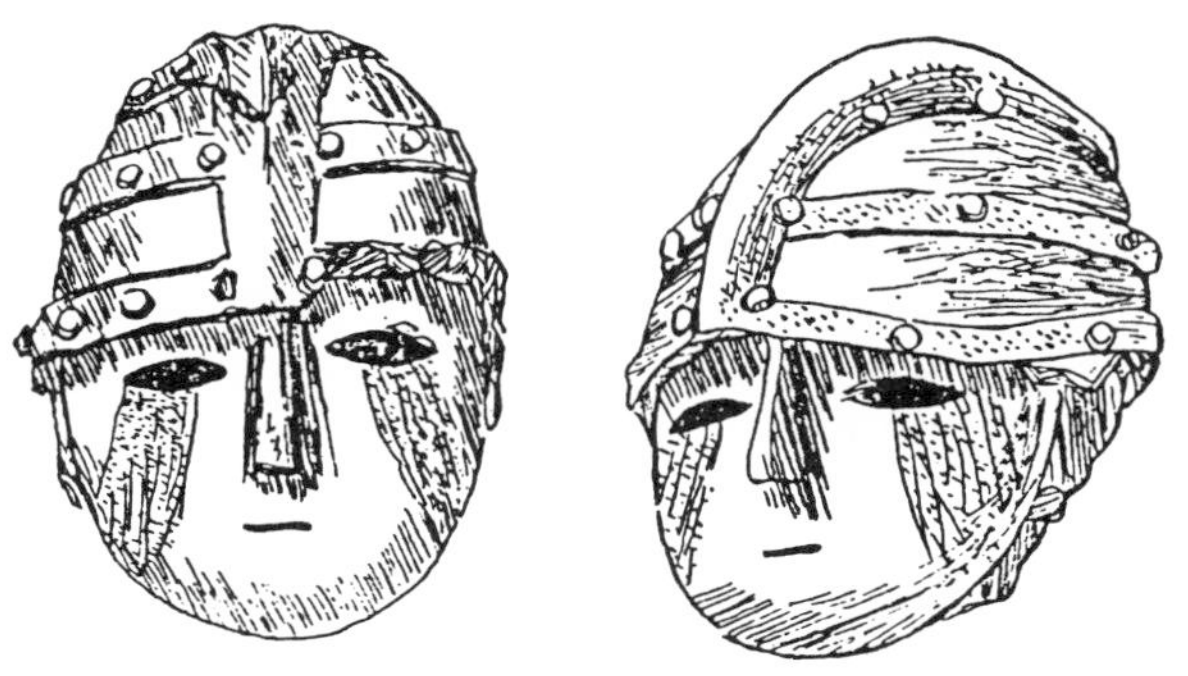

図 33　埴輪顔面の丹彩（群馬県出土〈江坂 1960〉）

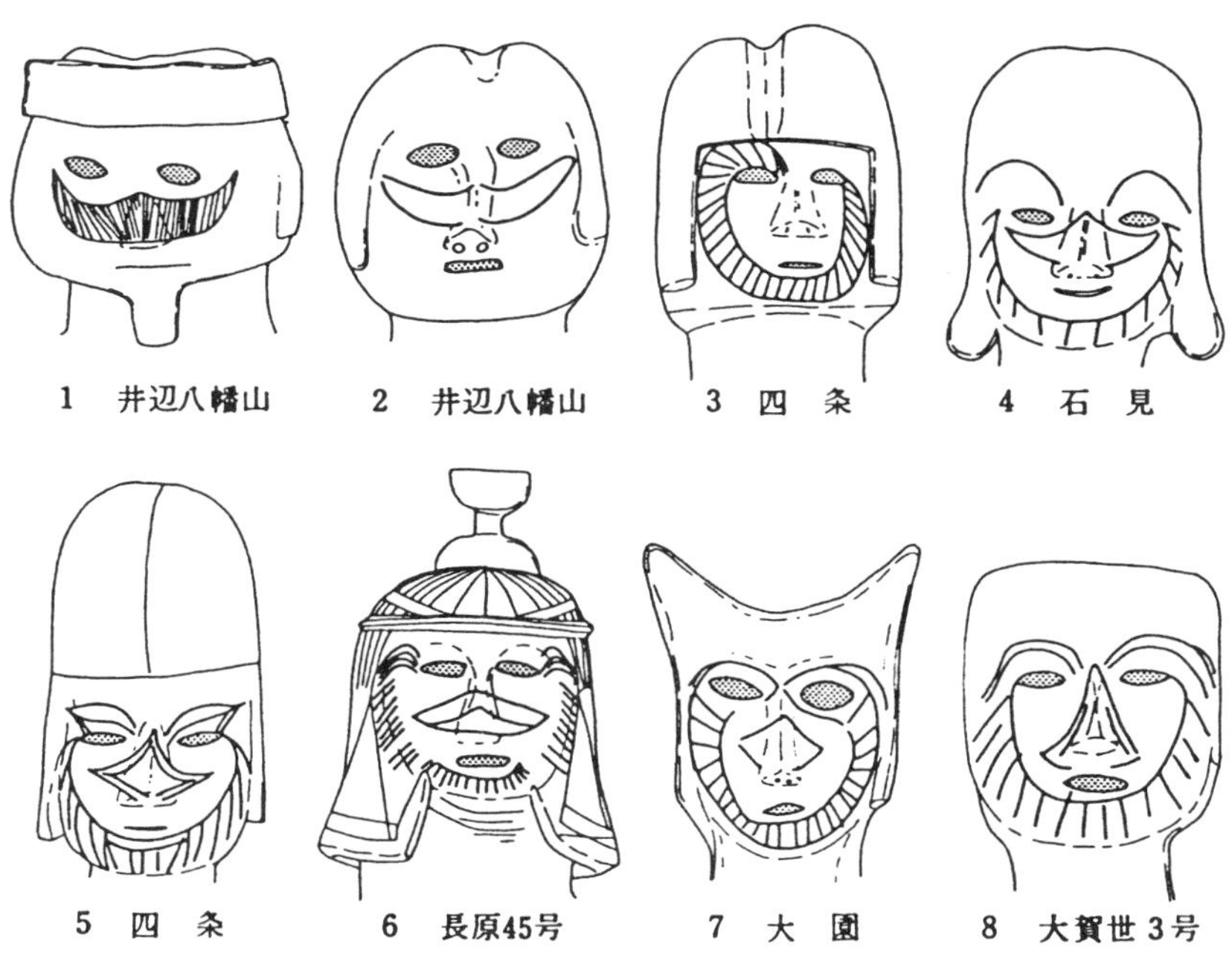

図 34　埴輪の顔面装飾（近畿型〈辰巳 1992〉）

初頭の、群馬県下郷天神塚古墳の円筒埴輪に描かれた線刻画である。

これらの人面画は吉備・讃岐と尾張・三河に多いことは前に述べた。辰巳和弘（同志社大学、考古学）は福岡県塚堂古墳の人物埴輪に、人面文の装飾と同じ表現の彩色があることなどをあげ、この人面画の系譜は東海地方から伝播したと考えるよりも、すでに瀬戸内地方にあったとみる方が、より蓋然性が高いとみている。

次にとりあげなければならないのは、人物埴輪である。これは五〜六世紀の顔面装飾を表していると考えられる。

埴輪のなかに、文身を表現したものがあるのではないか、という示唆を与えたのは江坂輝弥である。江坂は、縄文土偶顔面のハの字状文様などが文身を表している可能性を説き、それと人物埴輪の顔に描かれているハの字状の彩色とが似ていることに注目した。この彩色は「頬紅のような一種の化粧と考えられてきたが、これもあるいは刺青ではないかと疑」っている。

森浩一らは和歌山市井辺八幡山古墳から出土した人物埴輪のうち、男子の顔面に文身を表したと思われるヘラ書きの文様があり、そのなかには、刻線の上に彩色したものもあることに注意した。これらの文様のうち、三例を「鼻上翼形」、一例を「顔面環状形」と呼んでいる。埴輪から具体的に文身の文様を推定したのは、これが最初であろう。前者は鼻背から両側の頬にかけて翼状に線刻のあるもの、後者は両側の目尻から顔の側面、顎をまわる二本の線があり、その線の間を粗い櫛歯文で埋めたものである。

それ以後、市毛勲（早稲田大学、考古学）、伊藤純、設楽博己、辰巳和弘らによって、埴輪の顔面装飾の分類や論争が行われている。

「黥面埴輪」の分類　伊藤は人物埴輪顔面の線刻を文身とみなして、「黥面埴輪」の名を与え、北関東から九州までの三三例を次の五型に分類している。

Ａ型　鼻上翼型　六例
Ｂ型　顔面環状型　四例
ＡＢ型　Ａ、Ｂ型を合わせたもの　一〇例
Ｃ型　顔全体にわたるもの　四例
Ｄ型　眼の下から頬にかけて施すもの　六例
Ｅ型　眼の周りを強調したもの　三例

Ａ・Ｂ・ＡＢ型は近畿型で、二〇例のうち八割が近畿地方から出土している。Ｄ・Ｅ型は関東地方に多い。これらは男を表しており、武人が多いという。伊藤はこれらの埴輪の年代からみて、六世紀にも文身が引き続いて行われたと推定している。

市毛は、伊藤の分類について、顔面のヘラ書きを直ちに黥面とするには、なお検討を要するとしながらも、ヘラ書きは赤彩色と次の点で異なるとしている。

1　男に限られること。
2　盛装や挂甲の人など首長層に属する人々には施されないこと。
3　ヘラ書きは鼻上翼形と顔面環状形に特色があること。
4　とくに西日本地方に分布すること。

をあげ、鼻上翼形と顔面環状形は文身をモデルにしている、と理解している。

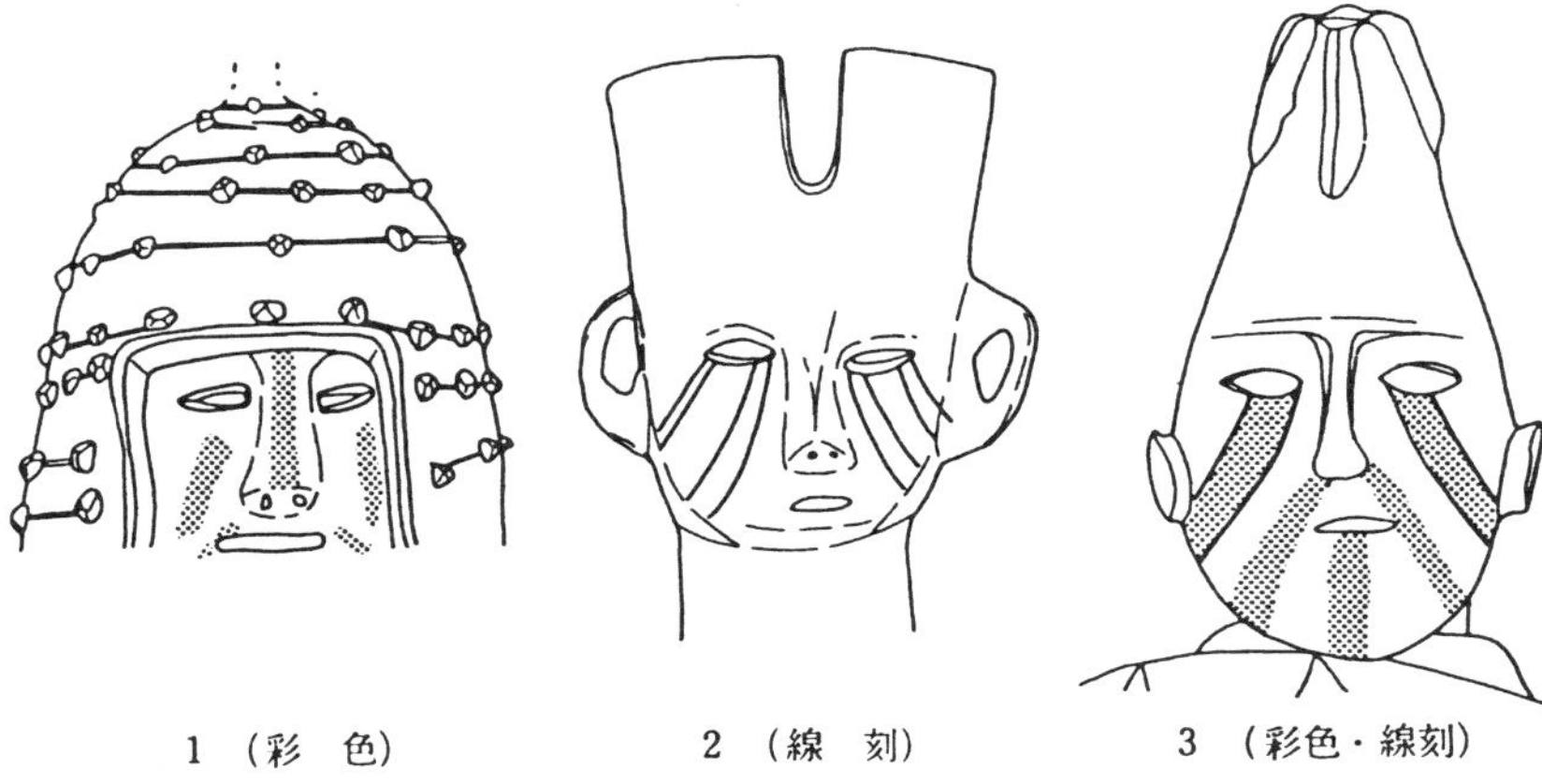

1（彩　色）　2（線　刻）　3（彩色・線刻）

図35　埴輪のハの字状顔面装飾（辰巳 1992）

それに次いで、設楽は伊藤の分類を検討し、4類に再分類している。

A類　鼻上翼型　近畿四遺跡六例、中国一遺跡一例
B類　顔面環状型　近畿二遺跡二例、九州一遺跡一例、伝茨城県一例
C類　ABを合わせた型　畿内六遺跡八例
D類　頬にハの字形線刻を持つもの　関東三遺跡四例

A～C類は畿内を中心に西日本に広がり、D類は関東地方のみに存在する。これらはすべて男性をかたどったもので、A類には武人一例、力士一例、B類には判別できるものはなく、C類には武人二例、D類には盾持人二例が含まれる。そして、D類は人面画と同じ系譜ではないかといい、もしそうであれば、文身を表したものとしていいのではないか、と述べている。

畿内型と関東型　埴輪の顔面装飾で注目されることは、明らかに地域差が認められることである。これらの装飾のどこまでが文身を表現していると考えるかは、研究者によって差がある。線刻を文身、彩色を顔面塗彩とみるか、あるいは文様によって両者を区別するかは意見が分かれるところである。

埴輪顔面のハの字形文様（設楽のD類）は東日本に限られ、それには線刻と彩色とがある。江坂が文身ではないかと疑ったのも、ハの字形の彩色であった。辰巳は、埼玉県稲荷山古墳出土例のように、同じ古墳から出た人物埴輪にも、線刻と彩色の顔面装飾があることを指摘している。この両者は色調や焼成の違いからみて、製法と工人の違いによるものであり、線刻は彩色文様を線によって表現した可能性が高いという。そうなると、線刻は必ずしも文身を表しているとはいえなくなる。

それに対して、畿内型（設楽のA～C類）は東日本のハの字形文様と違って、弥生時代の遺物のなかに、それと似たものがない。設楽は、これらの埴輪には、力士、武人、俳優者（わざをぎ）など、隼人や久米をかたどったものが多く含まれていたのではないかという。そして、ここに、五～六世紀の人物埴輪と記紀の記載との接点を見出すことができるのではないか、とみている。

縄文から古墳まで　縄文時代から古墳時代まで、文身の存否とその習俗について、私見を交じえながら、いくつかの説を紹介してきた。記述の都合で、型通りに古い方から述べたが、頭の中では、文身の文献のある古墳時代から順に遡って考察し、各時代とのつながりを考えながら述べてみた。それによって、今までとは少し違った視点で物を見ることができるのではないか、と考えたからである。

このように見ていくと、古くから文身を表現したと疑われている土偶のハの字形文様とその類型は、縄文から古墳までの各時代を通じて、つながりがあるように思われる。それとともに、文身の文様（推定）の変異も少しずつ見えてきそうな気配を示している。

弥生時代には、文身習俗のある集団とない集団とがあったのではないかと推測した。古墳時代になると、文身習俗を伴う集団はさらに少なくなり、特定の部民などに限られていたようである。中国では、六世紀初頭まで墨刑が行われていたように、文身は刑罰か野蛮な習俗という見方もあったので、日本では中国との交通が増えるに従って、文身習俗がすたれていったのは自然のなり行きであろう。

V　古代以降の文身

1　古代・中世の文身

古代の文身　古墳時代に行われていたわが国の文身は、奈良時代になると、まったく記録がなくなってしまう。だが、記録がないというネガティブな状況は、古代には文身が行われていないという証拠とはなり得ない。これは日本の考古学・人類学の歴史をふり返ってみれば、明らかであろう。新たな発見があるたびに、証拠がないという根拠で立てられた仮説や定説はくつがえされてきた。

しかし、考古学的な資料とは違って、今後新たな文献史料が発見される可能性はまず期待できないので、古代の文身は推測に頼るほかはない。少なくとも習俗としての文身は廃れたようにみえるが、中央集権社会が確立されて、海人の文身に関する記録が歴史に現れなくなったと推測される。

こうして、文身は古代・中世の歴史の表舞台から、ほとんど姿を消してしまう。江戸時代に文身が復活するまでの、一〇〇〇年足らずの間は、文身の習俗も墨刑もない空白の時代とされている。江戸時代になると、文身も墨刑も復活するが、習俗としての文身ではないので、概略を述べるにとどめたい。

島津勢の文身　この間の唯一の文身の記録として知られているのは、『陰徳太平記』などに現れる島津勢の文身である。天正一五年（一五八七）二月一七日、豊臣秀長が日向の高城を攻めたとき、それに立ち向かった先陣の、島津歳久の子、三郎兵衛忠親ら五百余人が討死した。彼らはことごとく二の腕（上腕）に、「何氏何某、行年何十歳、何月何日討死」と彫っていたと伝えられている。

この事件について、松田修（法政大学文学部教授）は次のように記している。

この事件は、上方勢にとってたしかに衝撃的であったとみえ、『安西軍策』によれば「コノタヒサツマ勢五百計有ケルカ、今日ノ討死何カシト腕ニ入黒（ママ）シテ死ケルニソ、薩摩勢ノ強丈諸人感シアヘリケリ」（三井家旧蔵本）とあり、『陰徳太平記』の原本ともいうべき『陰徳記』には、本文と大略同旨の記述のあとに「所カラニヤ大将カラニヤ」と讃嘆を加えている。もちろん、『十河物語』のように、刺青とはせず、腰の木札として記録しているものもあるが、『安西軍策』『陰徳記』『陰徳太平記』のこの流れにおいて、高城の野における死屍の刺青は、まず疑いえぬものであろう。

この薩摩の文身について、議論されてきたのは、文身の技術をどこから仕入れたか、ということである。これまでに考えられてきたのは、次の四通りである。すなわち、薩摩が独自に中国との交通によって、文身習俗を移入したか、女性に文身習俗が行われている琉球から入ったか、南九州の後進性が古代からの習俗を保存してきたか、あるいは日本各地に、習俗としてではないが、文身をするものがいたか、ということである。

中世に文身が行われたか　日本の中世には、『陰徳太平記』以外にも文身についての文献はあるが、それは日本で文身が行われたことを示すものではない（＊注）。『御成敗式目』（貞永式目）などに現れる火印・焼印の刑を文身とする説もあるが、これは犯人の身体に文字を焼きつけることであって、文身とはいえない。『塵添壒囊鈔(じんてんあいのうしょう)』『類聚名義抄』には、「墨」「黥」の文字が見えるが、これは中国の五刑の一つを語っているものである。『古今著聞集』には、承安元年（一一七一）七月八日、伊豆奥島に文身をし棍棒を持った南方の原住民八人が、船で黒潮に乗って漂着したという記録がある。切支丹宣教師の報告にも文身の記録はない。

慶長八年（一六〇三）、琉球に渡った僧袋中はそこに三年滞在し、見聞を記した『琉球神道記』に、文身の習俗が見られる。松田は、袋中には「針衝(はづき)」（沖縄の文身）に比較される日本的習俗は鉄漿・歯黒でしかなかったという事実に注目し、比較の素材対象としての日本の文身を知らなかった。これは袋中の見聞の狭さからの無知とは考えがたい、と述べている。

松田は薩摩の文身技術の出所として、おそらく琉球との関係が最も少なく、中国から移入した可能性が高いとみている。大陸では、唐宋の時代にかなり高度の文身技術を持っていたからである。

民俗知識としての文身　これまであげてきた文献は、たしかに日本の文身について記したものではないが、当時の日本人が文身というものをまったく知らなかったのではない、という消極的な証拠にはなるだろう。

実際に文身を見たり、行ったりしていなくても、皮下に墨などが入ると、生涯それが消えないことは、民俗知識として伝承されていたに違いない。日常のちょっとした事故で、皮下に墨などが入ったとき、青味を帯びた斑点が残ることは、経験的に知られていたと考えられる。もし文身についての知識がなければ、『古今著聞集』の記事のように、南方の原住民の皮膚を見て、それを文身と判断できなかったはずである。

薩摩軍団のような文字の文身には、絵や図柄を彫るような特別の技術を必要としない。私は若いころ、自分で自分の大腿に女性の名前を彫った人の、文身除去手術をしたことがある。お世辞にも上手とはいえない文身であったが、たいした知識や技術がなくても、痛みさえがまんできれば、だれでも簡単に入れることができる。薩摩勢の面々が互いに針を刺し合って文字を入れた、という推測が可能であり、むしろ五〇〇人以上もの文身を彫った刺青師のようなものがいたとは考えられない。

文身習俗の推移　「倭人伝」は、呪的な目的で行われていた文身が、後には装飾として施されるようになったと記している。元来、文身は装飾を兼ねたものであり、本来の目的がうすれたとはいえ、呪的な意味がまったくなくなったわけではない。文身に呪的な意味があることは現在でも変らない。

習俗としての文身は、古墳時代にも海人や部民など一部で行われていたが、中国では墨刑が廃止され、その影響もあって、古墳時代の終りごろからは、日本でも文身が廃れていったと思われる。しかし、中国でも文身が行われていたように、古墳時代から引き続いてごく少数の人たちは文身をしていたのではないだろうか。奈良時代から江戸時代までの空白を埋めるには、あまりにも少なすぎるという批判があるかも知れないが、中世に突如として現れる文身の記録は、文身についての知識が日本にもあったことを示すもので、上方勢との戦を前にして、薩摩がわざわざ文身の技術を移入したとは考えられない。

一六世紀末から一七世紀初頭にかけての日本では、文身は「顕在的な、可視的な習俗ではなかった」（松田）ことはだれもが認めるところであろう。『嬉遊笑覧』にも、「天正文禄（一五七三〜一五九六）の頃、異様のいでたちする悪徒も多かりしかど、文身の沙汰聞えず」といっている。日本では長い間、文身は普遍的ではなかったが、中世唯一の記録といい、一七世紀に突如として現れた文身は水面下で文身が息づいていたことを想像させる。

＊注　脱稿後、室町時代、中国側に倭寇が裸形文身であるという記録があり、海辺の住民に文身が行われていたことを知ったが、十分調査する時間を持つことができなかった。

2　江戸時代の文身

文身の復活　一〇〇〇年近くにわたる空白の時代を経て、寛永（一六二四〜一六四四）ごろになると、突然、文身の記録が現れる。『色道大鑑』（延宝六年、一六七八）に、大阪の新町の遊女作弥が、自分の肩先きに、二人のなじみ客、七郎右衛門と七兵衛の頭文字をとって、「七さま命」と彫り、二人を喜ばせたことが見えている。また、京の島原の遊女が肩から肘にかけて、なじみ客の本名、替名と仇文句を入れたことや、小藤という遊女が、左右の腕に文身をするのは古いといって、手指の股に男の名を入れたことが記されている。

こうして、遊女たちが愛人の名を彫り、客を自分につなぎとめておく手段として始まった文身は、その後多くの遊女たちが真似るようになった。

文身はまもなく男たちの間にも広がるようになった。同じ寛永のころ、一心太助という江戸の魚屋が、頸に「一心白道」と彫っていたと伝えられる。『狗唱集』（寛永一〇年、一六三三）に、「若衆の肌には入らぬ入ぼくろ」という句があるように、ホモの男子間でも、相手の名を腕に入れることが行われた。『男色大鑑』には、金沢内記と戸川団介の二人が美少年島村藤内に恋し、それぞれ左腕に「島村」「藤内」と姓と名を分けて文身をしたことを書いている。

江戸時代に文身が復活した動機については諸説がある。江馬務（風俗史研究者）はその理由を琉球の針突（はじち）（文身）に求めている。慶長一四年（一六〇九）、薩摩藩は琉球出兵を行い、一六年に琉球を支配下に置いた。それ以後、琉球の女性が手背に文身をする風習が、薩摩を中継として内地へ伝えられ、まず遊女の間で始まったのがきっかけだろうという。田中香涯（医師）も、琉球で女子が文身をする習俗が、内地で知られるようになり、それに倣って恋愛起誓として行われたのが始まりだろう、と推測している。しかし、文字を入れるぐらいでは大した技術はいらないので、以前から行われていたものが、遊女の間で流行したのがきっかけで行われるようになった、と私は推測している。このような文字は衣服でおおわれた部位に彫られ、他人の眼に触れる機会が少なかったので、長い間記録に現れなかったのであろう。中世の薩摩の武士たちは討死しなかったら、上腕の文身は他国の人々には知られなかったであろうし、記録もされなかったに違いない。

文字の文身　『嬉遊笑覧』によると、武士や侠客のなかには、いつも生命の危険にさらされているので、仏の加護を受けるため、教文を彫ることが行われた。延宝（一六七三～一六八一）、天和（一六八一～一六八四）のころ、鐘（つりがね）弥左衛門という侠客が肩から背なかにかけて、「南無阿弥陀仏」と大きく彫っていた。武士や侠客のなかには、生命を賭けた誓いを、「南無阿弥陀仏」あるいは「南無妙法蓮華経」と文身することが行われた。

元禄（一六八八～一七〇四）のころから、勇気剛気を誇示するため、相撲取りの間で、腕に文身することが行われた。元禄一六年(一七〇三)版の『傾城百人一首』のなかに、「入ぼくろ相撲取のわざ」というのがあったといわれる。

享保(一七一六〜一七三六)のころになると、しだいに遊び人や悪人が文身をするようになり、威嚇のために文身をして悪事をはたらくようになった。直接の影響は享保五年(一七一八)に墨刑の復活によると思われ、その翌年に出た近松作『女殺油地獄』に、「人威しの腕に色々のほり物して喧嘩に事寄せ、懐中の物取ると聞及ぶ」とある。

玉林晴朗(文身研究者)は、文身をするのは侠気あるものに多く、命を棄てて事に当るので、その勇気を恐れるようになった。後にはそれを悪いものが真似るようになり、文身をしている人間には性質のよくないものが少なくないようになった。そして、文身を見せただけで威嚇の効果があるようになった。その結果、文身をしているものを悪いものとみる風潮が強くなり、そういうものを敬遠するようになった、といっている。

絵画的文身の流行　江戸時代初期の文身には文字が多かったが、宝暦(一七五一〜一七六四)以後には、しだいに絵を彫るものが増えてきた。とはいっても、まだ紋とか生首のような小さいものか、広範囲でもただばく然と彫った絵にすぎなかった。『諸通聴耳世間猿』(明和三年、一七六六)には、体に龍、眉間尺の首、近江八景などを彫るものが現れたことが見えているが、これらの絵は統一された一つの図柄を表したものではなかった。

宝暦七年(一七五七)、中国の小説『水滸伝』が岡島冠山によって翻訳され、『通俗忠義水滸伝』として出版された。これは宋の徽宗(一七六一〜八五)のころに起こった三六人の豪傑を題材にしている。その一六年後の安永二年（一七七三）、『本朝水滸伝』などいくつかの翻訳や、いろいろの筋を加えた異本が出ている。こうして、宝暦以後、『水滸伝』はしだいに平易な文章となって通俗化してきた。とくに、文化二年（一八〇五）に刊行された滝沢馬琴の『新編水滸伝』は非常に人気があり、文身に大きな影響を与えた。この小説は馬琴の筆よりも葛飾北斎の挿絵があるために人気があった、といわれている。

その登場人物のうち、人気があったのは、史進、魯智深、武松、李逵、強順などであった。これらの豪傑の気風に江戸の人たちが共鳴したので、人気があった。彼らの多くは全身に文身をし、北斎によって日本流に龍の絵などが描かれている。

寛政年間（一七八九～一八〇一）には、寛政の改革によって、文身ばかりではなく、すべての風俗が厳しく制限されたので、新たに文身を彫るものはなくなってしまった。しかし、享和（一八〇一～〇四）になると、文身はしだいにもとの状態にもどり、日を追って盛んになってきた。その内容も複雑になり、背から胸、腹、腕にかけて、浮世絵に劣らないような、みごとな絵が描かれるようになった。このような絵画的な文身はいつごろから始まったかはわからないが、寛政の改革以後であることは間違いない、といわれている。技術も発達し、専門の彫師が現れた。そして、伊達心、風流を目的とし、侠客、博徒、駕籠舁、火消などの間に流行した。

墨刑の復活　日本では、大化改新以来、墨刑は長らく絶えていたが、八代将軍吉宗のとき、享保五年（一七一八）二月一七日、墨刑が正刑として発令された。

最初にその適用を受けたのは、江戸長崎町の平兵衛であった。彼は江戸橋の橋柱に巻いてある唐銅を剝がした罪により、町奉行中山出雲守の係で、「入墨之上追放」ということになり、同年五月一一日に執行された。女性のトップは、小石川小日向西古川町吉兵衛店の八五郎の母ったであった。湯屋で板の間を稼ぎ、寛政元年（一七八九）一一月五日、「入墨之上怠牢舎」を申し渡された。

一五歳以下の例としては、寛政二年四月、水谷町二町目彦兵衛店の庄助の枠幸蔵が、奉公中、主人の店の品物をしばしば盗み出して売り、町奉行池田筑後守によって、入墨と決し「重敲」にしている。

入墨の刑に処せられたものはごく軽い盗みをしたもので、金額が一〇両以下の場合である。一〇両以上であれば、たとえでき心であっても死罪であるから、ずいぶん重い刑であった。

入墨の形は藩によってさまざまである。江戸でも、各奉行所により、あるいは罪によって形が違っていた。藩によっては、筋や文字を入れたり、入れる部位にも、腕や額、片腕や両腕、あるいは腕と額の両方に入れるものなど種々のタイプがあり、入墨によってどこで罪を犯したかがわかるようになっていた。また、罪を重ねるごとに、腕の線を二本、三本と追加するなどの処置がとられた。

これまで「文身」と記してきたが、この項に限って「入墨」と表記したのは、単なる気まぐれではない。江戸時代後半には、「入墨」と書けば、刑罰としての文身を指し、「イレズミ」という呼び方も刑罰と間違えられる恐れがあるので、江戸では「ホリモノ」、関西では「イレボクロ」と呼んで、墨刑と区別していた。

流行と禁令　文化（一八〇四～一八）、文政（一八一八～三〇）ごろには、文身は全盛をきわめ、精巧華麗なものとなった。当時は歌川国芳の下絵から取ったものが人気があり、「江戸の華」「勇み肌」などの異名が生まれた。

文身の流行があまり激しいので、文化八年（一八一一）八月、幕府はついに文身を禁止した。しかし、いつの世でも、風習や流行を法令で取り締まるのは無理である。この禁令も例外ではなく、流行を抑えることができず、実際に処罰されたものはいなかったという。

その後、天保年間（一八三〇～四四）に、ふたたび町触れによって文身が禁止されたが、おさまらず、明治以後になってようやく下火となった。

明治になると、五年（一八七二）一一月、違式註違条例、一三年（一八八〇）七月一七日、刑法四二八条によって文身が禁じられた。その後、内務省令で出た明治四一年（一九〇八）九月二九日、警察犯処罰令では、いくぶん重くなった。

江戸時代の墨刑も明治の初めまで続いたが、明治三年（一八七〇）九月二五日に廃止されたので、「入墨」と「彫物」とを区別する必要がなくなり、以後「イレズミ」の名が一般名として使われるようになった。

文身の民俗　これまで述べてきた江戸時代の文身は習俗とはいえないが、これとは別に、民間で伝承されてきた文身の習俗というものがあっただろうか。文身の民俗に関する報告はきわめて少なく、中山太郎（民俗学者）がそれらしいものをいくつか報告している。

1　青森県五所川原町付近（五所川原市）では、中流階級の男子が好んで上腕または前腕に文身をする。多くは三〇歳前後の壮年者で、葉のついた桃か大刀という文字を彫る。苦痛に耐えかねて、途中でやめた人が何人かいたという。一人は上腕に富士形の山に、横に岩木山と文字まで加えてあるのを見た。しかし、女子にはこのような風習はないとのことである。

2　奈良県吉野郡十津川村では、四、五十年前（昭和七年発表であるから、明治の中ごろか）まで、結婚のとき、花嫁は身分の上下にかかわらず、必ず手甲をかけねばならなかった。これは花嫁が生涯よく働く意味だと説明されているが、中山は、この地方で手背に文身をしていたのを隠すようになったのだろう、と推測している。

3　子供が欲しいものは、加藤左衛門氏と文身すると、希望が達せられるという人がまれにある。その理由は不明である。

4　文身をしているうちは、琉球畳の上に坐ることを禁じている。理由は不明。女子を近づけると、文身の色が変るという。

5　家の標として、相続者には必ず身体のどこかに痣がある、という伝説が多い。この痣は周囲を納得させるため、代々文身したものであろう、と中山は推測している。

これらのうち、手甲をかける理由を、文身をかくすためというのは、考えすぎのように思える。相続者には必ず痣があるという伝承は各地にあったらしい。柳田国男（民俗学者）も痣と黒子の方言について調べ、痣あるいは黒子という総称のなかには、人工の痣や入れぼくろ、すなわち文身も含まれていたのではないかと示唆している。しかし、2・5はあくまで推定であって、事実ではないので、文身の民俗からは除外したい。

江戸時代以降、民間で伝えられてきた文身の習俗は、おそらくそれほど多くはなかっただろう。そのうえ、戦前まで伝えられてきた民俗は急速に失われているので、文身の民俗についてはもはや確かめるすべがないのではなかろうか。

第二部　日本周辺の文身習俗

I　アイヌの文身

1　研究史

最初の記録　アイヌの文身についてのまとまった研究報告としては、児玉作左衛門とその門下の研究がある。この章も児玉らの研究を中心に、その他の論文を参照してまとめたものである。

アイヌの文身は琉球のそれと並んで、古くから外国人旅行者および研究者の注意をひいている。最も古い記録は一六一八年（元和四）と一六二一年（元和七）に、イタリア人 Girolamo de Angelis が蝦夷（北海道）を旅行したときの記録とされている。Angelis はそれを文身とはいわず、「婦人はその唇に青色を施し、手の皮膚に同色の五ないし六個の輪を描く」と記している。ただこれだけの記載であるが、アイヌの文身の歴史を考えるうえで、貴重な資料である。

それに次いで古いものは、オランダ人 Maerten Gerritsen Vries による厚岸での文身の記録が、一六四三年（寛永二〇）に出ている。一七四〇年（元文五）には、ロシア人 G. W. Steller と S. Krachenininikow が北千島アイヌの最初の記録を、一七八七年（天明七）には、フランス人 J. F. G. de La Perouse が樺太アイヌの最初の文身の記録を残している。また、一七九六年（寛政八）、イギリス人W. R. Broughtonは噴火湾沿岸のアイヌ集落を訪れて、女性の文身を記録し、男女のアイヌの絵を掲げている。これは西欧人の描いたアイヌの絵としては、最初のものである。

図36　Boughton（1796）**の報告したアイヌの図**（児玉・伊藤 1939）

江戸時代の日本人の記録

日本人によるアイヌの文身の記録はきわめて多く、児玉と伊藤は、自分たちが調べたものだけでも一〇〇を超える、と述べている。これらのうち、最も古いものは天和元年（一六八一）の『蝦夷島記』と思われる。これには、「唇にさきして附てタッチウと云木の皮を焼て、其墨を唇にぬりて黒くするなり」と記されている。

それに次ぐ記録は、元禄元年（一六八八）、徳川光圀が派

表 9　アイヌの文身の記録—(1)明治以前

報告者	年次	地域	文身	文献
Angelis(伊)	元和 7 (1621)	蝦夷	唇，手	（アイヌ最古）
Vries(蘭)	寛和20(1642)	厚岸	唇，眉	
不詳	元和元(1681)	蝦夷	唇	蝦夷島記
水戸藩	元禄元(1688)	石狩	唇	快風丸蝦夷探検記事
松宮観山	宝永 7 (1710)	蝦夷	唇，手	蝦夷談筆記
聊睡庵(筆記)	正徳 2 (1712)	択捉	唇，手，指	蝦夷藪話
新井白石	享保 5 (1720)	蝦夷	唇，額，手臂，頬(花卉状)	蝦夷志
坂倉源次郎	元文 4 (1739)	〃	唇，手(網目状，碁局状)	北海随筆
Steller & Kra-cheninnikow(露)	〃 5 (1740)	北千島	唇	（北千島アイヌ最古）
二階堂快庵	宝暦 6 (1756)	蝦夷	唇	風土遊覧集
不詳	〃 8 (1758)	松前	腕	津軽紀聞
源包昭	安永 3 (1774)	蝦夷	口囲(唐草など)	蝦夷風土記
松前広長	天明元(1781)	〃	唇，手臂	松前志
立松東蒙	〃 4 (1784)	〃	唇	東遊記
林子平	〃 5 (1785)	〃	唇，面(花卉など)	三国通覧図説
Le Perouse(仏)	〃 7 (1787)	樺太	上唇	（樺太アイヌ最古）
古川古松軒	〃	蝦夷	唇，頬(花形)	東遊雑誌
松前広長	〃 8 (1788)	〃	（草花黥は偽説）	毛人井蛙談
菅江真澄	寛政元(1789)	〃	唇，肘	蝦夷廼天布利
Broughton(英)	〃 8 (1796)	噴火湾エトモ	口囲，腕，額	（最初のアイヌ図）
村上嶋之丞	〃 11(1799)	蝦夷	手(図)	蝦夷嶋奇観
谷元旦	〃 ごろ	〃	手(図)	蝦夷紀行図
東寗元槇	文化 3 (1806)	〃	下唇，腕	東海参譚
堀田正敦	〃 4 (1807)	有珠	口囲，手背	松前紀行
斎藤某	〃 3, 4	択捉	口囲，腕	衛刀魯府志
羽田正養	〃 4 ごろ	樺太	額，頬，口囲(花形)	休明光記附録
間宮倫宗	〃 5 (1808)	〃	口囲（奥地にはないもの多い）	北蝦夷図説
鈴木重尚 松浦竹四郎	安政 4 (1857)	〃	口囲	唐太日記
大内桐斎	文久元(1861)	蝦夷	唇囲，手首より甲	東蝦夷夜話

遺した快風丸の調査記事である。彼らは石狩アイヌを調査して、「蝦夷女嫁入セヌ者ハ唇赤シ。嫁レバ唇青シ。如何トナレバ唇サキ候テ血ヲ取、何草カ草ノ汁ヲモミ入候間唇青クナル」と記している。

それに続いて、日本人による文身の記録があい次いで現れる。それらの主なものをまとめて、表9に示す。これらの記事のうち、注意すべきものは、新井白石の『蝦夷志』（享保五年、一七二〇）、林子平の『三国通覧図説』（天明五年、一七八五）、古川古松軒の『東遊雑記』（天明八年、一七八八）である。これらには、女子の頬に草花あるいは破格子などの文様を文身している、と記している。それに対して、松前広長は『毛人井蛙談』（天明八年）に、そのころのアイヌの習俗についての記述には多くの誤りがあるといい、その一つとして、女子の顔に草花の形に文身するといわれることをあげている。子平は具体的に花形の文様を入れた女性の絵を掲げているが、少なくとも明治以降、頬に花の文様を彫った例は一つも記録されていない。この花形の文様は、後で述べるように、その存否をめぐって今なお議論が続いている。

明治以後の外国人の調査　明治になってから、北海道を旅行あるいは調査する外国人は非常に多くなった。当時、来日した外国人は鎖国を解いたばかりの日本に著しく興味を抱き、とくに少数民族のアイヌには、まだ謎に包まれたことが多かったので、強い知的好奇心を持って観察した。この項は児玉らの著書によって述べる。

Herman Ritter は明治七年（一八七四）、北海道南部地方を旅行し、アイヌ女性は唇にカイゼルひげのような形に文身をしていることを記している。この文身は六、七歳ごろ、上唇に小さく入れ、しだいに大きくして、成人するころには口の周りに広げ、さらに口角部から外上方に延長する。男子は一般に文身をしていない、と述べている。

Heinrich von Siebold は父 Philip von Siebold から強く影響を受け、東洋文化にひきつけられて来日した。そして、オーストリア・ハンガリー帝国公使館の臨時通訳として活躍のかたわら、日本文化の研究に励んだ。明治一四年（一八八一）、彼は北海道に渡り、主に胆振地方のアイヌについて調査している。アイヌの女性は偉大なる神の厳かな命令によって必ず文身をしなければならないとされている。文身の施術をする時期は一定ではなく、その際、儀式などは行われない。文身は口辺部、前腕、手背に施され、口辺部では口角部から外上方に延長する。腕では線がらせん状に腕を取り巻くように交差しながら走る。また、眉間に横線を入れて、左右の眉をつなぎ合わせる、といっている。

明治一五年（一八八二）、B. Scheube は北海道南部地方を旅行して、アイヌ女性の文身を記録している。それは口辺、眉間、眉部、手背、前腕背側および掌側に施される。口辺と眉間の文身は六歳ごろから始め、年とともに拡大して結婚するころには完成する。前腕・手背のものは一四歳ごろ以後に入れる。施術は日本剃刀で切り傷をつけ、そこに白樺を焚いてできた煤をすりこむ。その後で、止血のために、メントの木の樹皮を煮た汁で拭く。女性にはひげがないので、それを補うために、ひげが生えたような形にする、といわれていることを記し、三名の前腕と手背の文様を図示している。

北海道で布教のかたわら、アイヌ文化を研究したアメリカ人宣教師 John Batchelor は、明治一七年（一八八四）と三三年（一九〇〇）に、アイヌの習俗をまとめて発表し、文身についても詳しい記録を残している。その方法は、樺またはヤチダモの皮を鍋に入れて水をふくませ、次に樹皮を焚いてその鍋底に煤をつくる。皮膚には小刀で切り傷をつけ、そこに鍋の煤をすりこんだ後、鍋の中の汁を布ぎれに浸みこませて傷あとを洗う、という。

イギリス人A. H. S. Landorはただ一人で北海道を一周して、その旅行記を明治二六年（一八九三）に出版している。これには、アイヌの文身についてもかなり詳しく書かれている。術者は小刀の先で無数の切り傷をつけ、そこにマイカの墨あるいは煤をつける。二、三歳ごろ、上唇に小さく文身を入れ、年とともにそれを広げ、結婚するまでには、ひげのように耳の方に向かって延長し、完成する。腕や手の文身は

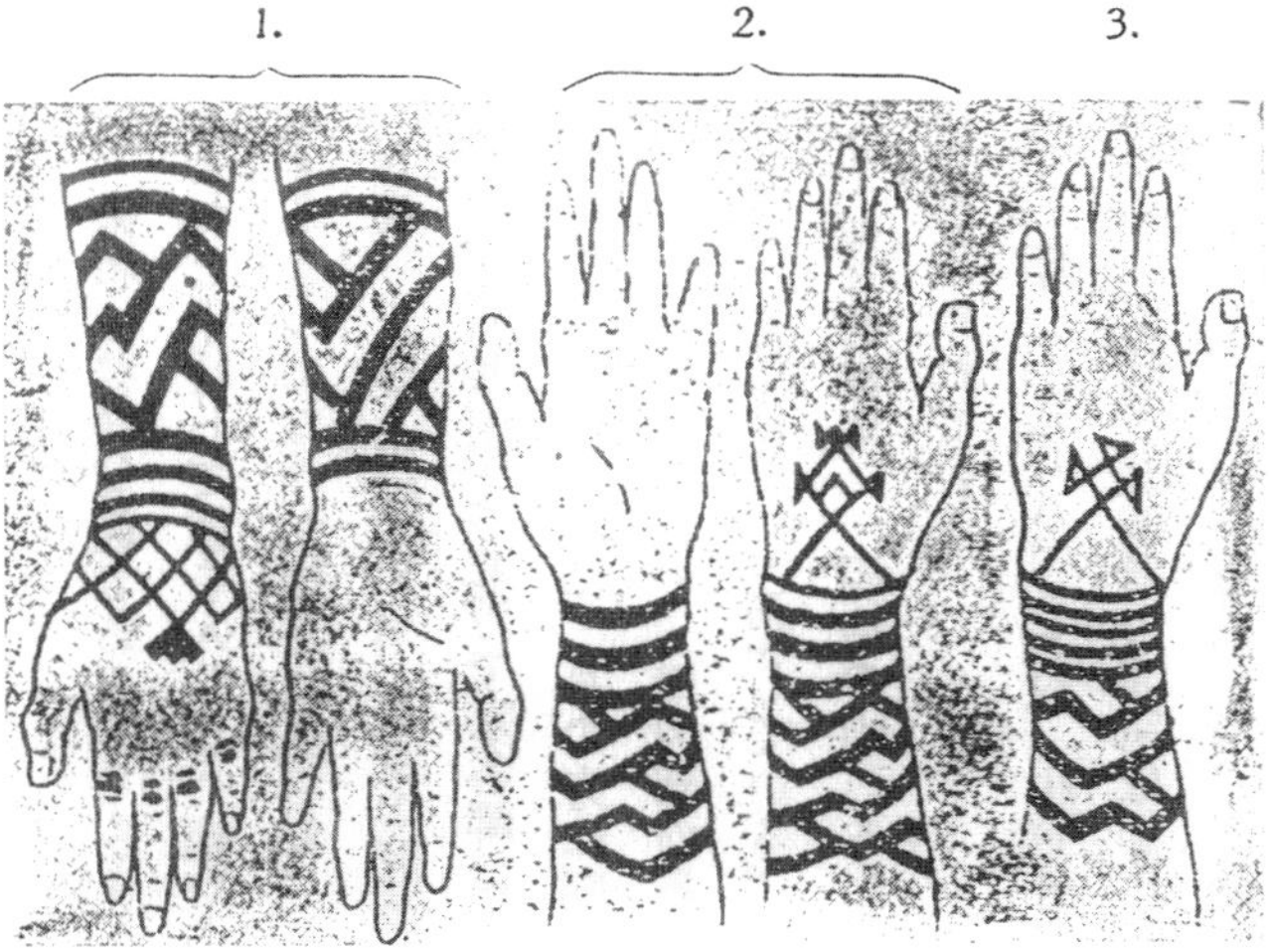

1.　2.　3.

図37　アイヌ女性の文身（Scheube 1882，児玉・伊藤 1939）

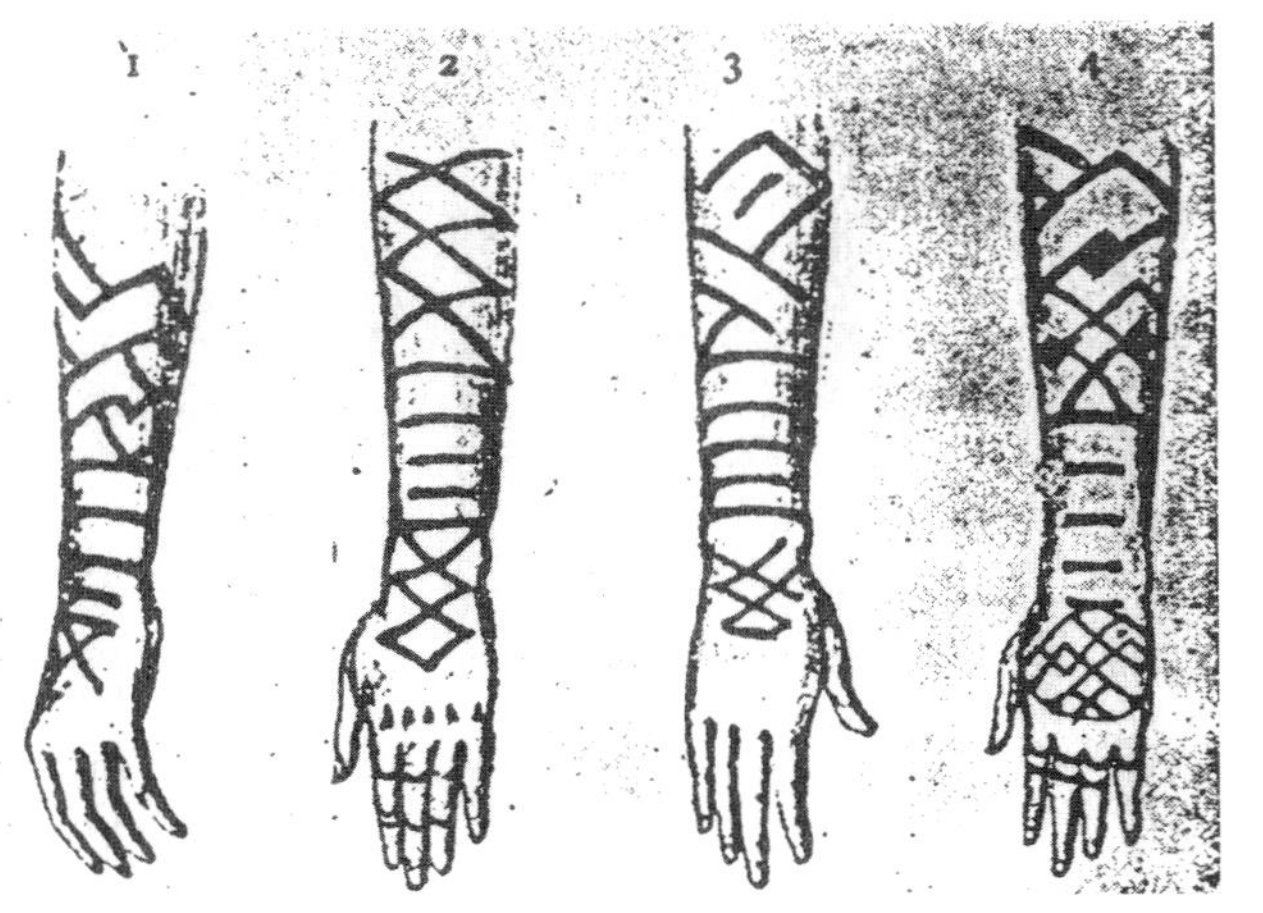

図38　アイヌ女性の文身（Landor 1893，児玉・伊藤 1939）

年齢とはまったく関係なく行い、結婚の前でも後でも行われる。従って、文身は未婚・既婚の区別とはならない。術者は普通父親であるが、ときには母親がなることもある。文身は眉部にも一本の横線を入れ、額にもそれと平行して線を入れる。腕や手の文様は左右で違うことがある。指に環を文身するのは、日本人と接するようになった地方に見られ、十勝地方では見られない。彼はこのように述べて、腕の文身四例(北見、日高、十勝)を図示し、文身の起源に関する伝承も収録している。

Landor は北見沿岸の北方で宗谷岬に至る付近では、腕に文身が行われなくなり、口辺の文様は北見東方の斜里地方と同じように、耳の方に向かう延長がなくなることに注意している。また、石狩では、樺太から移住したアイヌを見て、口辺部のみに文身し、耳の方に向かう延長がなく、ただ小さい四角形の文様が施されているだけだ、と記している。

小金井・坪井の調査　明治の中ごろになると、日本人研究者があい次いで北海道に渡り、アイヌの人類学的研究が行われている。

明治二一年(一八八八)七月、小金井良精と坪井正五郎は二人で北海道南部のアイヌの人類学的調査を行っている。当時、北海道の開拓はまだ緒に着いたばかりで、人類未踏の地が多かった。小金井の手記を読むと、馬に乗って、小樽、余市、札幌から南岸に沿って根室まで行っている。苫小牧までは開拓使の開いた国道があったが、それから先は道らしい道はなく、二人とも馴れない馬のため、ときには落馬したり、橋のない川を渡ったりしながら、約二カ月にわたって苦難の旅を続けた。小金井はその翌年にも、妻喜美子(森鷗外の妹)を伴って根室から南千島に渡り、さらに網走から馬に乗って北海道北岸をまわり、宗谷、稚内まで旅行している。

坪井は調査の結果をまとめて、明治二二年（一八八九）、大日本婦人教育会で、「アイヌの婦人」と題して講演し、そのなかでアイヌ女性の文身について簡単に触れている。それに続いて、明治二六年（一八九三）、アイヌの文身についての詳しい報告を発表している。

この報告では、後志、胆振、日高、石狩、十勝、釧路の腕と手背の文身文様二一例を図示している。ロ

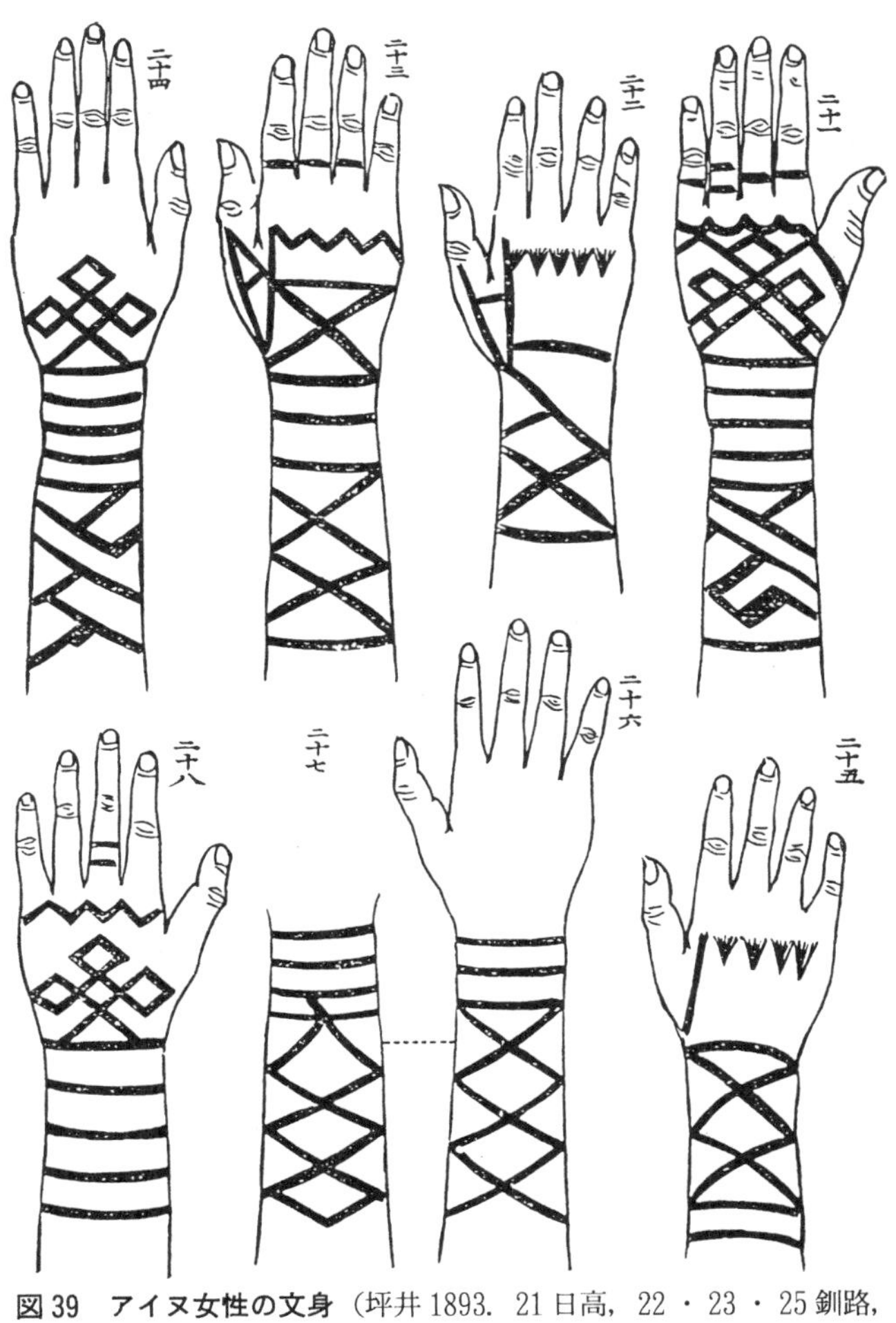

図 39　アイヌ女性の文身（坪井 1893．21 日高，22・23・25 釧路，24 胆振，26 〜 28 石狩）

の周囲、前腕、手背の文身は北海道全域に共通しているが、眉間の文身は胆振国白老郡シラオイでのみ見られた。文身を施す年齢には多少地域によって差があるが、主に六、七歳ごろ上唇から入れ始めて、しだいに広げる。一二、三歳ごろになると、手首から始めて手背と腕に拡大し、いずれも二〇歳ごろまでに完成させる。施術は熟練した女性が行う。鍋に水を入れてアオダモの皮を入れ、樺の皮を焚いて鍋底に煤をつける。術者は剃刀またはマキリ（小刀）で皮膚に傷をつけ、そこに鍋の煤をすりこむ。

文身についての伝承として、文身をしないと、死後、前に死んだ親類のものが手をひいて導いてくれないという。また、アイヌの文身はコロボックル（アイヌの伝説上の種族）の女の文身をまねて始めた、と伝えられていることを記している。そして、文身を入れるのは苦しいが、他人の文身を見ると、自分もしたいのでする、という日高アイヌの言葉をあげ、女性の文身は一種の装飾とみなしている。

彼は男性の文身にも言及し、昔は男性も文身したことがあり、弓が上手になるというので、左手か左肩に文身をする、といっている。

小金井は明治二七年（一八九四）の論文で、文身についてもかなり詳しく報告している。文身は口の周囲、眉間、前腕、手背に施され、眉間には噴火湾沿岸の地方にのみ見られる。口の周囲の文身は下唇より上唇の方がやや幅広く、口角部から外上方に向かって延長される。この形は北方へ行くにつれてしだいに小さくなり、唇の周りを取り囲む環となり、樺太へ行くと、上下唇の中央部に一つの点のようになる、と地域差のあることに注目している。手背と前腕には、直線が横あるいは斜めに施され、第二－五指の基節背面には、一～二本の横線が彫られる。文身は一種の飾りであって、女性には毛が少ないので、その代りに文身を入れ、この習俗はコロポクグル（コロボックルと同じ）の文身に倣ったものだ、というアイヌの伝承を記している。

文身を施す年齢は、口の周りには七歳ごろ、唇の中央部から始めてしだいに広げ、一五歳ごろ完成する。前腕と手背の文身はそれよりも遅れて入れる。施術は一般に老婆が行い、マキリ（小刀）で切り傷をつけ、白樺を燃やして鍋底についた煤を傷にすりこみ、止血のためにアオダモの皮の煮汁で傷を拭く、と報告している。

樺太アイヌの調査は、明治四〇年（一九〇七）、坪井が行っている。四四年（一九一一）の報告によると、上唇中央に短い縦線を入れ、しだいに広げて唇の周りを取り囲むようになるが、北海道アイヌのそれに比べて比較的小さい。方法はマキリで傷をつけ、そこをタモノキの煮汁で洗い、カバノキを焚いた鍋墨をすりこむ、と述べている。

鳥居の北千島調査　鳥居龍蔵は、明治三二年（一八九九）、軍艦武蔵が千島列島の取り締まりと視察に出航するのに便乗して、北千島に渡った。このとき、すでに文身の習俗はなかったが、聞き取り調査で、女性は口辺、手背、前腕に文身していたことを知った。口辺の文身は北海道アイヌのように大きいものではなく、口唇の周囲に限られていたらしい。北千島アイヌの伝承では、この文身は自分たちの祖先からしてきたものであるという。鳥居は、北千島アイヌは北海道アイヌの伝えるコロボックルの話とよく似ている、と考察している。

図40　千島アイヌが描いた文身の図（鳥居1903）

鳥居は大正八年（一九一九）の論文で、北千島アイヌとその周辺

表 10　アイヌの文身の記録－(2)明治以後〜戦前まで

報　告　者	年　次	地　域	文　　　　身
Polonski	明治 4 (1871)	北海道，千島	唇，手，腕
Ritter	〃 7 (1874)	北海道南部	口辺，手背，腕
Bird	〃 13(1880)	胆振	口辺，手背，腕
Siebold	〃 14(1881)	北海道南部	口辺，眉間，眉，手背，前腕
Scheube	〃 15(1882)	北海道南部	口辺，眉間，眉，手背，前腕
Batchelor	〃 17(1884)	日高	
坪井正五郎	〃 22(1889)	北海道南部	口辺，手背，前腕
Hitchcock	〃 23(1890)	胆振	口辺，額
Landor	〃 26(1893)	北海道全域	口，腕，手
坪井正五郎	〃 26(1893)	北海道南部	口，腕，手背，眉間(胆振)
宮島幹之助	〃 26(1893)	日高	口辺，前腕，手背
小金井良精	〃 27(1894)	北海道全域	口辺，前腕，手背，眉間 (噴火湾沿岸)
Batchelor	〃 33(1900)	日高	手背
鳥居龍蔵	〃 36(1903)	北千島	口囲，手背，前腕(聞き取り)
坪井正五郎	〃 44(1911)	樺太	口囲
河野常吉	〃 44(1911)	北海道	口囲
吉田巌	大正 7 (1918)	胆振	手背，前腕，口囲，額，眉
		日高	手背，前腕，口囲
中島鎌太郎	〃 15(1926)	石狩近文	
屋代周二	昭和 2 (1927)	樺太	口囲のみ
満岡伸二	〃 7 (1932)	胆振白老	前腕，手背，口囲
Montandon	〃 12(1937)	日高二風谷	
児玉作左衛門 伊藤昌一	〃 14(1939)	北海道全域	口囲，手背，前腕，眉，眉間， 額(胆振西部)

民族の文身に言及している。アジア・エスキモーやチュクチ（シベリア）も古くから文身をしているが、コリヤークやカムチャダールには文身習俗がない。アジア・エスキモーとアメリカ・エスキモーとは同じ民族であるのに、後者には文身の風習がない。これは比較的新しく他から取り入れた風習と結論づけなければならないので、チュクチやエスキモーの文身はアイヌから伝えられたものである、と推論している。

明治以降の主な調査記録はまとめて表10に示す。

文身の禁止　アイヌの文身は江戸時代からしばしば禁止されてきたが、あまり効果がなかった。幕府の禁令は、寛政一一年（一七九九）、安政二年（一八五五）および五年（一八五八）に出されている。しかし、これらはあまり徹底せず、ひき続いて行われていた。

明治四年（一八七一）には、これから生まれる女子には、文身を堅く禁ずる、という開拓使の布告があり、この習俗もようやく下火になった。とはいえ、長年続いてきた習俗は法令で取り締まっても、容易になくならないものである。明治一一年（一八七八）、北海道を旅行したイギリス人女性 Isabella L. Bird は日高地方で、五歳ぐらいの少女が文身を入れる施術を見たときの様子を記録している。吉田巌は、明治四四年（一九一一）八月三〇日の調査記録として、その数年前に学童を見たとき、上下唇に小さく文身を入れた女児は二、三名にすぎなかったといい、また、胆振の大古津内村では二日前に口辺に文身を入れた女性がいたことを報告している。吉田の見た児童の年齢は記されていないが、もし七、八歳で入れたとすると、明治三四、五年ごろになるかと思う。

児玉らは、ある地方では明治中期ごろまで文身が行われたが、明治二四、五年には、新たに女児に文身を施すものはほとんどいなくなった、と述べている。児玉門下の松野正彦と田川弘子の十勝地方の調査によると、顔と両手に文身したものの最年少は明治一六年（一八八三）生まれ、口の周囲にのみ文身のあるものの最年少は明治三一年（一八九八）生まれであった。もし、彼女らが七、八歳ごろに文身を始めたとすると、手は明治八年（一八七五）ごろ、口の周囲は明治二三年（一八九〇）前後に行われたと考えられる。
佐々木長左衛門編『北海道旭川市近文アイヌ部落概況』（佐々木豊栄堂、一九三二年）によると、一九三二年ごろの近文の文身状況は次のようだったという（河野、一九八三年より引用）。

文身アル者
六十歳以上　10人　上下唇及両前膊手甲全部ニ文身ス
五十一歳～六十歳　15人　同前
四十一歳～五十歳　16人　上下唇ハ稍完全ナルトモ片腕手甲ヲ欠クモノ及上下唇モ不完全ニシテ止ミタルモノ等アリ
三十一歳～四十歳　10人　上下唇モ不完全ニシテ年少ノ際無理ニ強要セラレタルモノ
三十歳以下ニシテ文身セルモノハ皆無ナリ

これらの報告から考えると、この文身習俗は明治三四、五年ごろには、ほとんど行われなくなったが、地方によっては、大正の初期まで、ごくまれに行われた、と推測される。

2　文身の起源と名称

日高見国　文身に限らず、習俗の起源を知ることは非常にむずかしい。アイヌのように文字を持たない民族では、とくに困難である。それを探る手がかりとなると、どうしても他民族の側の史料の助けを借りなければならない。

縄文時代の土偶の文様のなかに、文身を表現したものがあるのではないか、と考えている研究者は少なくない（第一部Ⅰ）。北海道から発見されている土偶は少ないが、渡島半島東南部、南茅部町の著保内野（ちょぼないの）遺跡からは、いわゆる有髯土偶（縄文後期）が出土している。「有髯土偶」の名は、大野延太郎がひげを表現していると考えて、この名を与えたのだが、最近では、ひげではなく文身を表現しているのではないか、という説がある。著保内野遺跡の土偶に見られる下顎の刺突文が、文身を表現しているとすれば、北海道の住民は縄文時代から文身を行っていたことになる。しかし、これだけでは文身の証拠にはならないので、その可能性をあげるにとどめておこう。

文身の記録はそれからずっと後の、『日本書紀』の時代まで降る。景行天皇二七年の条に出てくる蝦夷（えみし）の記事である。

> 武内宿禰、東国より還て奏して言さく、「東の夷の中に、日高見国有り。其の国の人、男女並に椎結け身を文けて為人、勇み悍し、是を総べて蝦夷と曰ふ。亦土地沃壌えて昿し。撃ちて取りつべし」とまうす。（『日本古典文学大系』）

「日高見国」は現在の東北地方を指し、吉田東伍の、「北上川」をその遺称とする説を支持する研究者が多い。

古代の「蝦夷」をアイヌであるという説は古くからあるが、一時期、それはアイヌではなく、辺境の日本人と信じられたことがあった。それは縄文晩期の亀ケ岡式土器が東北から北海道に至るまで分布し、北海道も本土と共通の文化と認められたことと、もう一つは東北地方の古人骨はアイヌではなく、日本人と

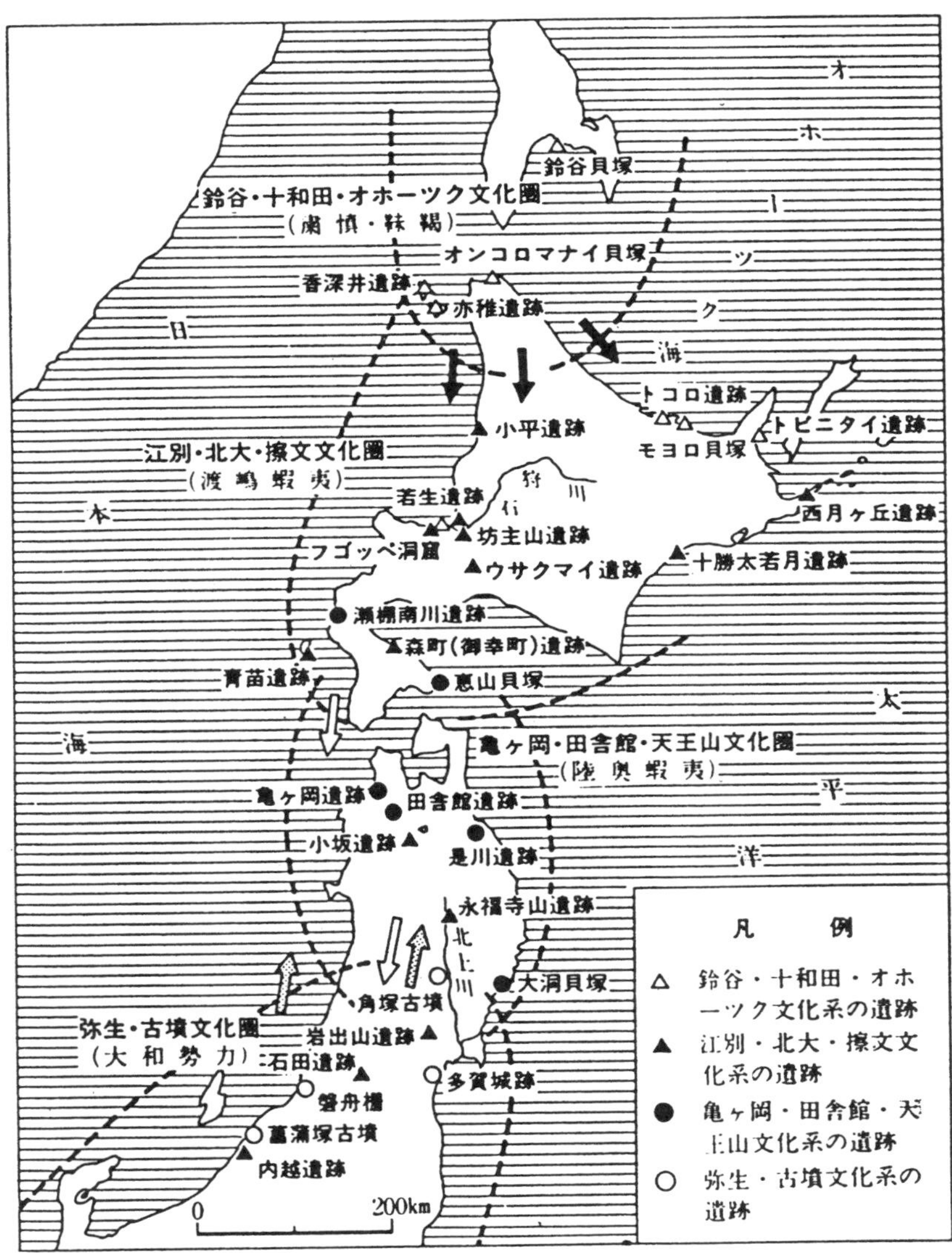

図41　古代北日本の土器文化圏（菊池徹夫『歴史公論』10巻12号，1984）

考えられたことである。

考古学的調査が進むにつれて、北海道と東北との文化の共通性はいっそう強いことが明らかになった。その結果、弥生文化は北海道には入っていないが、北海道の続縄文文化は東北北部にも分布していることが知られるようになった。続縄文文化は八世紀末まで続き、それに続いて擦文文化に移行する。

アイヌ語の地名は東北全域に分布し、とくに北部には密に認められる。また、奥羽山地のマタギの人たちの山言葉には、アイヌ語と共通するものがある。これらのことはかつて東北地方にアイヌ語系の言語を話す人たちが生活していたことを示すものである。

このように、東北・北海道の研究者の努力によって、縄文時代以降、津軽海峡の両側に共通の文化が広がっていることが明らかになり、蝦夷アイヌ説が有力になっている。『日本書紀』「斉明紀」や『続日本紀』の「渡島蝦夷」「渡島狄」（わたりしまえみし）は続縄文から擦文文化にかけてのアイヌと考えられる。

近世アイヌの文身　中世には、アイヌの文身に関する資料はなく、一気に一七世紀前葉の Angelis の記録までとんでしまうので、その間の事情はわからない。古代の蝦夷は男女とも文身をしていたが、このころの外国人の記録には、女性の文身しか見られない。

鳥居は、Krachenínnikow の著書（一七七〇）に、千島原住民は男女とも文身をしていると述べて、それを図示していることを示し、また、Polonski（1871）も「千島原住民はかつて男女とも同じく身体に刺青を行っていた。やがて男はこの風習を中止してしまったが、女は現在にいたるまで続けている」と書いていることを引用している。鳥居はこれについて、これらの習俗は「景行紀」の記事と完全に一致している。すなわち、男女とも髪を頭の後で束ね、身体に文身をしている、という。

図42 「アイヌ集てコロボックル女子の手を見る図」(坪井 1896)

一方、古いアイヌ絵には文身を描いたものがなく、新しいアイヌ絵になると、それが多くなることからみて、アイヌの文身は倭人との接触が始まってからのものだろう、という意見がある。しかし、絵に描かれているものがすべてではなく、倭人とほとんど接触のなかった北海道の奥地や北千島でも文身が行われていたところをみると、アイヌの文身習俗は近世以前に遡ると考えて差し支えなかろう。

文身の起源に関する伝承　アイヌの文身に関する伝承はいくつか報告されている。そのうち、起源に関するものは、

1　穴居民族(Batchelor)あるいはコロポックグル(Landor, 鳥居、坪井)から習った。

2　穴居民族が文身をしていないので、他民族と区別するためにした(Batchelor)。

3　アエオイナ神の姉妹が文身を教えた（Batchelor)。

というものがある。

これらのうち、比較的よく知られているのは、坪井によって報告されている話であろう。昔、北海道にコロボックルという人種がいた。彼らは土器に食物を容れてアイヌの小屋へ持って、入口の垂れ蓆の下から差し入れ、速かに走り去っていたので、その姿を見たものがいなかった。あるとき、アイヌの一人がコロボックルの差し入れた手をつかみ、無理に引きこんでみると、女であった。その女は手から肘のあたりまでみごとな文身をしていた。この暴行に怒って、コロボックルはどこかへ移住した。と伝えている（石狩）。

また、釧路地方厚岸での話では、昔、身長八寸ばかりの小人が北海道に住んでいた。小人の女は食物交易のため、アイヌの所に来ていたことがあり、いつも片袖で口をおおい、片手の先だけを出して物を持っていた。あるとき、一人のアイヌが小人の女の手を取って引き寄せてみると、口の周りと手に文身をしていた。そのころ、アイヌにはこの風習がなかったので、なぜこのようにするのかと聞くと、幼時には男女の見分けがつかないので、文身をして女の印にすると答えた。アイヌもそれをまねて文身を入れ始めた、という。

これらの伝説は根拠のあるものではないので、文身の起源を探る手がかりにはならない。鳥居は千島列島を調査した際、南千島のアイヌには、北海道と同様、コロポクグル（コロボックル）に倣って文身をしたと伝えられていたが、北千島アイヌにはこのような伝承はなく、自分たちの祖先が古くから文身をしていた、と語ったことを報告している。

文身の名称　アイヌは文身をシヌエあるいはヌエという。シは「自分に」「自分を」という意味の接頭辞、ヌエは「染める」「書く」「彫刻する」の意であるから、シヌエは「自分に彫刻する」という意味があ

表 11　アイヌ文身の名称（児玉・伊藤 1939）

部位	名　　称	地　　域
口辺部	パロ・シヌエ，パロ・ヌエ	西半部（胆振，日高西半部，石狩）
	チャロ・シヌエ，チャロ・ヌエ	東半部（日高東半部，十勝，釧路，北見）
口唇	パプシ・シヌエ，パプシ・ヌエ	西半部
	チャプシ・シヌエ，チャプシ・ヌエ	東半部
口角部	パ・キサル，パ・キシャル	西半部
	チャ・キサル	東半部
延長部	パー・ナエ	石狩近文
	ヘリカシ・ア・ヌエ	胆振千歳
眉部	ラルフ・ヌエ	
眉間部	ラルウトル・ヌエ	
額	キプトウル・ヌエ	
上肢	テケ・シヌエ，テケ・ヌエ	

表 12　文身の目的

目的の伝承	報　告　者	支　持　者
装飾	Scheube, Landor, 金田一，坪井，河野	金田一，清野，満岡，河野，坪井，小金井
種族表徴	Batchelor	
結婚記標	Batchelor，玉林	土佐林(手・腕)
成人	Landor	土佐林(口辺)
信仰	Siebold, Batchelor，児玉・伊藤，満岡	
呪術的	Batchelor, Munro，児玉・伊藤	金田一
医療	Batchelor，坪井，小金井，児玉・伊藤，松野・田川，玉林	
その他	金田一，児玉・伊藤	

る（児玉・伊藤）。文身には、各部にそれぞれ名称があり、地方によって呼び方が違っている（表11）。なお、Batchelor は明治一七年（一八八二）ごろ、十勝地方では、文身をアンチピリという言葉が残っていた、と伝えている。アンチは黒曜石、ピリは傷の意であるから、以前は石製の刃物で文身をしていたらしい、と考察している。

図 43　アイヌ女性（旭川）の文身（絵葉書）

3　文身の目的

アイヌが文身を行う理由については、いろいろの動機が報告されているが、どこの社会でも、最初の動機は長い間に忘れられて、慣習として行われているのが普通である。アイヌの場合もその例外ではなく、アイヌが語った文身の動機として、次のような理由が報告されている。

化粧説　年ごろになって、文身をしているメノコ（女）は非常にきれいに見えるので、アイヌの男にとっては魅力的といわれる。口の周囲の文身をはじめて見るものには、奇異な感じを与える。欧米人の印象もはなはだ悪く、醜悪と評している。しかし、金田一京助は、これを奇怪と感じるのは単に習慣の差にすぎず、見なれてくると、若いアイヌの青々と引きしまった口もとに、いい知れぬ魅力を感じる、と自らの体験を語っている。清野謙次も、文身が非常に広く行われたところをみると、アイヌにとっては、一つの美的刺激であろう、といっている。

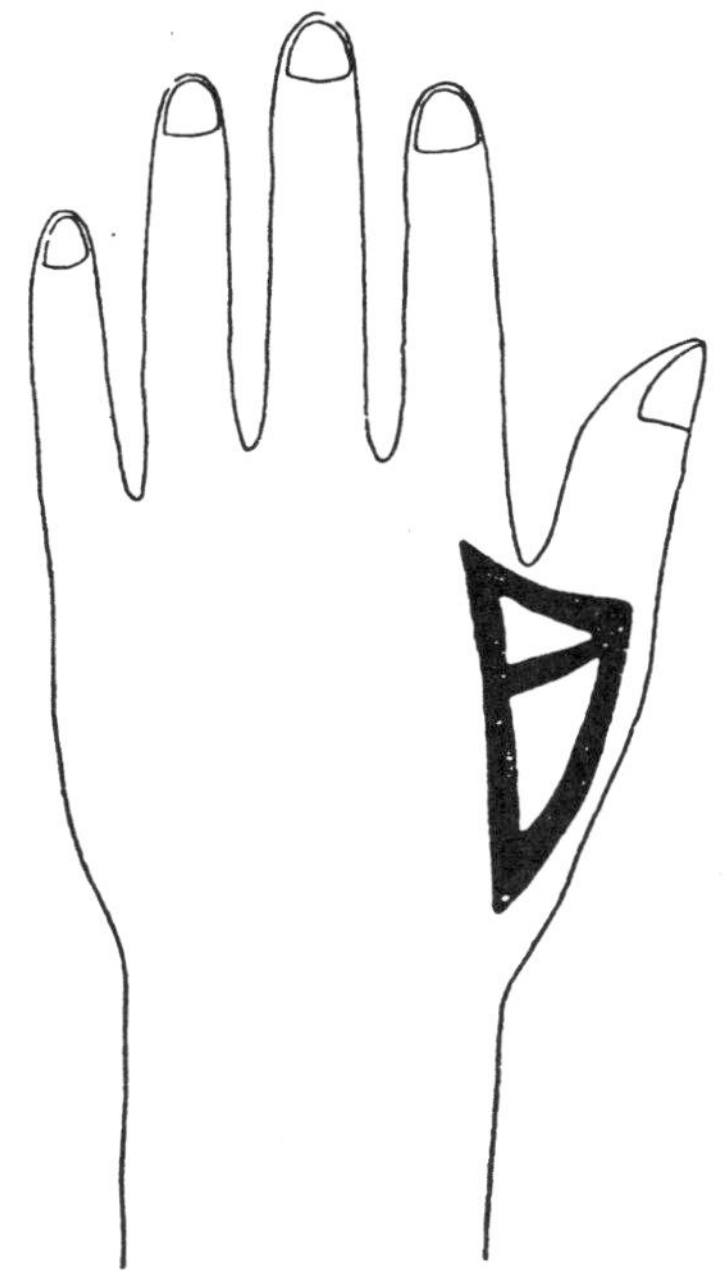

図44　アイヌ男性の文身（釧路．児玉・伊藤 1939）

娘たちは年ごろになると、年上の女の文身をうらやましく見るようになり、文身をして欲しいとねだったといわれる。そして、年ごろになってもまだ文身をしていない娘がいると、母親や伯母・叔母たちは娘がどんなに嫌がっても、みんなで押さえつけて、無理に入れてやったものだった、という。

図 46　**治療を目的とする右肩の文身**（十勝女性．松野・田川 1958）

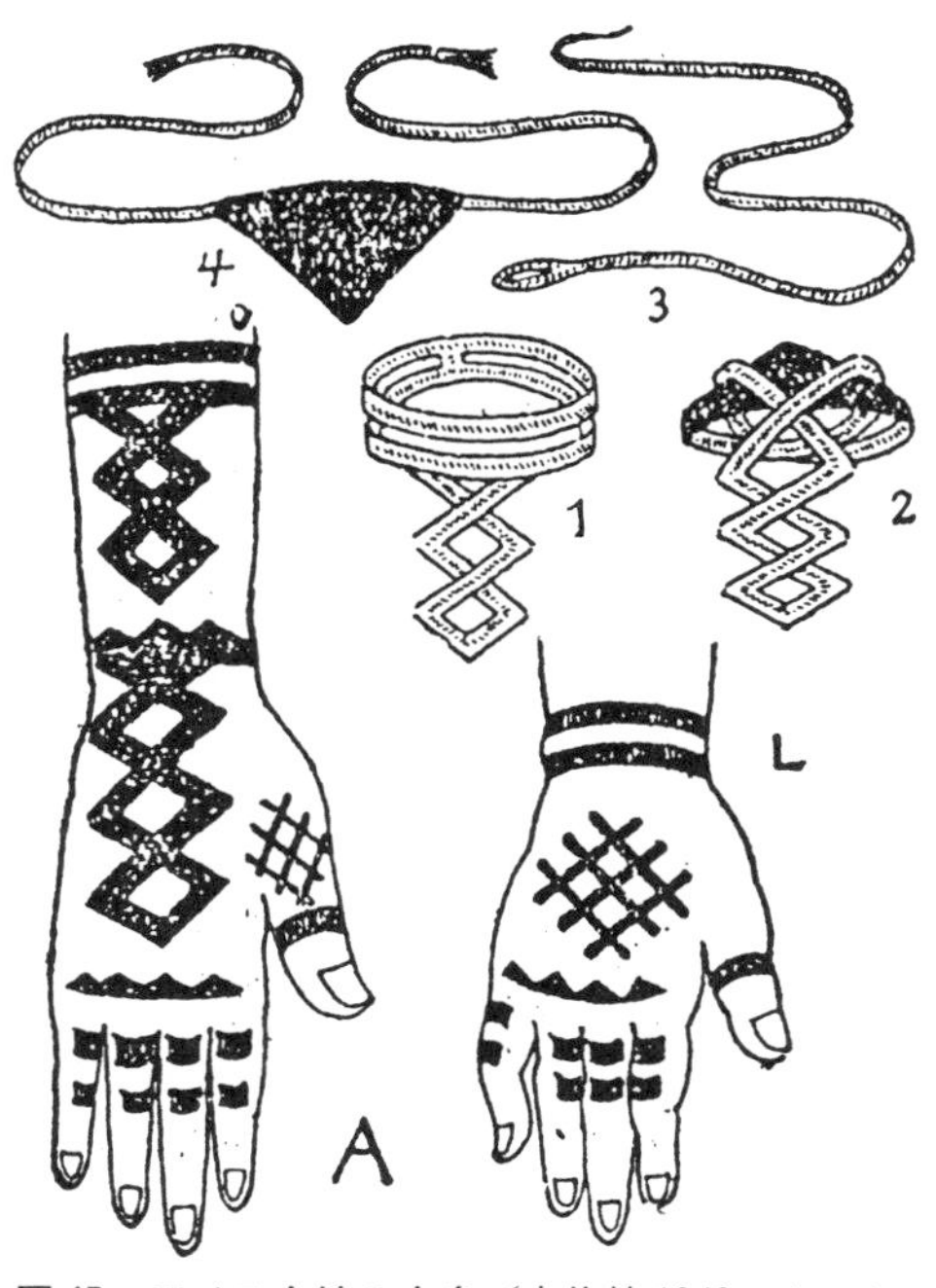

図 45　**アイヌ女性の文身**（土佐林 1949．A テケシヌエとその分解想定図，B 復原想定図）

Scheube は、女性にはひげがないので、それを補うために、ひげの形に文身を入れる、といわれていたことを記している。Landor もまた、男子には毛があるが女子には少ないので、その部分に毛の代りに文身をして飾りにする、というものがあるといっている。

種族表徴説　アイヌには、コロボックルの女の文身をまねて始めた、という伝承があることはすでに述べた。それとは逆に、コロボックルあるいは穴居民族は文身をしていなかったので、それと区別するために文身を始めた、ともいわれている（Batchelor）。また、昔、アイヌはコロポクグルとしばしば戦争をして、その女を捕らえて連れ帰った。その女たちを取り返されないように、アイヌ女性と同じように文身をして、アイヌを装わせた。今日、アイヌのなかに丈の低いものがいるのは、コロポクグルの血が混じったからである、といわれている（児玉・伊藤）。

結婚記標説　文身をすると、女として一人前になったとみなされ、結婚することができる。しかし、文身をしていないと、男の方から結婚を申しこむことができない、とされていた。玉林晴朗は、文身のない女と結婚すると、宴会などの会合に出てはいけないといわれているので、人との交際ができなくなる。だから、文身のない女は独身を通さなければならなくなる。これは結婚の条件として入れるということであろう。

土佐林義雄は、アイヌの手や腕の文様は一本の紐からなり、貞操帯（イシマ）の裏紐（ラウンクッ）に一致するとみなし、口辺の文身は成女の告示、腕の文様は既婚のしるしである。彼女らが「口はただ夫のために語り、手はただ夫のために働く」といっているのは、それを暗に語るものだ、と説いている。

医療説　女は一般に悪い血をたくさん持っているので、切って出さなければならない。口のあたりとか手や腕のように、最もよく動かす部位に切り傷をつけて、悪い血を流し出し、その跡に煤をすりこんで止血する。そして、同時に、この文身をもって血を出したしるしとする。女はこうすると、悪い病気にかからない、といわれている（児玉・伊藤）。

このような理由で、病気にかかったとき、治療の目的で文身をすることがある。Batchelor は、伝染病が一部落を襲ったとき、すべての女性たちは悪鬼を払うために、互いに文身をしなければならなかった、という伝承を記している。児玉らは、眼病を患ったとき、もう一度文身を入れ直すと治るといわれて入れた例、リウマチで上腕と背に文身して治った例（釧路）、肩の痛みの治療のため、右肩に卍を文身した例（十勝）を報告している。これらの事例はすべて女性である。

治療の目的で文身を行うとすれば、女性だけでなく、男性が行ってもいいはずであるが、男性に関する資料は少なく、坪井が、男女に限らず痛みのあるところに文身をする、と記しているのみである。女は悪い血が多いと信じられていたからだろうか。

信仰説　アイヌの文身に関する伝承のうち、多くの支持を得ているのは、宗教的・呪術的意義に関するものであろう。

1　来世に関するもの　神の命令によって文身をすると伝えられていることは、Siebold 以来、多くの研究者によって報告されている。坪井は、文身をしていないと、死後、前に死んだ親類のものが手を引いて導いてくれない、という伝承を記している。Batchelor によると、アエオイナの神は文身をしないで嫁ぐのは重大な罪であって、死後地獄に落ちると教えた。地獄では、悪鬼が大きな小刀で一度に全身に文身をするといわれ、また、文身をしないで結婚した女が宴会に出ると、必ず集まった賓客に天からの怒りが加えられる、ともいわれる。

満岡伸一によると、幌別地方では、文身をしないで死ぬと、次の世には鳥になって生まれるという。文身をしない女性は、死んでから神の怒りに触れて、地獄に落とされ、竹ぎれ（満岡、児玉ら）あるいは大きな庖丁（玉林）で、一度に全身に文身される、と信じられていた。竹ぎれで文身をされると、いっそう苦痛が大きいといわれる。このため、文身をしていない娘が死ぬと、死者の腕や唇の周りに、煤で文身の形を描いて葬った。

2　呪的効果　医療を目的とする文身も呪であるが、アイヌのなかには、文身を魔除けと信じているものがいた。昔、神々は文身をしていて、悪魔たちはその文身を見ると、恐れて近寄らなかったので、女たちはそれに倣って文身をした。だから、悪魔が来ても文身を見ると、神様と間違えて逃げてしまう、と伝えている。Neil Gordon Munroも文身を魔除けとしている。

金田一は、文身は単なる模倣や装飾ではなく、少なくとも呪的な意味を持っているだろう、と考察している。幼女が娘になるころから文身を入れ、とくに、口もとの文身は最も重要視される。これは神々が人間に憑るのは必ず女子に限り、子供はいっさい神事にあずからないので、女児が女になるとともに、巫力が備わると考えられていた。こう考えると、アイヌ女性の口の神語を宣べる巫力は、文身によってさらに霊異な呪的効果を増すのではないか、と推論している。

小金井は胆振地方で、額に四本、左右の第三肋骨に一本ずつ文身をした事例を認め、身体を丈夫にするために傷をつけ、止血のために煤をすりこんだもので、飾りではない、としている。

その他の目的　児玉らは胆振地方で、子供が生まれる毎に、眉額部に一本ずつ線を入れていく、という故老の話を載せている。また、出典は不明であるが、倭人に連れていかれないために文身をする、ということもいわれているという。

文身の目的は一つだけに限られるものではなく、また、どのような動機や目的で入れたとしても、装飾を兼ねていることは間違いない。アイヌの文身には、装飾に宗教的・呪的な目的が加わっていることは事実であろう。

4　文身を施す年齢

文身を施す年齢　文身の目的として話者の語ったことは、そのまま信じることのできないものがある。

表13　文身を施す年齢

報告者	地　域	口の周囲		手背・前腕	
		開　始	完　成	開　始	完　成
Bird	日高	5歳		5,6歳	
Siebold	胆振	不定		不定	
Scheube	南部	6歳頃	結婚の頃	14歳頃以後	
Landor	全域	2,3歳頃	結婚まで	年齢無関係	結婚前か後
Ritter	南部	6,7歳頃	成人する頃		
坪井	後志〜釧路	6,7歳頃	20歳頃まで	12,3歳頃	20歳頃まで
小金井	全域	7歳頃	15歳頃	口よりやや遅い	
坪井	樺太	14,5歳		—	—
吉田	十勝	15歳以上			
満岡	胆振	12,3歳頃	18,9歳頃	不定	
児玉・伊藤	日高,胆振	7,8〜14,5歳	20歳前後	11,2〜15,6歳	20歳前後
〃　〃	十勝,北見,釧路	10〜14,5歳	20歳前後		
松野・田川	十勝	7,8歳	20歳前後,結婚前		
児玉・伊藤	樺太	14,5〜17,8歳		—	—
西鶴	樺太	17,8歳		—	—
Munro		思春期以前	18歳頃		20歳頃時に結婚後

これらのうち、重要と思われるものは、結婚との関係であろう。文身をしていない女は結婚することができないといわれ、明治一一年（一八七八）に日高地方を旅行したBirdは、若い女たちが文身が禁止されたことに対して、文身がなければ結婚できないといって悲しみ、この問題を政府に上申してくれと強く嘆願した、と書いている。そこで、これまでの報告をみると、結婚後に文様を完成させることがあり、結婚と文身との関係にははっきりしない点がある（表13）。

小金井は、口の周囲は七歳ごろから始め、一五歳ごろに完成する。前腕と手背の文身はそれよりも多少遅れるが、これは既婚、未婚の区別となるものではない、という。坪井は、六、七歳ごろに上唇から、一二、三歳ごろに手首から文身を始め、いずれも二〇歳ごろまでに完成させる、と述べている。吉田は、十勝ではたいてい一五歳以上のときにするといい、Munro は、腕や手の文身は一八歳ごろ完成するが、ときには結婚後に完成させる、と報告している。

最も詳しい記録は児玉とその門下によって報告されている。児玉・伊藤は、日高・胆振地方では七、八歳から一四、五歳の間に口辺部から始め、腕や手はそれよりやや遅れて、一一、二歳から一五、六歳ごろの間に始め、完成するのはどちらも普通二〇歳前後である。十勝、北見、釧路地方でも、ほぼ同じであるが、開始の年齢は一〇歳から一五、六歳の間らしい。しかし、完成するのは二〇歳前後である、と述べている。同門の松野・田川は、その後の十勝地方での調査で、文身は七、八歳から始め、二〇歳前後で完成し、その大多数は結婚前に完成する、と報告している。

樺太アイヌでは、文身は口唇部のみに限られ、坪井は一四、五歳から始めるといい、児玉らは一四、五歳から一七、八歳の間、西鶴は一七、八歳ごろに行う、と記している。

文身と結婚との関係　小金井のように、文身は既婚・未婚の区別とはならないという研究者もいるが、一般には、結婚と何らかの関係があると考えるものが多い。児玉らは、大多数の例では結婚前に完成するが、少数は結婚後に完成するし、長万部付近では、口角部から外上方への延長部を結婚後に完成するというものがある、と報告している。これらの報告から判断すると、文身が完成するのは必ずしも結婚と同時ではないが、それが完成していれば既婚を示すとみていいだろう。

表13を見ると、口の周囲は結婚までに、あるいは二〇歳前後に完成するというものが多いが、手と腕は

結婚後に完成させることもある。Batchelorは、確実に縁談が成立するまでは完成させないので、文身を見て婚約ずみか既婚であることがわかる、といっている。このようなことから推測すると、元来、口の周りの文身は結婚までに完成させ、手と腕は結婚の前あるいは後に完成させるのが原則であったかも知れない。それが時代とともに変化したり、地域差が生じたりして、既婚・未婚の区別がはっきりしなくなった可能性も考えられる。

これと関連して、土佐林は、「口はただ夫のために語り、手はただ夫のために働く」といっているのは、暗に口辺の文身は成女を示し、結婚できることを示し、腕の文身は既婚のしるしであり、貞操の象徴であることを語っているのであろう、といっている。この説ははなはだ示唆に富んでいる。

西鶴によると、樺太アイヌの文身は結婚とは関係がなく、友人が文身したのを見ると、人に遅れをとったような感じがして、文身をしたくなったという。

5 文身の施術

文身を施す方法は地域により、あるいは同じ地域でも部落によって多少違っている。その方法は児玉・伊藤によって詳しく報告されているので、それに他の報告を参照して述べることにする（表14）。

準　備　各部落にはだいたい一、二名の熟練した老婆がいて、文身を行っていた。まず、家の中で文身を行うときには、ふだん火を焚いている場所とは、必ず別の所に火を焚く場所を定める。その多くは家の入口・土間か物置小屋の中の土間、または屋外のあまり風の強くない所を選ぶ。新しい爐ができると、天井から紐で鍋を吊り下げる。鍋は普通の鉄鍋であるが、その内外をよく洗って磨き、古い煤を除いてか

表 14　アイヌの文身施術

報告者	地　域	器　具	色	処　　置
Siebold	胆振	小刀	煤	タンムギ皮の煎汁
Scheube	南部	剃刀	白樺の煤	メントノ木皮の煎汁
Landor	一周	小刀	マイカの墨，煤	
坪井	マキリ，剃刀	鍋墨		
小金井		マキリ	白樺の鍋，墨	アオダモ皮の煮汁
鳥居	北千島	石・金属の刃物	白樺の煤	
河野		小刀，剃刀	鍋墨	
吉田	日高・二風谷		樺皮の鍋煤	玫瑰の皮の煮汁
	〃・他部落		〃	柏の根，谷地榆の皮の煮汁
満岡	胆振・白老		藍染の布片の煮汁と樺皮の鍋墨を混合	
児玉・伊藤	胆振，日高，石狩	剃刀，マテベラ	白樺の皮の鍋煤	アオダモ，ヤチダモなどの皮の煮汁（地方差あり）
Batchelor	日高西部	小刀	樺，ヤチダモの皮の鍋煤	樺，ヤチダモの煮汁
Munro		剃刀	鍋煤と布の煮汁	
金田一		〃	鍋煤	
松野・田川	十勝	〃	〃	アオダモ，ヤチダモの皮，ヨモギの煮汁

ら使う。

鍋の下では、北海道のどの地方でも、必ず白樺の皮を焚き、それ以外のものは決して用いない。鍋の中には水を入れ、それに樹皮、草の葉などを入れ、その汁を採ることが多い。

鍋の中に入れるものは、地方によってさまざまである。北見、釧路地方では、水だけの場合が多いが、釧路西部、十勝地方では、ヤチダモやアオダモの樹皮が用いられ、日高東部になると、ヤチダモ、アオダモのほかにヨモギの葉が用いられる。日高西部から西になると、それ以外にハマナスの根（日高西部）、ミヅノキ、トリトマラズ（胆振）、黒豆（胆振千歳）、クワの木の皮（石狩近文）などが用いられている。

鍋の下で火を焚くと、まもなく鍋底に黒い煤が付着する。煤と汁ができると、いよいよ施術が始まる。

施術　術者は被術者と向かい合って坐り、文身をする部位を汁で拭く。これは消毒を意味し、また止血の作用があるといわれている。術者は自分の指先に煤をつけ、それで被術者の局所に文身の文様を描き、小刀（マキリ）か剃刀で皮膚に多数の細かい切り傷をつける。傷から出てくる血を汁に浸した布ぎれで拭きながら、煤をすりこみ、最後に汁で拭いて安静にしておく。

玉林は、小刀で傷をつけた後、煤を塗り、蕗の葉、ところによってはブドウの葉をもんだ汁の着いた布で、傷を叩くようにして煤を浸みこませる、と記している。吉田は、十勝では明治四四年（一九一一）ごろ、硯墨を用いたと記しており、児玉らも終末期の異例として、十勝高島では、煤の代りに硯で墨をすって文身した例があった、と報告している。

樺太アイヌでは、ヤチブキの根を煮た汁で傷を拭き、止血した後、白樺の鍋墨を傷にすりこむ。約三〇分、一、二回で完成するという。

施術中、ときにはあまりの痛みに耐えかねて失神することがあった。このときには、水をかけて意識がもどってから、また施術を続けたという（坪井）。

用　具　以前はマキリと称する小刀が用いられたが、後には日本剃刀が多く使用された。釧路付近では、女の刃物とされる刃の薄い剃刀様のマテベラ、胆振地方では、昔は石鏃のようなものを用いたという。Batchelor によると、十勝地方にアンチピリ（anchi 黒曜石、piri 傷）という言葉が残っていて、昔、黒曜石を尖った刃物のように作り、文身に用いたことを示唆しているという。

施術の時期　施術をする季節は、胆振、日高西部では一定せず、四季を通じて仕事の暇なときに行うが、春か秋がよく、雨などで仕事ができない日に行うのが普通であった。日高東部、石狩の近文付近、北見、釧路、十勝地方では、春から初夏にかけて行うことが多かった。暑いときには、傷が悪くなりやすいし、寒いときには、傷が痛むので、夏と冬はなるべく避けた。秋よりは春の方が気候がいいと感じるので、春がよいといわれ、児玉らの調査でも、春の方が多かったという。Munro は、生理の間は文身の施術を避けるといい、それはタブーであったのか、この期間は炎症が起こりやすいからなのかは確かでない、と述べている。

6　文身の文様

文身の部位　アイヌの文身は、北海道では、普通女性の口辺部、両側の前腕と手背に施される。手では、背側はＭＰ関節（指のつけ根の関節）まで、掌側は手関節部の直上までで、手掌には及んでいない。北海道西南部では、それに眉部と額の文身が加わる。眉部の文身は眉間の文身によって、左右が連絡する。

樺太アイヌでは、口辺部のみに文身し、手と腕には行わない。北千島では、鳥居が調査を行った明治三八年（一九〇五）には、すでに文身は行われていなかったが、口の周りと手・腕に行っていた、と伝えられている。

文身の文様は児玉・伊藤によって詳しく報告されている。次に、それにもとづいて、文様の分類と分布を述べる。

口辺部　口の周りの文身は最も重視され、どの地域でも必ず施される。児玉らはそれを三型に大別している。

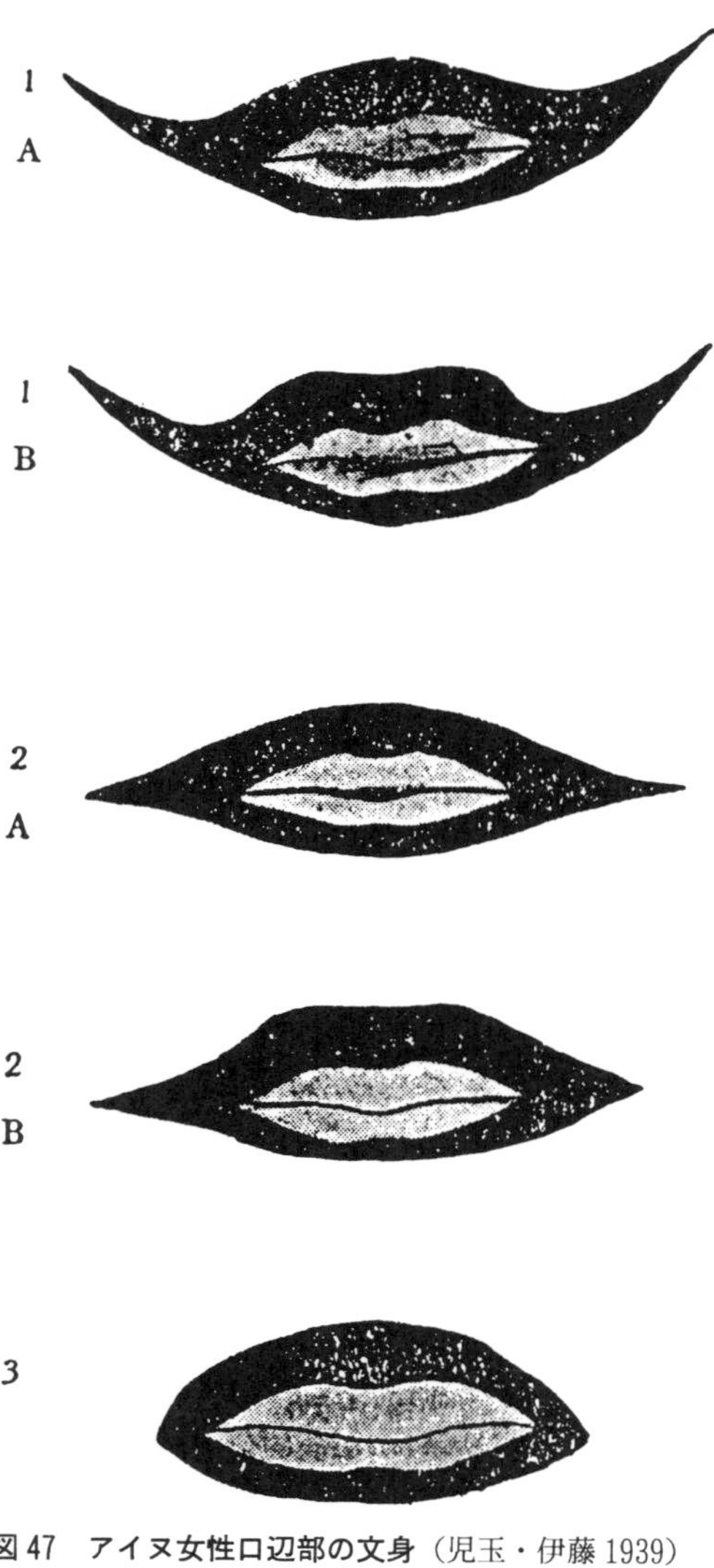

図 47　アイヌ女性口辺部の文身（児玉・伊藤 1939）

1型　口角部の両端を上外方に向かって延長したもの。二つの亜型に分けられる。
A　上縁の線は鼻下の中央部と両外端部とが高く、口角部に当る部分は低くなる。
B　上縁の線は鼻の下では直線状をなし、口角部では低くなる。
2型　全体の形は外方両端の尖った紡錘形をなす。口角部の延長は短く、ほとんど水平に外方に延びる。
A、Bの亜型も第1型の場合と同様である。
3型　上・下唇に施すのみで、口角部から外方への延長はない。
口辺部の第1型は、石狩、胆振、日高、十勝、釧路、北見に分布している。

眉部・前額部　両眉に相当する二つの山を上方に向け、眉間がやや低い谷となった波が普通である。ときには、両眉をほとんど一直線に結んだもの、眉間で少し高くなるものがある。前額部に、眉部の文身とほぼ平行して文身を施しているものがある。眉部、前額部の文身は胆振西部にのみ見られる。

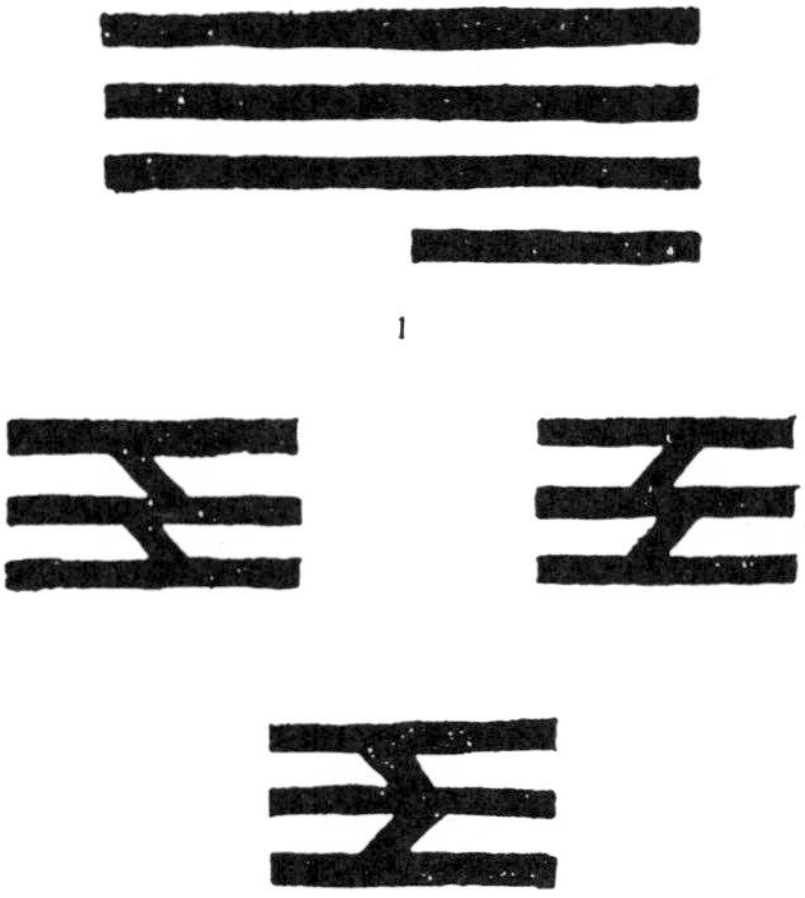

前腕下部　手関節部の直上には、数本の横線がほぼ同じ幅、ほぼ等間隔で施される。背側と掌側とをそれぞれ一本ずつ連絡させるが、多くの場合、背側の横線は掌側よりも一、二本多い。上方の横線は掌側のそれと連結して環状となる。

左側前腕の横線は背側では四本が最も多く、三本、五本がそれに次いでいる。掌側では三本が大多数を占

1

2

図48　アイヌ女性前腕下部の文身（児玉・伊藤 1939）

め、二本がそれに次いで多い。右前腕背側では、四、三、五本の順であるのに対し、掌側では、三、二、四本の順に多い。

これらの隣り合う横線は互いに斜線で結ばれるものがある。この矩斜線は六八例中一〇側、右側には六六例中六例に認められる。

前腕中部　この部分の文様は斜線の交差によってつくられる。これらの文様は背側と掌側とで異なるものではなく、必ず両面の線が互いに連結している。三型に分けられる。

1型　斜線の交差によってつくられる格子状文様。斜線の数は両方向のものが同数で、四～六本ずつあり、斜線の交差による山頂は四～六個である。

A　上縁が山形をなすもの。

B　山の上縁を連ねる一本の横線を有するもの。

2型　並行に走る長い斜線と、それと反対方向に交差して走る短い斜線との組み合わせによってつくられる文様。長い斜線はその両端を鍵形に曲げて組み合わせて、菱形をつくり、短い斜線は各菱形の間に、隣接する長い斜線を結ぶように描かれる。これによってできる菱形は横に三個ずつ、上下二列に並ぶのが原則である。

A　菱形を塗りつぶさないもの。

B　菱形を塗りつぶすもの。

3型　2型と同じように、長短の斜線の交差によって菱形がつくられ、中を塗りつぶした菱形が上下二列に六個つくられる。

図 49　アイヌ女性前腕中部の文身（児玉・伊藤 1939）

図50　アイヌ女性手背の文身（児玉・伊藤1939）

A　上列は2型Bと同じ。二列目は互いに並行する二行の山形の二組を互いに組み合わせ、一組の山頂と他の組の山頂の底とがあい対するように、半ばずらして置かれる。

B　下列はAと同じ。上列は単に交差線を延長して山形を三個つくり、その頂に小菱形をつくる。

第3型ABは胆振、日高西半部、石狩近文に見られる。

手背・指背　手背の文様は六型に分類されている。

1型　前腕下部の横線を基準として、数本の斜交線でつくった格子状文様。

2型　前腕下部の横線を底とする三角形を描き、その頂に四個の菱形をつくるもの。

3型　第2型と同様のデザインでつくられた文様のほか、手背部の縁に沿って曲線を付加するもの。

4型　第2型と同様の菱形文様を二度つくるもの。MP関節部に小さい山形を有するものが多い。

5型　三種の文様からなるもの。前腕下部の横線を底辺とする三角形に菱形を二個連結する。次に、第一、二指の中手骨に沿った線を二辺とする三角形を描き、短い横線でそれを二分する。さらに、第二—五指の指間に、あるいは⩚型の文様を入れる。

6型　第3型の周縁の線の代りに、第5型の文様のうちの二種、第一—二指間の三角形と各指間の山形文様とを付加したもの。第3型と第5型の中間型ともいうべきものである。

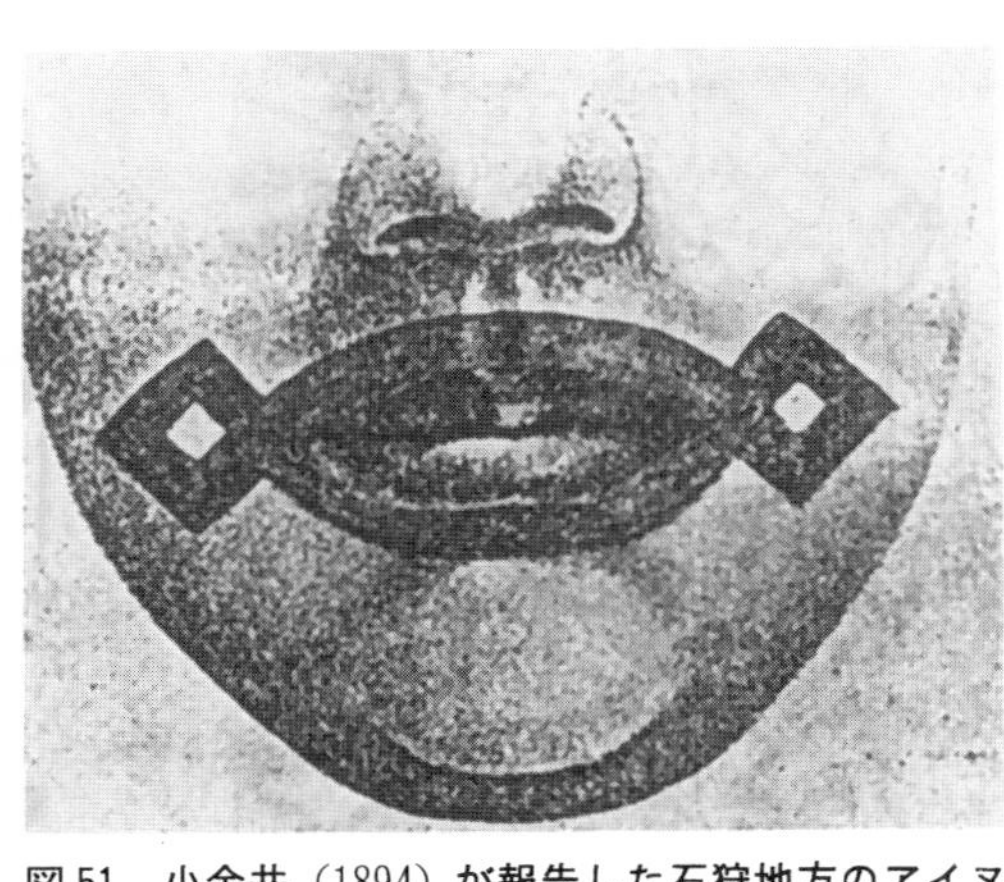

図51　小金井（1894）が報告した石狩地方のアイヌ女性口辺部の文身

指背の文様としては、第一—五指の基節に一—二本の横線を施す。これはほとんどすべての場合に行われ、各地に共通している。きわめてまれに、中節骨の高さに、同様の横線を入れたものがある。

文様の異型　明治二七年（一八九四）、小金井は石狩でただ一例だけ見たという、口辺部の文様を図示している。これは口角部から外方へ延長した部分が菱形をなし、その中を染めずに残したものである。このような文様はかつては普通に行われたものの名残りと考えられる。地域によっては、文様にも流行のようなものがあったかも知れない。

Hitchcock は明治二三年（一八九〇）、苫小牧から札幌へ行く途中で、眉間に縦に文身を入れた二人の女性に会った、と記している。胆振地方西部では、眉間の文身は普通であったが、それは横に入れたものであって、縦に入れたという記述はこれ以外にはない。彼は、他の研究者も前額の文身を報告しているし、教示も受けたといっているので、縦と横を間違って記載したのではないか、と推測される。

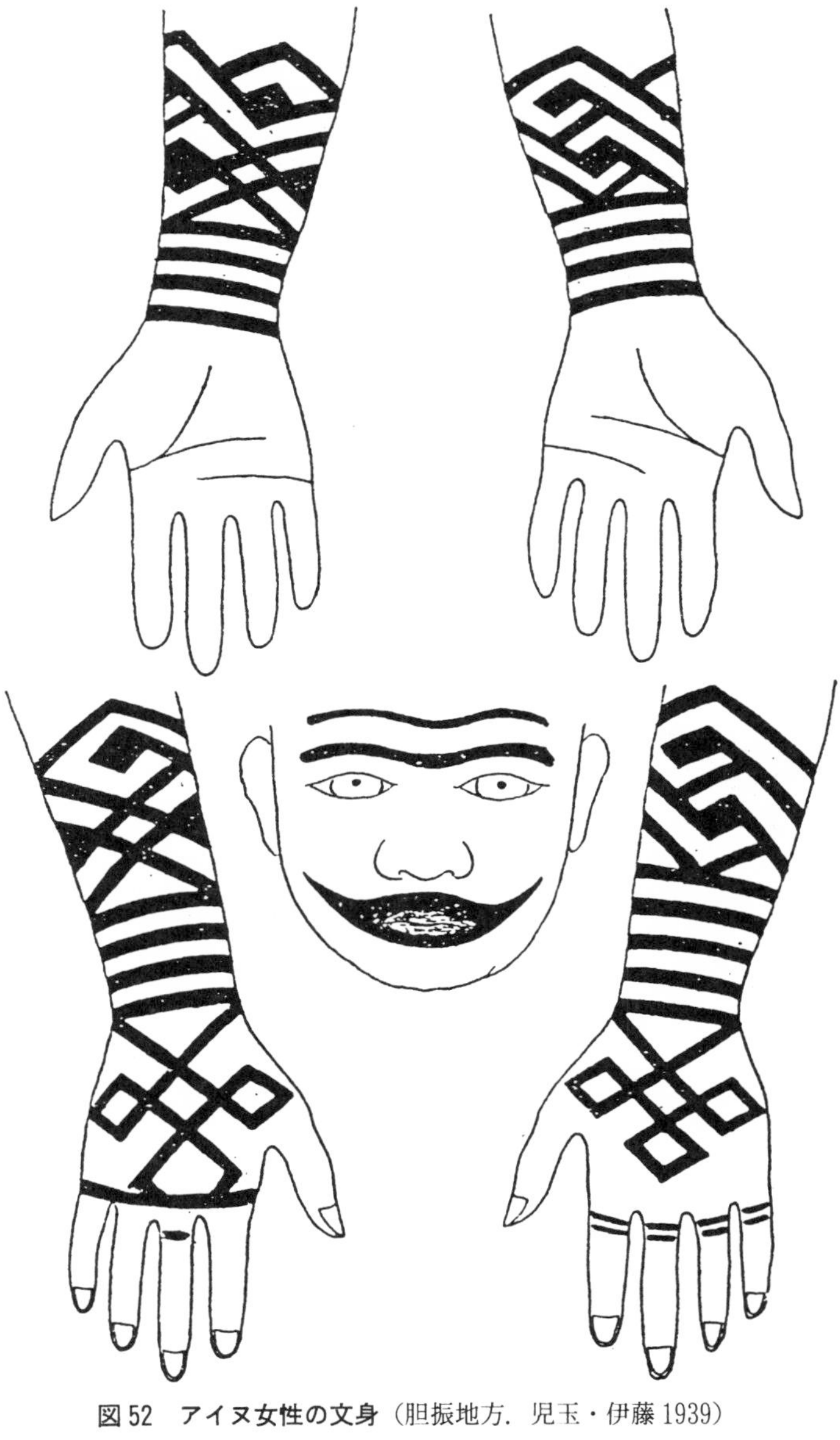

図52　アイヌ女性の文身（胆振地方．児玉・伊藤 1939）

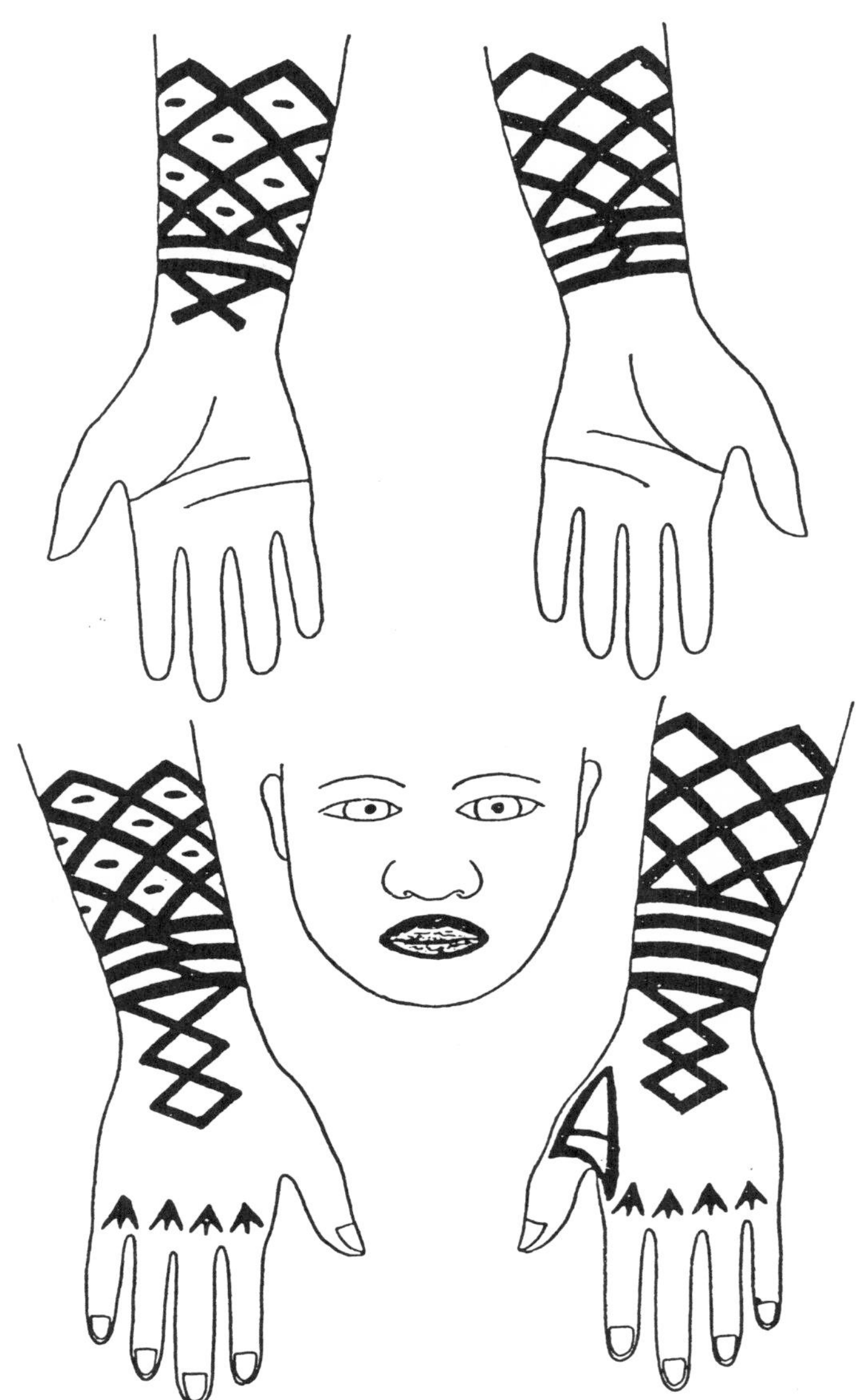

図53　アイヌ女性の文身（北見地方．児玉・伊藤 1939）

文様の地域差　明治以降の報告で，文身文様に地域差のあることを，はじめて報告したのは，Landorと思われる。彼は北見沿岸の北方で宗谷岬に至る付近では，腕に文身が行われなくなるといっているが，これは完成したものについての観察かどうかが疑われる。

表 15　文様の地域差（児玉・伊藤 1939）

地　域	口辺部	前腕	手	眉・額
胆振西部	I	II III	II	+
〃 東部	I	II III	III	−
日高西部	I	II III	III	−
〃 東部	II	I−III	IV VI	−
十勝	I	I	I	−
釧路・北見	III	I	V	−
石狩	I−III	I−III	I III IV VI	−

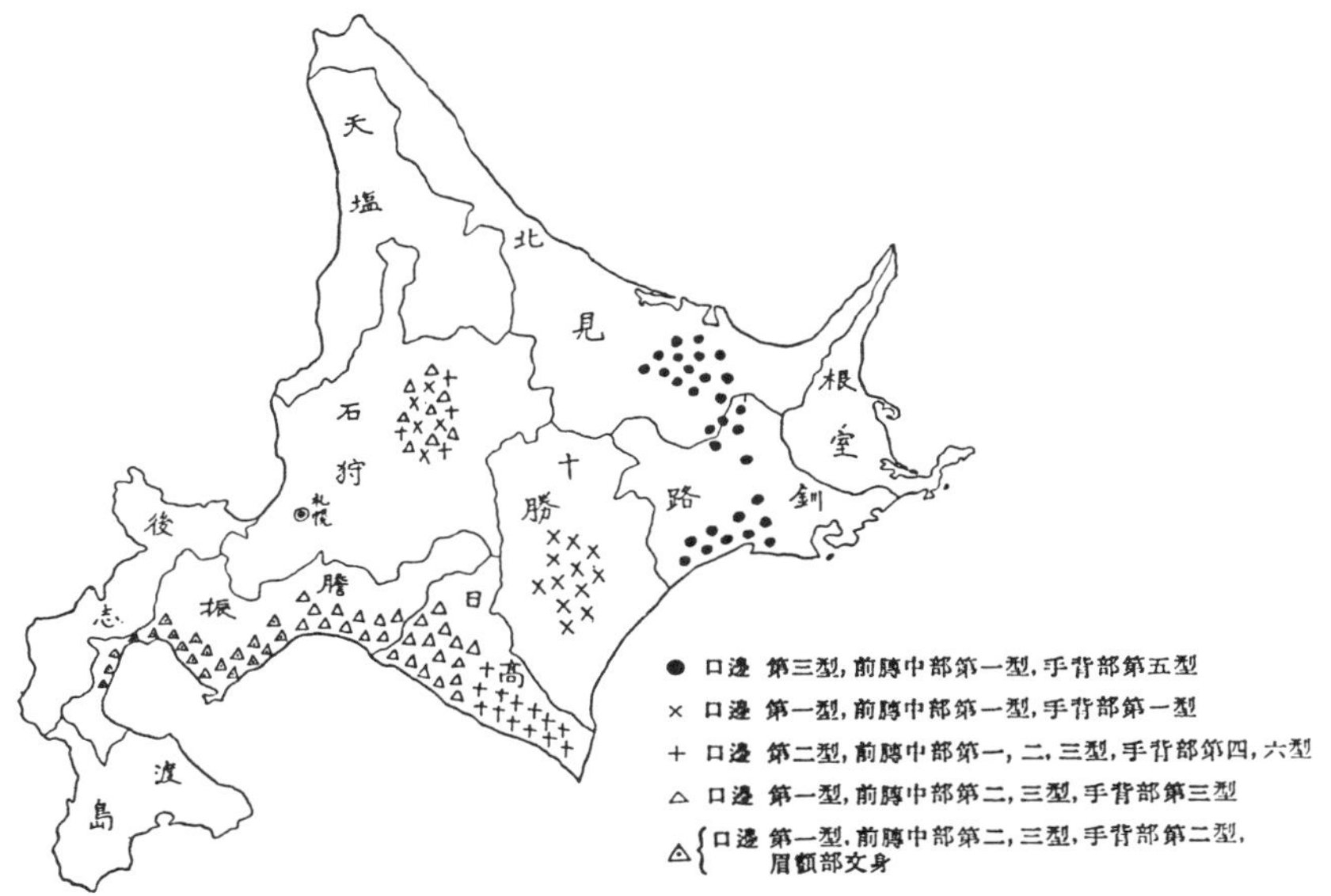

図 54　アイヌ文身文様の地域差（児玉・伊藤 1939）

図55 『三国通覧図説』に示されたアイヌ女性の顔面文身（右より，上品，中品，下品）

北海道アイヌの文身の地域差を最も詳しく調査したものは、児玉・伊藤の報告である。顔面では口辺部のほか、眉部や額に文身をするのは、胆振西半部のみに限られ、胆振東半部その他の地方には見られない。口辺部の文身にも地域差があり、

1　上下唇が口角部でわずかに連続するもの。北見、釧路

2　口角部から外方あるいは外上方に延びるもの。胆振、日高、石狩、十勝

文様全体についての地域差は表15を参照されたい。

花形文様の問題　アイヌの文身文様について記すとき、しばしば問題になるのは、花形文様の有無である。享保五年（一七五〇）、新井白石の『蝦夷志』に、「唇を染めるに青草の汁を用う。其の唇を染める者、名を口草と曰う。是れ何かは審にせず。額面手臂、皆黥を花卉状と偽す」と記されている。白石は本書を編纂するに当って、幕府の儒官の地位を利用して種々の資料を手に入れることができただろう。彼は蝦夷に足を運んでいないが、その内容は詳しく、とくに土俗品の記載は正確であり、児玉は、幕府にあった資料のほかに、松前家にあった資料、水戸藩の快風丸の持ち帰った資料なども参考にしたのではないか、と推測している。

草花の文様は林子平の『三国通覧図説』（天明四年、一七八五）に具体的に図示されている。これには、「女は皆面に草花或は破格子などを黥にする也。唇は薄く黥して青色にする也」と記し、図には唇の文身は描いていないが、頬に花形の文様がある。子平は現地を踏んだ確実性に乏しく、単なる聞き書きなのかはっきりしない。

その三年後、古川古松軒は『東遊雑記』（天明八年）に、「頬には菊の華或は梅の花或はさくらの花を黥ぜし所の手ぎわよく、唇はうすうすと青くせしもの也。其の點（黥）の仕よふはなれしものとみえて、至って明らかにて見事の事也。此所の婦夷は手に點なし。これらをいま考へおもへば、蝦夷にても所々にて少し宛の風俗かはり有りと思はふ伝りし也」と文様に地方差があったことを思わせる。古松軒は蝦夷地に渡っているので、実際に松前付近で観察したらしい。

これらの記事に対して、松前広長は天明八年に書いた『毛人井蛙談』で、その当時書かれたアイヌの習俗には多くの誤伝があるといい、その一つとして、女性の顔に草花の形を文身することも誤りである、と述べている。

その後、文化四年（一八〇七）ごろ、樺太アイヌについて記した羽太正養の『休明光記附録』にも、「唐太の女の入墨は額頬にほくろの如く入る。或は花形なども入る由。口のはたは蝦夷地女の入墨より淡き方也と云ふ」と記している。

明治以後の調査では、草花の文様は一例も確認されていないので、今となってはこれを証明する手段はない。だが、子平がこれほどはっきり図示しているのをみると、それほどあいまいな情報ではないのではないかと思われるし、小金井が報告した口角部の菱形文様かただ一例しか知られていないことなどから考えると、文身の文様には時代による変遷があり、ある時期に一部の限られた地域では、草花の文様が使われた可能性をまったく否定することはできない。

男性の文身　アイヌでは、男性にも文身が行われたことがあったが、それは呪的なものであって、女性の文身のように、習俗として行われたものではない。しかし、外国人の報告によると、かつては男性にも習俗として文身の行われた時代があったらしい。

Kracheninnikow（一七〇七年）は、北千島アイヌの文身について、男は口唇の中央だけを黒くしているが、女は口唇全体と前腕に文身をしている、と記している。また、Polonski（一八七一年）は、北アジアの民族資料を集大成し、そのなかに千島原住民はかつて男女とも文身をした、と述べている（鳥居）。呪的な意味での文身は、弓が上手になるために、手に行っていたものがある。永田方正は右手にしたといい、坪井、北野博美は左手に×形あるいは左肩に☒形に入れたという。児玉らも釧路の屈斜路で、左手第一―二中手骨の間に三角形の文様を入れた一例を認め、弓が上手になるという呪らしい、と推測している。永田は小樽で、能弁になるために、唇の近くに文身をするものが多かった、という話を載せている。その他、男女の別なく、痛みのある部位に刃物で傷をつけ、鍋墨をすりこんだという坪井の報告がある。

II　琉球の文身（針突）

1　文身の歴史

起　源　琉球の文身は一般に「ハヅキ」あるいは「ハジチ」（針突）の名で呼ばれている。針突について論ずる際、いつも最初に出てくるのが、『隋書』の「流求国伝」（六二二年）である。これには、「婦人、墨を以て手を黥し、虫蛇之文と為す」とある。もし「流求」が琉球を指しているとすれば、これが琉球の文身に関する最も古い文献ということになるのだが、そう簡単にはいかないようである。

「流求」が沖縄か台湾かは早くから議論されている。和田清、白鳥庫吉が「流求」を台湾と断定して以来、台湾説が有力であり、これに従う研究者が多い。しかし、この時代から、すでに琉球は台湾と盛んに交易していたので、両者の間には何らかの関係があっただろう、という意見も無視できない。

伊波普猷は琉球の文身とサモア諸島の女性のそれとが酷似していることに注目して、次のように述べている。琉球人は元の時代に南洋と通商していたので、彼らはサモアやボルネオあたりで文身を見て、自分たちの文身とよく似ているのに驚いただろう。遠い昔、ポリネシアやインドネシアなどの影響を受けたに違いない、という。

琉球の文身が一部の台湾原住民のそれとよく似ていることは、多くの研究者が認めている。「流求」の文身と長い年月を経た近代の文身習俗とを比較することは適当でないが、伊波、和歌森太郎、小原一夫らの説くように、文身習俗を琉球のみに限定して考えないで、台湾・琉球を含む南方の広い範囲について考えると、琉球女性の文身、台湾のそれと深い関係があったのではないか、と推察される。ここで、幣原坦のように、「流求」は台湾だが、『隋書』の記述の対象となったのは、台湾に来ていた琉球人だという見方も出てくる。

琉球の文身は七世紀に交通のあった台湾から倣った習俗なのか、あるいはそれ以前からあったかを求める手がかりはない。とはいえ、華南や倭の一部など周辺地域には、七世紀以前に文身の習俗が知られているので、琉球のそれが七世紀かそれ以前に遡る可能性も考えられる。

最古の記録　明の天順五年（一四六一）に編纂された『大明一統志』には、琉球国の条に「黥手」の字句があり、「婦人、墨を以て手を黥し、龍虎文と為す」と注記している。年代からいえば、これは琉球の文身に関する最古の文献となるはずであったが、『一統志』の編者は『隋書』の「流求」を琉球としてその民俗をただちに琉球の民俗とした疑いが持たれている。

それに次いで、嘉靖一一年（一五三四）、明の陳侃（ちんかん）が記した『使琉球録』には、『一統志』の記事を引用し、さらに「其の婦人、直に墨を以て手を黥し、花草鳥獣之形と為す」と記している。洪武五年（一三七二）以来、中国と琉球との交通が盛んになり、『一統志』の編纂までに七回も冊封使を派遣し、琉球の官生らも留学していたので、中国人には琉球の風習がかなりよくわかっていたはずであるから、『一統志』

の記事は『隋書』の記事の引用ではない、と伊波はいう。しかし、確実な記録ということで、陳侃の使録が最も古いとみなされている。

島津氏の琉球入りの少し前の慶長一〇年（一六〇五）、浄土宗の僧袋中の著した『琉球神道記』がある。これには、琉球の文身について、次のように記している。

又女人の針衝（女人ハ掌ノ後ニ針ニテシゲクツキテ墨ヲサスナリ）何事ゾヤ。伝聞、故国ノ女人形醜シ、南国ノ女人ノ美ニシテ色白キコト歯ヨリモ過ギタリト聞テ己歯ヲ黒メテ白ヲ顕ス也。南来ノ雁マデモ恋テ含墨ヲ加爾ト名ク。即雁音也。倭国ニ是ヲ伝ト云々（日本人分別ナルベシ）、私案云女ハ陰也、故ニ黒ヲ影ス所ハ伝法ニ手印歯印形印ト云フ事アリ。体ニ墨スル事アリ。手亦然ナリ（一往男女ノ差別ノ為ナリ）。

これは日本の文献としては、琉球の文身について記した最も古いものであり、また、「ハヅキ」の語源について述べた最初のものである。

琉球王朝時代の針突　陳侃以後、粛崇業（一五七九年）、夏子陽（一六〇六年）、張学礼（一六六三年）、徐葆光（一七一九年）の使録にも針突に関する記録がある。平敷令治はこれらの史料の内容を、次のようにまとめている。

I　文身年齢

1　女子は幼より即ち黒点を指上に刺し、年年刺を加う。十二、三歳に至り、出嫁の時、竟に梅花を成す。（張学礼『中山紀略』）

2　女子年十五なれば則ち針刺す。墨をもって之を塗り、歳歳増加す。官戸皆然り。（徐葆光『中山伝信録』)

Ⅱ 文身模様

1 花草鳥獣の形(陳侃『使琉球録』)

2 花草の文(夏子陳『使琉球録』)

3 梅花(『中山紀略』)

4 指背には黒筋、腕の上下には方形、円形あるいは髫(幼児の頭髪を剃り残した部分―中国の習俗)の形(『中山伝信録』)

5 以前は大きな文様、今では細美になってきた。(琉球王府『琉球国由来記』一七一三年)

『中山伝言録』には、先王のとき、文身習俗を廃止すべきかどうかが議論されたが、古くからのしきたりとして続けることになったことが記されている。

先国王聞き曽て変革を欲し、集議を為すを以て、古く初まり此の如し、或は意深く禁忌とする所有り、驟く前制を改めるに不便なり、遂に今之仍に至る。市を過ぎ見る所、尽きざることなく然り。

こうして、琉球の文身は明治まで続けられている。

明治以後 明治の廃藩置県で、奄美諸島は鹿児島県に属し、沖縄本島以南は沖縄県となった。政府は法令で文身を禁止し、奄美諸島には明治九年(一八七六)、沖縄県には特殊事情を考えて、文身を廃止するように教育した後、明治三二年(一八九九)一〇月二〇日に禁止令を適用した(*注)。

禁止令が出てから、文身を施したものや施術を受けたもので、科料の処分を受けたものはかなりいたらしいが、かくれて行う女性が多かった。とくに都市部では取り締まりが厳しく、この習俗は比較的早くな

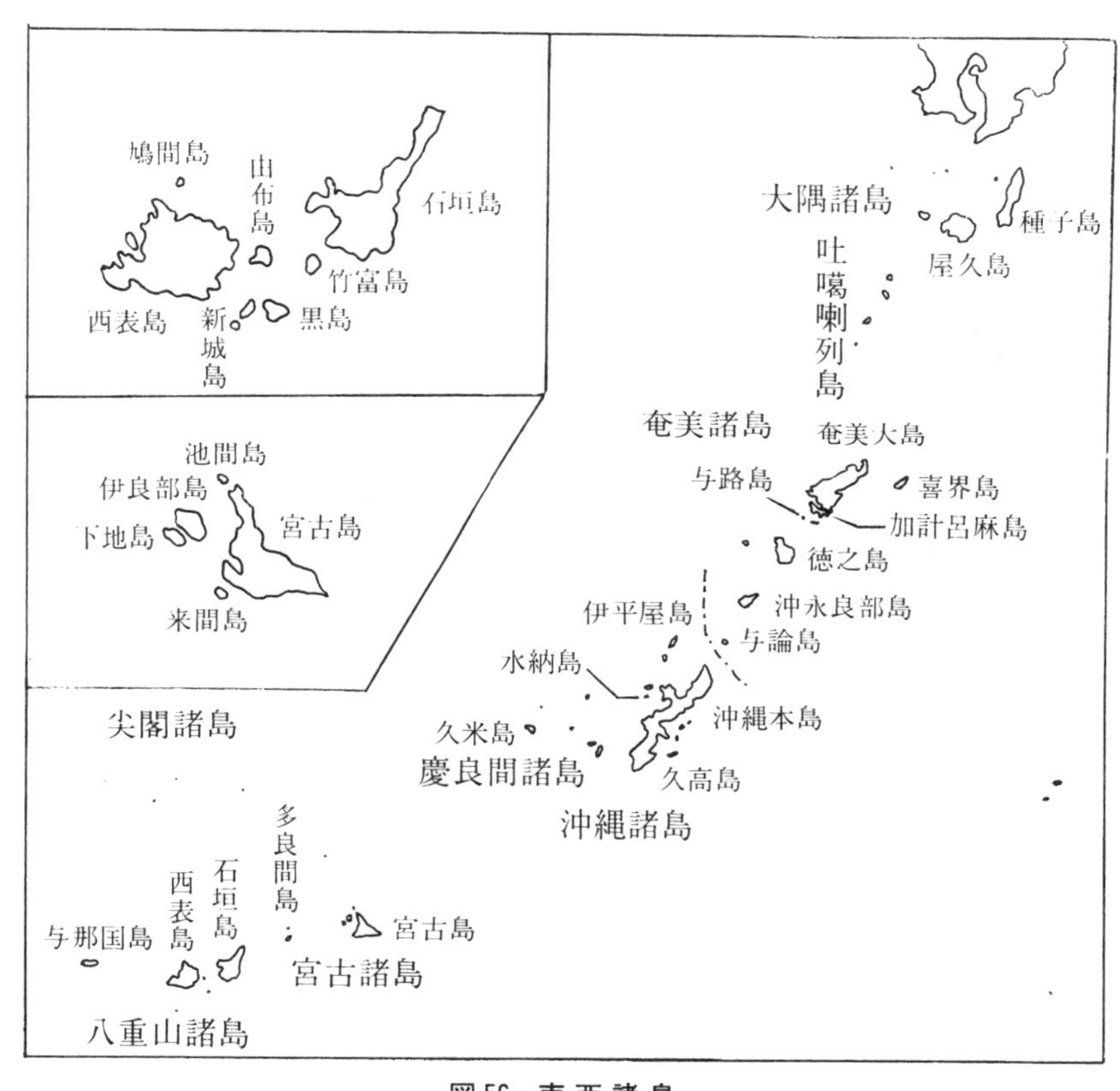

図56　南西諸島

くなったが、宮古諸島や八重山諸島では官憲の目が行きとどかず、遅くまで行われたらしい。名嘉真宣勝らの調査によると、沖縄本島の針突をした女性七七二名が施術を受けた年代は、明治二三年（一八九〇）から昭和三年（一九二八）に及んでいる。禁止令が出てから、およそ三〇年間も文身をする女性が絶えなかったのである。

＊注　奄美では、明治二七年（一八九四）に針突をしたものもあり、完全に止んだのは三〇年ごろだろうという（恵原）。

2 分布・名称

分布 琉球の女性には、今なお少数の人たちに文身を見ることができる。琉球では手背から前腕の手関節部にかけて入れるが、何回にも分けて入れるので、完全な形の文身を見ることはまれである。この風習は奄美大島を最北端として、それより南の島々にあり、奄美諸島と九州との間にはまったく見られない。

名称 文身の名称は地域によって異なるが、一般にハヅキまたはハジチの名で代表されている。これに「針突」「針衝」「波津幾」などの字が当てられている。その意味について、琉球の漢詩人喜舎場朝賢の『続東汀随筆』には、「女子既に人に嫁すれば、即ち左右の手指表面に墨黥す。之を波津幾(はずき)と言ふ。鍼衝(はりつき)の中略なり」と述べている。また、縫針を三～九本束ねて突くので、「針突」と呼ばれるようになったのだろう(市川)という意見がある。

文身の地方名は表16・17に示すように多数であるが、名嘉真はこれらを三系統に分けている。

1針突系 パジチ、ファジチ、ハジチ、ハジキ、ハズキ、ハリズキ、カシキ(沖縄本島、宮古島、与那国島、奄美諸島)

2手突系 テーック、ティッキ、ペイック、ピッツギ(大島宇堅、石垣島)

3色付系 イルヅキ(竹富島)

これらのうち、針突系が最も多く、石垣島を除く地域に分布している。沖縄本島では、糸満のティーック以外はすべて針突系である。手突系は手に突くことを強調し、色付系は青色に色付けすることから来た名

表 16　琉球の文身の名称

島　　名	三　　宅	小　　原	そ　の　他
I　鹿児島県			
喜界ケ島	ハヅキ，ファヅキ	ハヅチ	—
奄美大島	ハヅキ，ハジキ，ハリヅキ，ハジチ，ツキュン，ハリツキ，ハジキハリ，テイチキ	—	ハヅキ（市川） ハヅキ，アヤハヅキ（池田）
加計呂麻島	ハヅキ，ハジキ，ハンヅキ	—	—
与路島	ハンヅキ	—	—
徳之島	ハンジキ	ハンヅキ，テハンヅキ	ハンヅキ，アヤハンヅキ（池田）
沖永良部島	ハンジキ，ハンジチ	ハジチ，アヤハジチ，パンジキ	ハンヅキ，アヤハンヅキ，タマハンヅキ（柏）
与論島	パンジキ	パンジキ	—
II　沖縄県			
沖縄本島	ハジチ（全島），ハジキ（国頭，高嶺），ファジキ，ハジョキ（金武），チチュン（首里），ハザキ（糸満）	ハジチ，ハザキ	ハリヅキ，ハジキ，ハヅキ，ハザキ，ファヅキ，ファギョキ（池田），ハジチ（市川）
久米島	ハジチ	—	—
池間島	—	ハイヅツ	—
宮古島	ピヅキ	ピヅツク	ピッギ（市川）
多良間島	—	パヅツク	—
水納島	—	パイツキ	—
石垣島	テーツキ	ティツク	ティツキ，ティシキ，イルツキ，バリツキ，（八重山）（池田）ティツキ（石垣）（市川）［石垣島・竹富島・黒島・波照間島に共通］
竹富島	イルヅキ	—	
黒島	テーチキ，テーシキ	パルツク	
波照間島	テーチキ	—	
与那国島	—	—	バデイチ（池田） ハデイチ（市川）

表17　琉球の文身の名称（沖縄県，名嘉真 1985）

島　　名	名　　　称
沖縄諸島	
（全域）	ハジチ，ハジキ
沖縄本島	パジキ，パシチ，ファジキ（本島），ファジチ（恩納村，那覇市），ハヅキ（金武町，読谷村），ファドゥキ，ピジキ，ハドゥキ（名護市），ファルチ，ハルチ（宜野座村），ハジュキ（金武町），ハザキ，カシキ，ティーツク（糸満市）
伊平屋島	ファジチ
宮古諸島	
宮古島（全域）	ピーツキ，ピーヅキ
〃　平良市	ピャイツキ，ハジチ，ハイヅキ，パイヅツ，ハタカラガマ，イリズミ
〃　城辺町	ピヅツキ，ピヅキ
〃　上野町	ピツキ，ピヅキ
伊良部島	ピーヅキ，ハイヅキ，パイヅツ
多良間島	パヅツ
八重山諸島	
竹富島	ティーツキ
黒島	ハヅキ
与那国島	ハジチ，ハディチ

称である、としている。

3　針突に関する伝説

徳之島　昔、大和から来た客が琉球王と対談中、王の多くの美姫を見て、一人ぐらいは私に賜ってもいいでしょうというと、王は三年後に一人やろうと約束した。そうはいったものの、一人でも手離したくなかったので、七人の姫の手に残らず文身をして、彼が辞退するようにしむけた。そこで、一般の婦女子もそれに倣って文身し、外来の人々と自分たちを区別した（伊仙村面縄）（小原）。

これと同じような話は沖縄本島嘉手納でも伝えられていることが報告されている（名嘉真）。

沖縄本島　一四世紀中葉、察度王

のとき、最高の神官聞得大君が久高島に参詣の途中、暴風に遭って紀伊国に漂着した。大君はそこで長い間村長の世話になり、結婚を申しこまれた。婚礼のとき、一人の侍女の機智で手の甲に文身をした。三三九度の杯で、大君が手を差し出すと、男はびっくりして杯を落とし、破談になった（伊波）。

琉球の神職聞得大君が久高島に参詣の途中、暴風に遭って漂流し、薩摩に着いた。王女は薩摩の領主の妾にされそうになった。そのとき、国頭親方正格（今の国頭御殿の先祖）が滞在していたので、相談すると、親方は王女の手甲に文身することを命じた。王女は領主の御前で酌をするとき、袖の下から文身をした手を出すと、汚れた手だといって琉球に帰された。それ以来、女性は文身をするようになったという（池田、小原）。

石垣島　昔、琉球の漁夫が暴風に遭い、漂流してある島の岩礁に乗り上げてしまった。この島は恐ろしい人食人種の住む島だった。そのとき、どこからか一人の女性が現れて、舟を押し出してくれたので、危うく難を逃れた。この女は鈴の形をした笠をかぶり、手の甲に文身があった。そこで、その女の人の恩を忘れないため、自分の島の女たちの手の甲に文身をさせることにした（玉林、小原、市川）。

黒島（八重山）　昔、大新城親方の一行が首里から八重山へ向かう途中、南方へ流され、泥海に乗り入れて沈没しそうになった。舟がだんだん沈んでいくので、下を見ると、手に文身のある女は舟を押し上げ、文身のない女は舟を沈めようとしていた。そのとき、舟底の釘が一本抜けて、舟が壊れそうになったが、一個の尻高貝がその穴に入った。そのうちに、文身をした女が勝って、彼らは八重山へ帰ることができた。その女は航海の神だろうと考え、その恩を忘れぬために、故郷の女たちに文身をさせた（小原、市川）。

昔、ある人が八重山から沖縄に向かう途中、天の根（ずっと南の島）まで流され、そこで舟が沈みかかった。そのとき、舟に女の姉妹の魂の手が現れて、沈みかかった舟を持ち上げてくれた。そして、船底の釘を抜く虫が釘を抜くと、高瀬貝がその穴に入って釘の代りをつとめ、無事帰ることができた。舟人たちはその魂の手と同じ文身を姉妹たちにさせ、兄弟にはクバの葉で高瀬貝の形をした笠を作ってかぶらせた（小原）。

伝説の意義　これらの伝説は、多くの研究者が認めているように、二つの系統に分けることができる。一つは、大和や薩摩などへ連れて行かれないために文身をするというものである。この話は沖縄諸島を中心に分布し、内地とのかかわりを示している。もう一つは、航海の途中で南方へ流され、手に文身をした女に助けられたという話で、南方とのかかわりを持つといわれている。八重山諸島を中心に分布し、断片的な話は沖縄本島でも伝えられている。

前者は聞得大君が流されて薩摩に着いた、という史実と結びついて語られている。平敷は、二代将軍秀忠に五人の娘を差し出すように命じられた文書（慶長一八年、一六一三）、薩摩藩から女を差し出すように命じられたが、娘たちが悲歎のあまり錯乱状態になったため取りやめたという文書（寛延二年、一七四九）があり、この伝説がまったくいわれのないことではない、という真境名安興の説を紹介している。この伝説はこのような史実と結びついてはいるが、文身の習俗は薩摩の琉球支配以前から行われているので、これが文身の起源を表すものでないことはいうまでもない。

この伝説は娘たちに針突をするように強制ないし説得するために、有効に作用したと思われる。そして、当間一郎は、島津の琉球入り（慶長一四年、一六〇九）以後、大和へ連れて行かれないために針突をするということが、よりいっそう増幅され広まったのだろう、と推測している。ただ、一般に伝説というものは、文献に記録されない限り、口頭伝承だけではそれほど古くまでは遡り得ないので、この伝説が生まれたのは、一六〇九年以後であろう、と私は考えている。

後者の伝説については、小原は文身の伝わった方向を暗示しているらしいといい、これらはそれぞれの島で別々に生まれたのではなく、南方から伝えられたらしいこと、航海神と深い関係があるらしいことを示唆しているようだ、と考察している。この仮説はかなりの支持を得ているようだが、伝説から文化の伝播の方向などを推定することは、十分に慎重でなければならない。

たしかに伝説には史実と結びついて語られることが少なくないが、この伝説ではただ南方というだけで、非常に漠然としている。前章で述べたように、アイヌには、コロボックルから文身を習ったという伝承があるが、この話は必ずしも文身の伝わった方向を伝えてはいない。大和へ連れて行かれようとしたところを、文身によって阻止されたのと同じように、手に文身をした女性によって難を逃れたという伝承は、文身の呪力を強調しているといえるだろう。

4　動　機

針突をする理由　名嘉真は針突をする理由として被験者（話者）からの回答を集計している。それらをまとめてみると、次のようになる。

1　他所へ連れて行かれないため　沖縄本島（以下「本島」と記す）では、この理由が三二三例と最も多い。これは針突をしていたのでそれを免れた、という伝説と関係があり、伝説が生きていたことを示している。連れて行かれる先は、大和が最も多く二六四例、唐八例、大和と唐四例、薩摩三例、その他一八例（アメリカ、オランダ、中国、ハワイ、台湾など）となっている。兵隊に連れて行かれるというものが一五例あり、飯炊や洗濯などの雑用人として戦争に加わるのを嫌ったものだという。

それに対して、宮古・八重山諸島では、大和に連れて行かれるというものは七例にすぎない。那覇市教育委員会による調査では、大和のほか、鹿児島、唐、唐・大和、台湾、中国、兵隊、グシクンチュ（城人）、ウランダーがある。

2　後　生　本島では、二番目に多いのが来世観との関係である（一〇三例）。針突をしていないと死後成仏できない（後生に行けない）、後生で苦労する、死ぬときに困る、あの世で葦の根あるいは木の根を掘らされる、機織りをさせられる、牛馬のように扱われ芋掘りをさせられるという。また、後生で親戚と認められない、後生で叱られる、ワジンガーラ（荒れ狂う川）に落とされるという。針突はあの世でお金になる、というものもある。

宮古・八重山では、一〇三例で最も多い。その内容は本島とは多少異なり、針突がないと死後牛の糞をつかまされる、というのが最も多く、死後罰せられる、後生へ行けない、後生で糞や竹の根を掘らされる、神様にせめられる、神様を拝めないという。当間は、後生へのみやげという事例をあげている。

これと関連して、針突をしないで死んだり、それが完成する前に死んだときには、手に墨で針突の模様を書いてから、葬式をしたことが報告されている。

3　厄払い・医療　厄が払われる、病気にかからないというものは、本島では六例、魔除け、マズムス（化けもの）に連れていかれないというものが、宮古・八重山で四例あげられている。

このような呪術的な意味で針突が行われる例として、病気治療の目的で患部に施すことがある。那覇市では、腰痛、肩こり、神経痛の治療（同教委）、与那国島では、肩こりや腕の痛みを治療するために、文身をしたことが報告されている（市川）。

4　成女・既婚の印　大人になった印、娘となった印とするものは、本島で五例、宮古・八重山で六例である。また、本島では、結婚した印というものが二八例を数えているが、宮古・八重山にはこのような例はない。なお、本島では、結婚後に針突をした例が五九例に見られた。

5　女性の象徴　男女の区別として針突をしたというものが、本島では五例、宮古・八重山には二例に見られた。当間は、宮古諸島の多良間では、死後洗骨のとき、男女を見わける印として針突をするという目的をあげている。これは文身の文様が骨に残る、と信じられていたからであろう。

6　装　飾　装飾の目的でしたという答えは、本島では三〇例であるが、宮古・八重山では四一例と多いことが注目される。本島では、きれいだから自慢したくてしたという。色を濃くするため、何回も突き、最も多いものは一四回（沖縄市）に及んでいる。宮古島でも、手や腕が文様でいっぱいになるのが、自慢の一つであったという。

7　慣　習　本島では一二二例あり、そのうち、身内のものが突いている所にいて、サービスとして突いてもらったもの（八七例）や施術の手伝いをしたお礼として突いてもらったもの（一二例）がある。これらは、七〜一三歳ごろ、中指・薬指に豆粒大の文様（モハジキ）をしている。そのほか、皆が突いているから自分もしたもの（二六例）、禁止令が出て針突師がいなくならないうちに急いで突いたもの（四例）がある。宮古・八重山では、皆が突いていたからというものは三〇例であった。市川重治は、施術を好まなかったが、夫や夫の親にすすめられてした例をあげている（地域は不明）。

8　その他　本島では、遊びたくて突いたもの、自分でいたずらで突いたものがある。宮古・八重山では、いたずらで突いたもの、織物が上手になるため、突いたら上納しなくてよいといわれたので、誇りに思って、あるいは学校に行かなくてもよいので突いたというものがある。

針突をすると、傷が治るまで一〜二週間かかるので、その間、仕事から解放されて遊べるし、親たちが御馳走を作ってくれるので、痛かったが嬉しかったという。また、七〜一〇歳ごろ、学校で習字に使う墨を使って、縫針で突いたという人が多い。形は不定で、大正・昭和生まれの人もあり、色があせているのが特徴といわれている（名嘉真）。

針突の動機　以上は話者の語る文身の理由であるが、当初の目的や動機が忘れられているうえ、この習俗が廃止されてから、すでに長い年月が経っているので、本来の目的を知ることはむずかしくなっている。これらの針突の理由をまとめてみると、次のようになると思う。

1　呪術的　連れて行かれないため、厄払い、病気にかからないため、魔除けなどの目的で針突を行うのは、文身の持つ呪力によるものであろう。名嘉真の報告では、宮古・八重山では、どこかへ連れて行かれないために針突をするという理由が著しく少なかったが、当間は、宮古島で話者のあげた理由の一つとして、島外の男性からの結婚申しこみの予防をあげている。そして、文身の呪力によって労働力が島外へ流出するのを防ぐ意味があったのではないか、と説明している。

2　宗教的　琉球人の来世観に関するものであり、針突をしていないと、死後あの世へ行けないとか、行ってからさまざまな苦労があるといわれている。針突をしていない娘が死ぬと、手に針突文様を書いて葬ることは、以前は広く行われていた習俗であろう。このような来世観が遠く隔たったアイヌにもあり、同じような葬法があることが注意される。

3　成女儀礼　今では針突を成女儀礼として捉えることは困難であるが、名嘉真は、少数ながら針突を成女のしるしとするものがあること、結婚前に針突をしなかったので、結婚してから突いたという事例があること、施行年齢が一〇歳前後から二〇歳の時期に集中していることなどは、その痕跡と考えている。結婚と針突との関係については、後で述べることにする。

4　装飾　文身の動機はいくつかあるが、装飾を兼ねていることは事実である。

5　施術の年齢と回数

年齢　はじめて針突をする年齢は報告者によって異なるが、これは年代や地域によっても差があると考えられる。

明治年間の報告としては、私の知る範囲では、明治二六年（一八九三）の宮島幹之助の報告が最初と思われる。それによると、沖縄本島では、四、五歳のとき、中指と薬指に一つずつ小楕円形の文身を入れ、二〇歳以上になって完成させる。その翌年、笹森儀助は、宮古島では一一・一三歳のとき文身を入れ、男の元服に対して「女の元服」という、と記している。吉原重康（明治三三年、一九〇〇）は、奄美諸島の喜界島では一六、七歳に最初の文身を行い、二四、五歳までに完成する。宮古島では九～一二歳ごろから始める、と述べている。

昭和になると、針突に関する文献が多くなる。戦前の報告でまとまったものに、三宅宗悦（一九三八）の報告がある。それによると、針突は八歳から二九歳にわたって行われ、一三歳から二〇歳の間に集中している。これには地域差があり、奄美諸島では一三～二〇歳に多いが、沖縄本島以南ではそれよりも少し遅く、一六～二三歳に集中している。とくに、一九歳以上が多く、最年長は二九歳が一例ある（表18）。小原は昭和五～七年の調査をまとめて発表している。喜界島では、早い人では八歳ごろから始め、一二

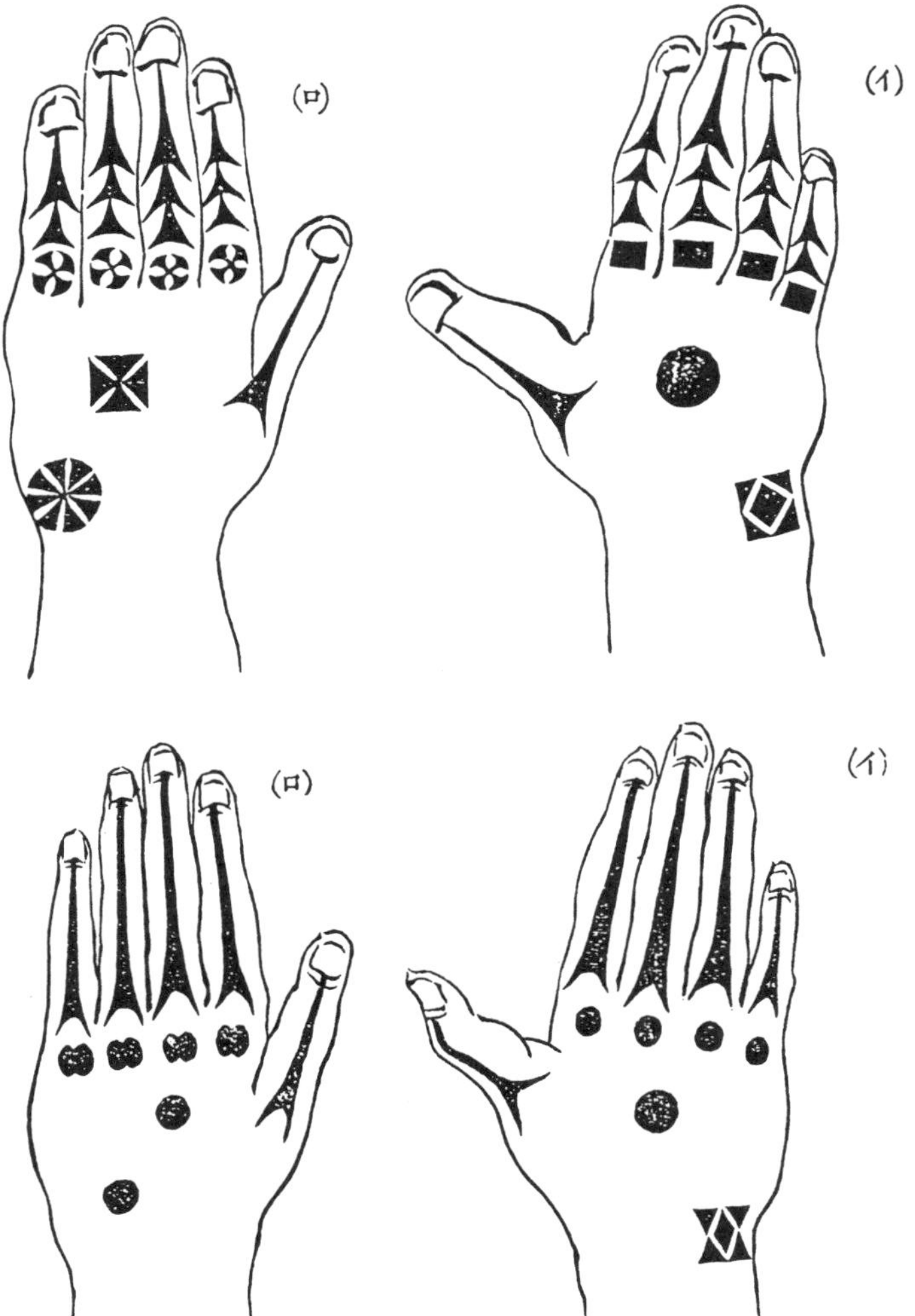

図57　八重山諸島（上）および沖縄本島本部町渡久地（下）の針突（宮島 1893．宮島の説明では上下が逆になっている）

～一四歳に入れるのが普通らしい。奄美大島では、早いものは八歳ごろから始め、普通一四、五歳ごろまでに入れる。また、沖縄本島では、七歳になると、中指と薬指の基節に入れ、一四、五歳から一七、八歳までにそれをしだいに大きくし、あるいは小指に文様を入れて、娘になりきったことを示す、と述べている。昭和一二年に沖永良部島を調査した野間吉夫によると、文身は一五～一七、八歳に入れることが多いという。

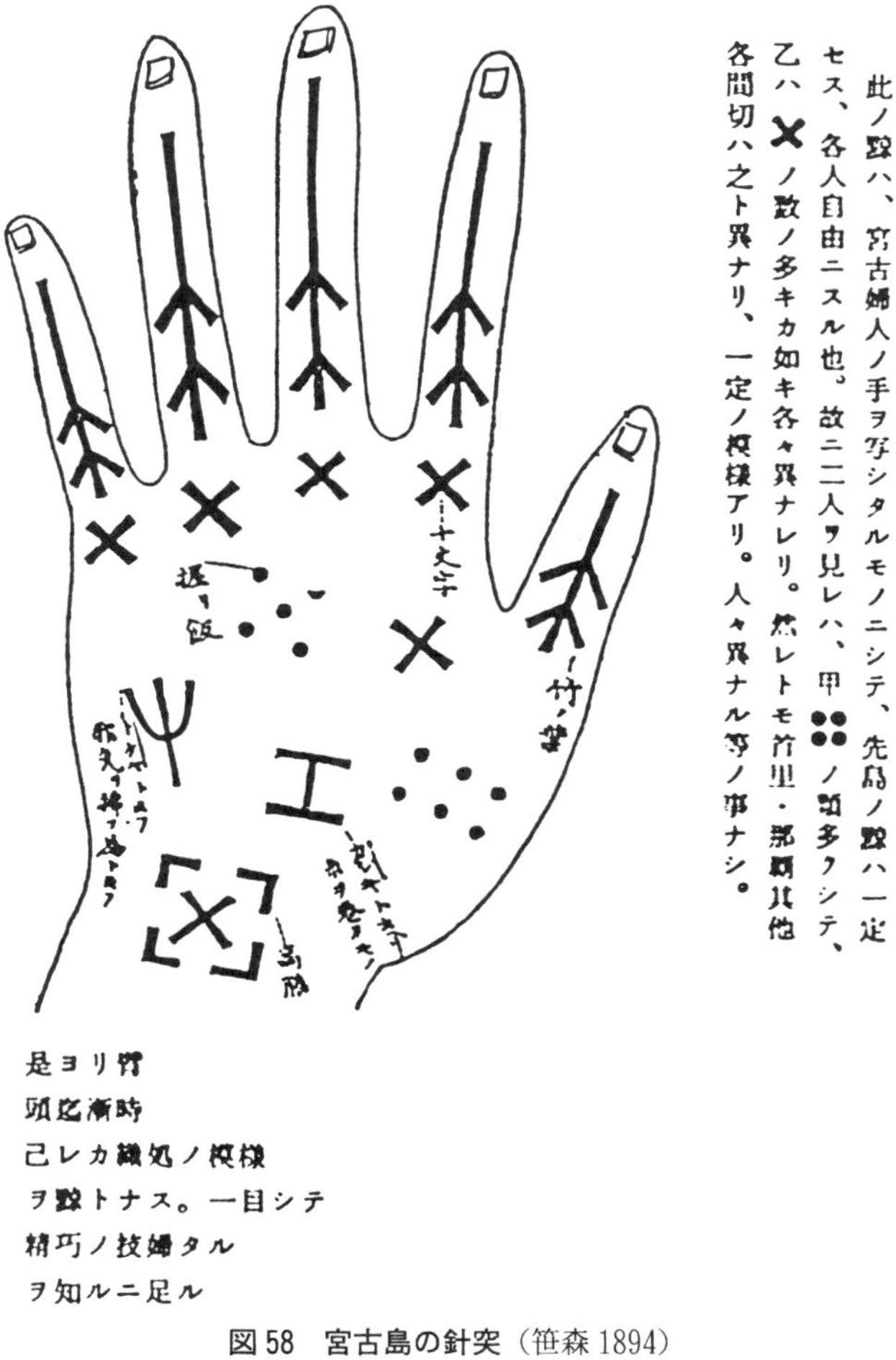

図58　宮古島の針突（笹森 1894）

戦後の調査は針突をした生存者が少なくなってから行われたものが多い。市川の報告は昭和五〇年ごろの調査であり、一〇～二五歳にわたって行われ、一五～二二歳が多いという。昭和五二年以来、名嘉真らによる針突調査が行われている。沖縄本島の被験者は禁止令の直後から廃止に至

表18　針突を施す年齢（三宅 1938）

島　　名	N	8－10	11－10	16－20	21－25	26－	不　明
I　鹿児島県							
喜界島	14	4	8	12	0	0	0
奄美大島	142	3	43	102	3	0	2
加計呂麻島	27	0	11	13	2	0	1
徳之島	18	1	11	5	0	0	0
沖永良部島	26	0	1	20	3	0	2
計	227	8	74	152	8	0	4
II　沖縄県							
沖縄本島	49	0	2	26	15	4	2
久米島	1	0	0	1	0	0	0
宮古諸島	4	2	0	0	0	0	2
八重山諸島	10	0	0	7	3	0	0
計	64	2	2	34	18	4	4
総　　計	291	10	76	186	26	4	8

るまでの過渡期に当るので、完全形と不完全形に分けて調査している。前者では一一〜一四歳から二〇歳に集中し、一〇歳以下は一名しかないが、後者には七〜一四歳が多い、と報告している。那覇市教育委員会の調査では、首里地区では五〜二五歳、那覇地区では五〜二四歳（一一〜一五歳が最も多い）、真和志地区では五〜二〇歳（禁止令の出た明治三二年には大部分が五〜一二歳）、小禄地区では七〜一五歳が多い、と報告されている。

与那国島の針突は戦前戦後を通じて報告例が少なく、名嘉真は自験例に文献例を加えても、わずか一一例を集めているにすぎない、七、八歳に行ったものは遊び半分でしているので、一三〜一五、六歳に行われていた、と推定している。

回　数　針突は一回の施術で完成させることも少なくないが、何回か行って完全な形にすることが多い。また、文身は年数が経つにつれて色があせてくるので、同じ部位を突いたり、文様を拡大することがある。

三宅は、沖縄本島でも奄美諸島でも、二、三回施術を行って文身を加えていくことを記している。和田格は、八重山諸島では、五〇例中、左手から始めたものは二〇例、右手から始めたものは八例あり、尺骨下端（前腕下端部の小指側）から始めてしだいに指背に及ぶようだという。小原は、沖縄本島では七歳から

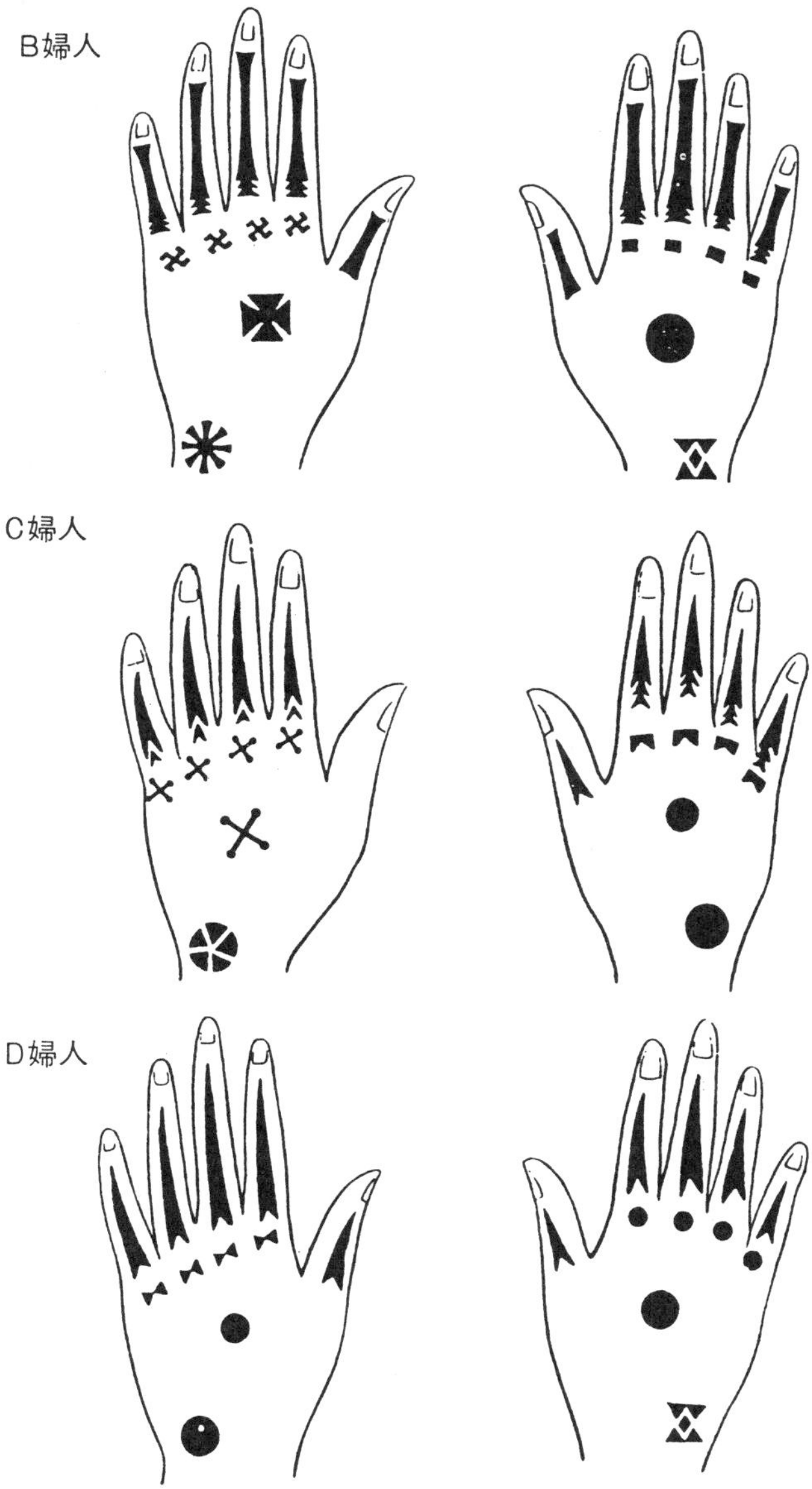

B婦人

C婦人

D婦人

図 59　与那国島の針突文様（名嘉真 1985）

始めてしだいに大きくすると報告していることは前に述べた。

那覇市首里では、幼時から針突に愛着を持たせ、施術の痛みに馴れるように教育された。そのために、身内や近隣の女性が針突をするときに見学した後、ウソーバ（お福分け）と称して、中指と薬指に小さい文身をしてもらい、それを誇りにした。一五、六歳の少女にもウソーバとして、随意に片手の小指に矢形の文身をしてもらう風習があった、と報告されている。那覇市教育委員会の調査では、最も多い五歳から一五歳までの文身はいずれもまだ完成していないものであった。一回で完全形にしたものは、一六～三五歳に行ったもので、二回以上のものは、七～一〇歳ごろに一回目、一二～二〇歳に二回目の施術をしているという。

名嘉真の調査によると、完全形の場合、一回ですませたのは三三パーセント、二回以上が五二パーセントもある。針突は青黒く鮮明なものが美しいといわれていたので、数回にわたって突くことがあり、まれに七、八回以上、多いものは一二回、一四回というのがある。美に対する執念には驚くほかはない。二回以上の場合、別の意味で施術を行うことがある。沖縄本島では、六一歳（首里では三七歳）になると、手背、茎状突起部（前腕下端部）の文様を大きくする。これは子孫繁栄、一家の盛大を願うためといわれる（小原）。市川も、還暦や孫の誕生のとき、文様を拡大することが行われたことを記している。

結婚との関係　針突が成女儀礼か、既婚のしるしかという問題は、多くの報告で触れている。禁止令が出てから、針突の習俗が崩れ変化しているので、後の調査資料から遡って考える際、困難を伴うことが少なくない。しかし、明治時代には、まだ当時の習俗が残っているので、そのころの報告が参考になるだろう。

奄美諸島の喜界島では、最初の施術を一六、七歳のときに行い、二四、五歳までに完成させる。奄美大島では、結婚のとき、未婚のときに入れた手背の文様の周りに、ほとんど手一面に広がる輪を入れる。これは一手は実家にあるとき、一手は夫の家に行ってから施すという。

沖縄本島では、二〇歳以上になって完成させることは、前に述べた。「二〇歳以上」は結婚後を意味する。宮島の報告は沖縄本島にも地方差のあることに触れ、那覇、首里、島尻、中頭の諸地方では、未婚の女性は決して完全な文身をなさず、それが完成しているのは夫のあることを示している。しかし、国頭地方では処女にもそれがあるといい、その理由について、

蓋シ是ノ国頭地方ニハ入墨ヲナス職人ナキヲ以テ此等職人ノ那覇、首里等ヨリ来ルアレバ其機ヲ幸トシ処女ト雖ドモ入墨ヲナスヲ以テナリ。或ハ云フ元来国頭地方ハ重ニ農業ニ従事スルヲ以テ年ノ嵩ムニ従ヒ皮膚厚クナリ此際入墨ヲナストキハ非常ノ刺撃ヲ与フルヲ以テ処女ノ時ニ於テ早ク入墨スト。

と述べている。沖縄諸島では、針突によって既婚か否かを知ることができるが、三〇歳以上になれば、配偶者がなくても入れるのが常である、と吉原は述べている。

笹森は、宮古島出身の教員から、当地の針突は一一・一三歳のときに施し、男の元服に対して、「女の元服」といわれている、という聞き書きを記録している。これは成女儀礼の意味を持つものといえる。吉原も、宮古諸島では九〜一二歳ごろから始める、とほぼ同年齢で行うことを報告している。また、八重山諸島では、妙齢になったものに施されるので、沖縄諸島のように、既婚未婚の徴とすることはできない、と述べているのが注意される。

禁止令が出てからは、取り締まりが厳しくなったので、公然と針突を行うことができなくなり、機会を

表19　結婚と施術との関係（三宅 1938）

島　名	N	婚前	同年	婚後	不明
喜界島	24	16	2	3	3
奄美大島	150	133	8	7	8
加計呂麻島	27	21	1	2	3
徳之島	18	14	1	0	3
沖永良部島	26	22	1	0	3
沖縄本島	49	16	6	23	4
久米島	1	0	0	1	0
宮古諸島	4	2	0	0	2
八重山諸島	10	5	4	1	0
計	309	229	23	37	26

見て隠れて行われていた。昭和になってからの報告では、その本来の意義が忘れられたり、施す年齢にバラツキが出てきたことがうかがわれる。

昭和八・九年に行われた三宅の調査では、まだ古い習俗の名残りがみられる。奄美諸島では、結婚前に行ったというものが多い（二五一例中一六例）のに対し、沖縄本島では結婚後に行ったものが多くなっている（四九例中二三例）。後者の内訳を見ると、国頭・中頭郡では二五例中七例であるのに、島尻郡では二四例中一六例が結婚後となっている。宮古・八重山諸島では、例数が少ないが（一四例）、結婚後に行ったものはわずか一例である（表19）。

奄美諸島では、禁止令の施行が沖縄県よりも早かったので、針突習俗も早く消失している。それでも、三宅が調査したころには、まだ右手を「親厄介」、左手を「夫厄介」という伝承が残っていて、右手から入れる習慣があり、左右で入れた年齢の違う例が一三例記録されている。小原の調査でも、「片手は里で片手は夫の家で」という言葉が残っていたが、普通は一四、五歳までに入れ、結婚後は行わなかったらしい、と述べている。

戦後まもない昭和二〇年代の調査で、柏常秋は例証をあげて、奄美諸島や沖縄諸島で文身を一回で完了るのは近来のことであり、昔は娘のときにしたものを、結婚後に補って完成させたらしい、と述べている。

針突と結婚との関係は、これまでの報告のなかに、断片的に現れている。昭和一二年に沖永良部島を調査した野間吉夫は、女性は文身をしないと結婚できなかったし、それをしていない人は三三年忌をしてはいけない、といわれていたという。

最近の調査でも、沖縄諸島では、針突をする理由として、針突をしていないと結婚できないというものがあり、名嘉真は、結婚前に針突をしていなかったので、墨で手に文様を画いて結婚した、という沖縄本島恩納村の伝承を記している。

明治時代の報告は昭和に入ってからの調査のように、詳細ではないが、現在失われている習俗をよく伝えているようである。これまでの報告からみると、針突習俗は、奄美諸島、沖縄諸島、宮古・八重山諸島の三地域に大別できるように思う。元来、針突は成女儀礼として行われ、針突をしなければ結婚することができなかったが、宮古・八重山では結婚前に完成させ、奄美・沖縄諸島では結婚後に完成させた、とみることができる。

施術の時期　針突を行う時期について、奄美諸島では秋が最も多く、夏、冬、春の順であり、沖縄諸島では秋と夏に多く、春、冬の順であった。また、八重山諸島では冬に多く、春、夏の順に多いと報告されている。

名嘉真によると、労働との関係で、正月休、正月一六日、九月の御願解き、三月、一〇月、雨降りなどに行っていたという。父親が反対している家では、父が留守のときに突いたという事例もある。冬は傷が化膿しやすいので、夏にしたという人も多い。このように、地域や家の事情によって異なるため、季節はとくに決っていなかったようである。

6 施術

施術者 琉球の各ムラには、針突を専門とする施術者がおり、次のような名で呼ばれていた。

ハツキデューク（針突大工、奄美大島）
ハンヅキデーク（沖永良部島）
ファンヂチデーク（同）
ハジチャー（針突師、沖縄本島）
ハジチチチャー（同）
ハジカー（同）
アヤメー（沖縄本島小禄）
ヤブー（同）
ハジチャーアンマー（針突婆さん）
ハジチセーク（針突細工）

針突師は中年以上の女性が多いが、男性もいた。三宅によると、奄美大島、喜界島、加計呂麻島では、ほとんど女性で、沖永良部島でも女性が多かった。徳之島では、男性が多かったらしいといい、当時、この島でただ一人生存していた男性の針突師から話を聞いている。小原は、多良間島、水納島を除いて、喜界島、奄美大島、徳之島、沖永良部島、与論島、沖縄本島、池間島、宮古島、八重山諸島に針突師がいた、と記している。また、市川によると、久米島には沖縄本島から来島することが多かったという。

針突師は田舎をめぐり歩いたり、一定の場所に宿を借りて仕事をしていたが、禁止令が出てから、名前や出身地をかくして、ひそかにムラをめぐり、人目につかない所で突いていた、といわれる。

場　所　那覇市教育委員会の調査によると、施術の場所は被術者の家が最も多く、他家、針突師の家、屋外、屋内、近所、親戚の家、隣家、友人の家、木の下、学校、年寄のいる家、針突をする年上の人の家となっている。自宅で突いた人の家では、針突師と大人たちが入って、戸を閉めきった。また、針突師が来るいると、いつの間にかそれが広がり、大ぜいの人が集まった。禁止令が出てしばらくは、人目につかないように、かくれて突いていたという。

謝　礼　針突師への謝礼は、文様の粗密、家の貧富、針突師の技術によって違う。最初の施術が最も高く、回を重ねるたびに安くなったようである。

三宅は謝礼の内容を表20のようにまとめている。三宅の調査は昭和八〜一〇年ごろのもので、沖縄本島では、ほとんどが現金で支払われていたが、割合安く、一回につき一〇銭から一円二〇銭までで、二、三〇銭が最も多かった、と報告している。労働による支払いは針突師の家で農作業を一、二日手伝った。そのころの一日の労働賃銀は、女は米四升、男は二升であったといわれる。

小原は同じころの調査で、奄美大島では米あるいは粟四〜八升、喜界島では、米、粟、麦などを片手につき二升、徳之島では、米、粟を一〜六升支払った、と記している。

名嘉真は、明治三〇年代には一五〜二〇銭が相場で、二回目からは五銭ぐらい安かった。米で支払う場

表 20　針突師に対する謝礼（三宅 1938）

島　名	N	米	労働	現金	なし	そ　の　他
喜界島	24	15	—	—	4	麦 1，御馳走 4
奄美大島	156	114	4	7	16	ソテツの実 2，芭蕉 2，籾，藍，酒，薪木，その他各 1，不明 6
加計呂麻島	27	20	1	—	—	その他 2，不明 4
徳之島	18	14	—	1	1	不明 2
沖永良部島	26	19	1	1	1	豆 2，不明 2
沖縄本島	50	1	—	43	1	不明 5
宮古諸島	4	—	—	—	1	麦 3，その他 1
八重山諸島	10	2	—	4	—	麦 3，その他 1

合は、二升が普通であったといっている。那覇市教育委員会の報告では、二厘、八厘、一〜三銭、一〇〇貫とさらに安くなっている。これには、いろいろの条件や事情による相違があるので、単純に比較をしない方がいいのかも知れない。

周りのものが入れるついでにしたものは無料であった。多良間、水納島では、専門の針突師ではなく、親戚の老人や友人に突いてもらった。宮古島では、右手は針突師、左手は自分で突いた人がかなりいるという。

施術用具　針突に使う用具は、墨、硯、イブラ（木製の匙）あるいは茶碗などの容器、毛筆、木綿針、白布である。針は何本か束ね、その上を布で包んだり、糸を巻きつけて使った。また、竹や木に針を挿しこんで使うこともあった。針は一、二、三、五、七、九、一五、二〇本がセットになっていた。木綿針のほか、金製あるいは銀製の針、ソテツの刺が使われた。針の数は文様の大小によって異なり、細かい文様は一本、粗いところは数本用いた。自分たちで突くときは、一〜三本の裁縫針を用いた。墨や硯は書道用のものが使われた（三宅、名嘉真）。

施術方法　奄美諸島、沖縄諸島とも局所の消毒には焼酎を使い、また、墨をするときにも、水の代りに焼酎を使うことがあった。針突師は自分の膝か台の上に被術者の手を固定し、焼酎で皮膚を消毒し、墨で文身の文様を描く。次いで、匙あるいは茶碗から針に墨汁をつけて皮膚面を突いた。まっすぐに突くと痛みが強いので、斜めに突いた、と報告されている。

突く順序は報告者によって異なり、三宅の話者である徳之島の男性針突師は、右手から始め、手背→手首（尺骨茎状突起）→MP関節（指のつけ根）→指背の順に入れるといい、那覇市教育委員会の報告でも、手首から始めて指先に向かうとなっている。それに対して、小原は、沖縄本島では、右手から行い、指→MP関節→手首の順で突いたといい、名嘉真も指→MP関節→手背→手首の順と述べている。

被術者は痛みに耐えるため、施術中いろいろの食物を食べた。那覇市では、炒豆を噛んだという人が多く、黒砂糖、氷砂糖、麦、米菓子、飴玉、握り飯などがあげられている。その横で、親戚や友人たちが集まって、飲食したり唄を唄ったりして励ました。施術は朝から夕方までかかったというから、される方は大変だっただろう。痛みに耐えかねて途中で逃げ出した、という事例も報告されている。

術後の処置　針突の施術が終ると、傷が化膿しないように、焼酎で消毒したり、おから（トーフヌカシ、トウヌカシー）でこすったりしてから、白い手拭で手を巻いた。手を下げると痛いので、頭の上に手をのせていた。

仕事を休む期間は傷の程度によって異なり、二〜三日から七〜一〇日、ときにはハジチガサができて、一、二カ月も休むものがあったという。柏は、三日ぐらいで痛みが和らぎ、一週間もして腫れ上がった皮膚の下に美しい文様を見たときには、躍り上がるばかりに嬉しかった、という沖永良部島の老女の話を載せている。

なお、小原はこれと関連して次のような俗信があったことを記録している。

○　青の傷のなおらぬうちに葬式を見てはならないし、その家に行ってもいけない。

○　文身の傷のなおらぬうちに妊娠した女をみてはいけない。

これを侵すと、文身をしたところが腐ってしまう、と信じられていた。島名は明記されていない。

針突祝い　小原は、施術の始まる前と終った後に、親戚や友人たちが集まって盛大に祝ったことを述べている。これには男子は出席しない。施術前には供物や料理を供え、自分の神に自分の文身の文様が、いつまでも色が変らないように祈りを捧げる。八重山では、必ず供えるべきものとして、御酒、御花（米を重箱に盛ったもの）、マカグ（握飯、みそぁえ）をあげている。また、首里王族婦人の施術時の様子を記録した文書「光緒十七年□□御殿みはつき御祝之時　中城御殿　御近習」を紹介している。これには、施術の日取りの選定、先祖に供物をする様子などが書かれている。

小原の調査は戦前であるが、戦後の調査報告には、施術前の祝いはなく、突いた後で行っている。禁止令が出た後、針突をするものがしだいに少なくなるに従って、儀礼の意味も薄れ、内容も変ってきたと思われる。

那覇市教育委員会の報告によると、最後に祝ってもらったのは、明治三七年（一九〇四）ごろであった。施術の最後の日、御馳走を作り、親戚や友人たちが集まってお祝いをした。夕方になると、針突師が来て、最後の文身をして完成させた。祝いは夜遅くまで続いたようである。名嘉真の報告では、突いた後、親戚の人々が集まって祝ったもの、結婚と同じように御馳走を作って祝ったもの、茶菓子ぐらいで近所の女性か女友だちを招いて質素にやった事例がある。昔は二度目の施術後に祝ったといい、一番突きのときだけやって、二番突きではなかった、といわれる。隠れて突いたので、お祝いどころではなかった、という例が多い。

7　針突文様

分　類　琉球の文身の文様は各島によって特色があり、その文様によって、どの島の出身かを知ることができた。各島の文様の違いは、三宅、小原によって詳しく記載されている。小原はこれらの文様を、沖縄本島型、宮古型、池間島型、多良間島型、水納島型、八重山型、与那国型、与論型、沖永良部型、徳之島型、大島型

に分けて記載している。

これらの文様はほぼ一定の部位に施される。

1　指背
2　ＭＰ関節部（指と手背との境界）
3　手背（手の甲）
4　尺骨下端部（前腕下端部の小指側）
5　手首屈側（掌側）
6　前腕全体

手首の屈側は主に奄美諸島に見られ、前腕部は八重山諸島にのみ見られる。

これらの文様についての詳しい説明は、それぞれの報告に譲り、多くの研究者が認めるように、奄美諸

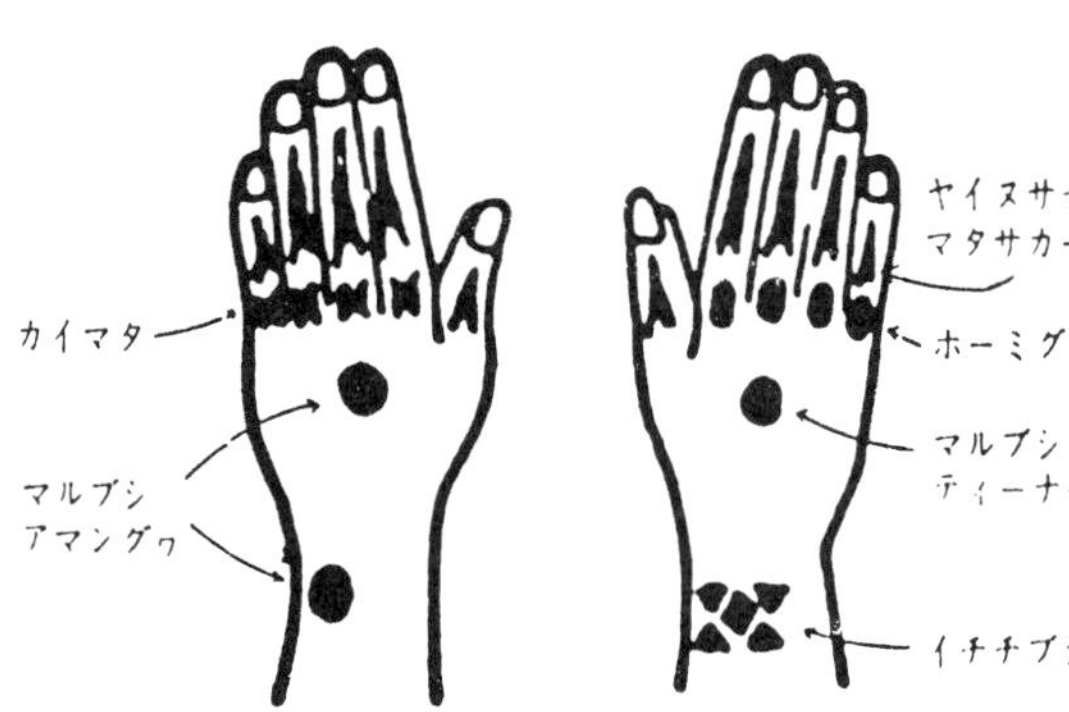

図 60　沖縄本島の針突文様とその名称（名嘉真 1985）

島、沖縄諸島、宮古諸島、八重山諸島の四群に大別して、文様の概要を記すことにする。

沖縄諸島　古く吉原が指摘したように、沖縄本島の針突文様には個人差がなく、一つの型式しかないが、階級によって差がある。身分の高い女性ほど文様が小さいことは、すでに宮島が報告しており、小原は、王族階級、士族階級、平民階級、漁夫階級で異なることを記している。那覇市教育委員会の調査でも、士族女性の文様は細く小さいが、百姓女性のそれは太く大きいことが認められている。近年では、金持ちのそれは大きく施され、大きさと濃さを競い、針突は貧富の差を表しているという。文身は年月が経つと色が薄くなるので、何回も突いて濃くする。

沖縄本島での針突文様とその名称は、次のように記録されている。

1　▲　第一－五指の指背　「矢の先」（ヤイヌサチ）あるいは「又の裂けたもの」（マタサカー）などと呼ばれる。その他、次のような呼び方がある。ユミニヤー、ユミヌカタ、ウマグヮー。

2　●　右手のMP関節　「宝貝」（ホーミグヮー）と呼ばれる。ユミヌマト、ナットー。

3　⋈　左手のMP関節　マタガアチュー、カイマタ（海の生物の名称）、クジマ。

4　●　手背　「丸星」（マルブシ）、マルボサー、マルー、マルグヮー、チョーバンガシ、ティナー、ティーナー、アマングヮー。

5　⊠　右手首　「五つ星」（イチチブシ）、イチチボシ、イチチブシヌカタ、ナナチブシ、イキグヮングヮヌティィナー。

6　●　左手首　「丸星」（4と同じ）。単独の呼び方はなく、左右の手背のマルブシと併用される。

沖縄本島では、針突が完成した後も、文様を拡大することがあり、五〇〜六〇歳で手背の文様を大きくした事例がある（前述）。

奄美諸島　三宅によると、奄美大島では文様が多く、とくに島の北部にすぐれたものが多い。大島をはじめ、加計呂麻島、喜界島では、二度、三度と文様の大きさを拡大したり、塗りつぶす習慣がある。沖永良部島の文身は大島に比べて、著しく簡素で、とくに手背の文様が非常に小さい。与論島のものもこれ

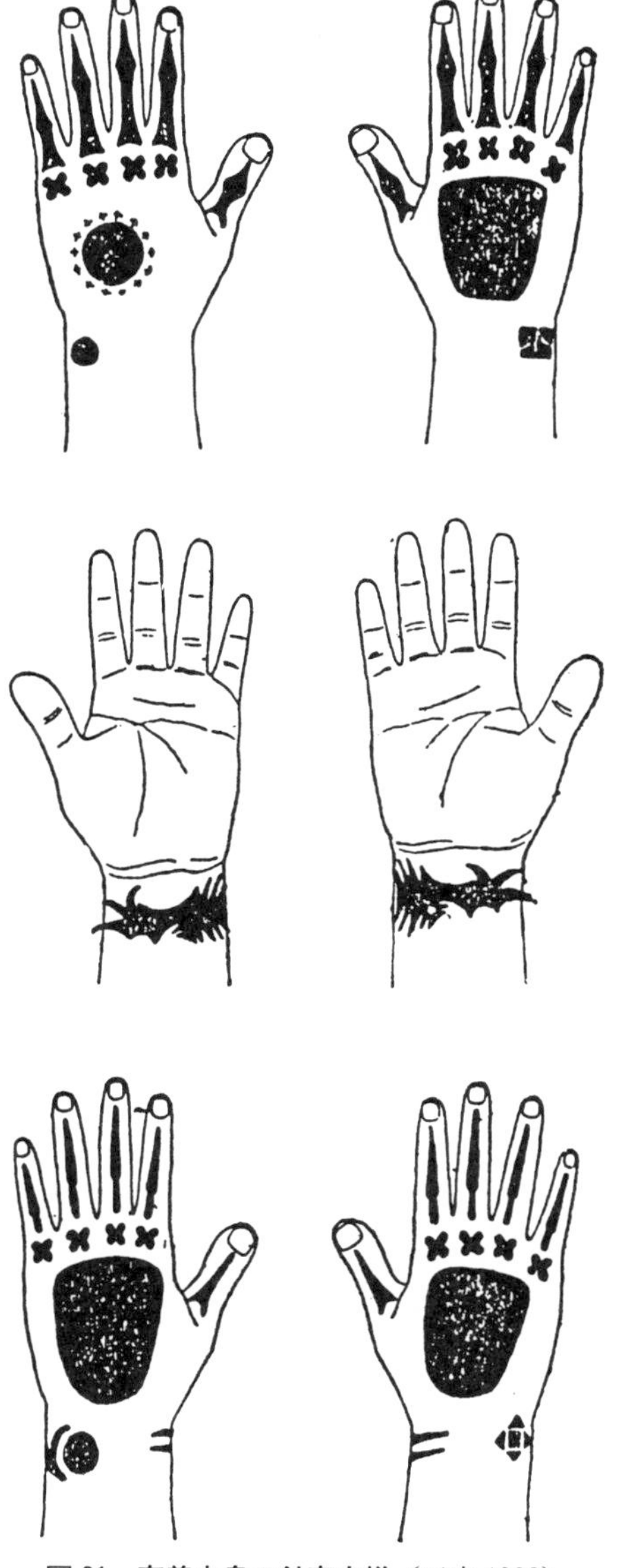

図61　奄美大島の針突文様（三宅 1938）

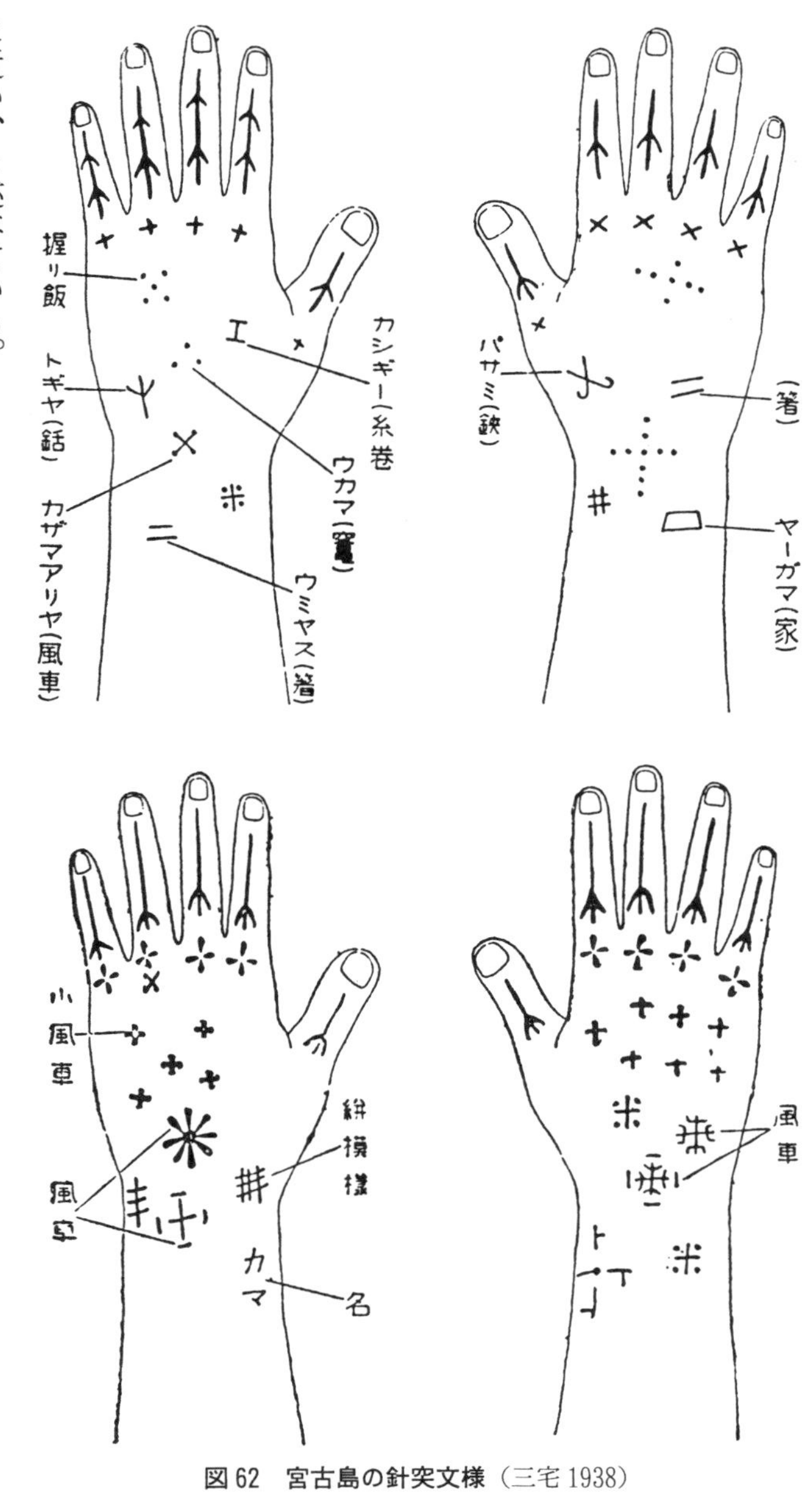

図 62　宮古島の針突文様（三宅 1938）

に近い、と述べている。

山下文武の報告によると、大島では、手背は左右異なった文様が多く、精巧なものから簡単なもの、あるいは大きいものから小さいものまで変化に富んでいる。徳之島、沖永良部島では、大島に比べて文様が小さいという。

奄美諸島では、手首屈側の文様に特色がある。大島では、この文様をウディあるいはウディハヅキといい、鳥の羽、亀の口、鎌、マキなどを組み合わせたものである。徳之島ではやや簡単になる。沖縄本島でも、この部位にウルマグヮー（馬の形）と呼ばれる文様が施されることがあり、糸満町の漁夫にはかなりいたといわれる。

宮古諸島　宮古諸島の針突の特色は、手背から前腕にかけて、いっぱいに種々の文様を施すことである。この文様にも士族と平民との差があり、士族では文様は手首までであるが、平民では前腕にもある。指背には、竹の葉といわれる文様、ＭＰ関節部には、十文字や四弁花文様が施され、手背の文様には、地域差や個人差がある。前腕の文様には、カスリ文様、手首屈側のカニ、ヤドカリ、高膳、箸、御飯、住宅、鋏、機織のカシギ、櫛、菊の花などがある。市川はこれらの文様を、信仰や風習に関するものと、生業や日常の生活用具とに分けている。

八重山諸島　八重山諸島の文様は宮古諸島と沖縄本島とを混合したような形で、各島間で大きな差は見られない。指背には竹の葉、左手背には四弁花文様、左手首には八弁あるいは六弁の風車形、ＭＰ関節部には、左は小四弁花文様、右は四角形、右手背と右手首は沖縄本島と同じ丸星と五つ星である。

針突文様の意義　小原は針突文様の意義について、次のように考察している。ＭＰ関節の文様は島によって異なるが、「＋」と「×」を基本としている。右手首の「五つ星」も形を要約すると、十文字形となり、その他の文様もそのモチーフは「＋」あるいは「×」に発している。これは魔除けの記号であるという。左手首の「丸星」はアマム（ヤドカリ）を象徴するものであろう。老婆はその文様をなでながら、われわれはこのヤドカリから産まれてきたので、われわれの祖先のしるしである、と語っていた。これは一種のトーテム的な意義がうかがわれる、と述べている。

また、宮古諸島の文様は日常生活に関係の深いものが多く、島で織る宮古上布の文様であるといわれている。玉林は、十文字は織物の文様を表し、カシギや鋏の文様とともに、機織りが上手になるために彫る。高膳は、琉球の中流以上では高膳で食事をする風習があるので、将来このような身分になることを祈る意味があり、箸、握り飯なども生活に困らないように願う気持がこめられているという。これらの針突文様の入った手がマジカルな力を反映していることは、疑いのないところであろう。

針突文様の地域的変異と共通性について、伊波は次のように論じている。伊波は喜界島の文様が「十人十色で、技術者（施術者）により、部落により、家筋により、個人によって、趣を異にしている」のを観察し、宮古・八重山の例を含めて考えると、かつてはどこの島でも、部落や家筋によって文様が異なっていたが、各島が政治的に統一された後、同じ型式になり、さらに各島が琉球王に統一されて、首里の影響を受けたように思われる、と述べている。沖縄本島の文様が一つの型式に統一されていることは、とくにその感が深い。

Ⅲ　台湾高山族（高砂族）の文身

1　台湾原住民

私たちは「原住民」という言葉の意味をあまり深く考えないで使っているが、地域によっては、いつごろから住んでいる住民を「原住民」と呼ぶべきか、厳密に定義することが困難な場合がある。

台湾では、平地民族を総称して平埔（ペイポ）族といっているが、漢族とはっきり区別できるものは少ないといわれている。清朝時代には、平埔族にも文身の習俗があったという記録がある。日清戦争後（明治二八年、一八九五）、台湾が日本の植民地になったころには、平埔族には文身の習俗はまったくなかったが、新竹州では、祖父や曾祖父の代まで文身をしていた、と伝える家が多かった。

一方、高山族には、当時まだ文身が行われていて、日本人研究者によって報告されている。高山族は日本統治時代、高砂族と呼ばれていた民族で、「高砂」という言葉が使われるようになったのは、大正時代になってからだといわれる。

高山族はいくつかの種族の総称であるが、台湾総督府の分類と研究者のそれとが異なっている。そのた

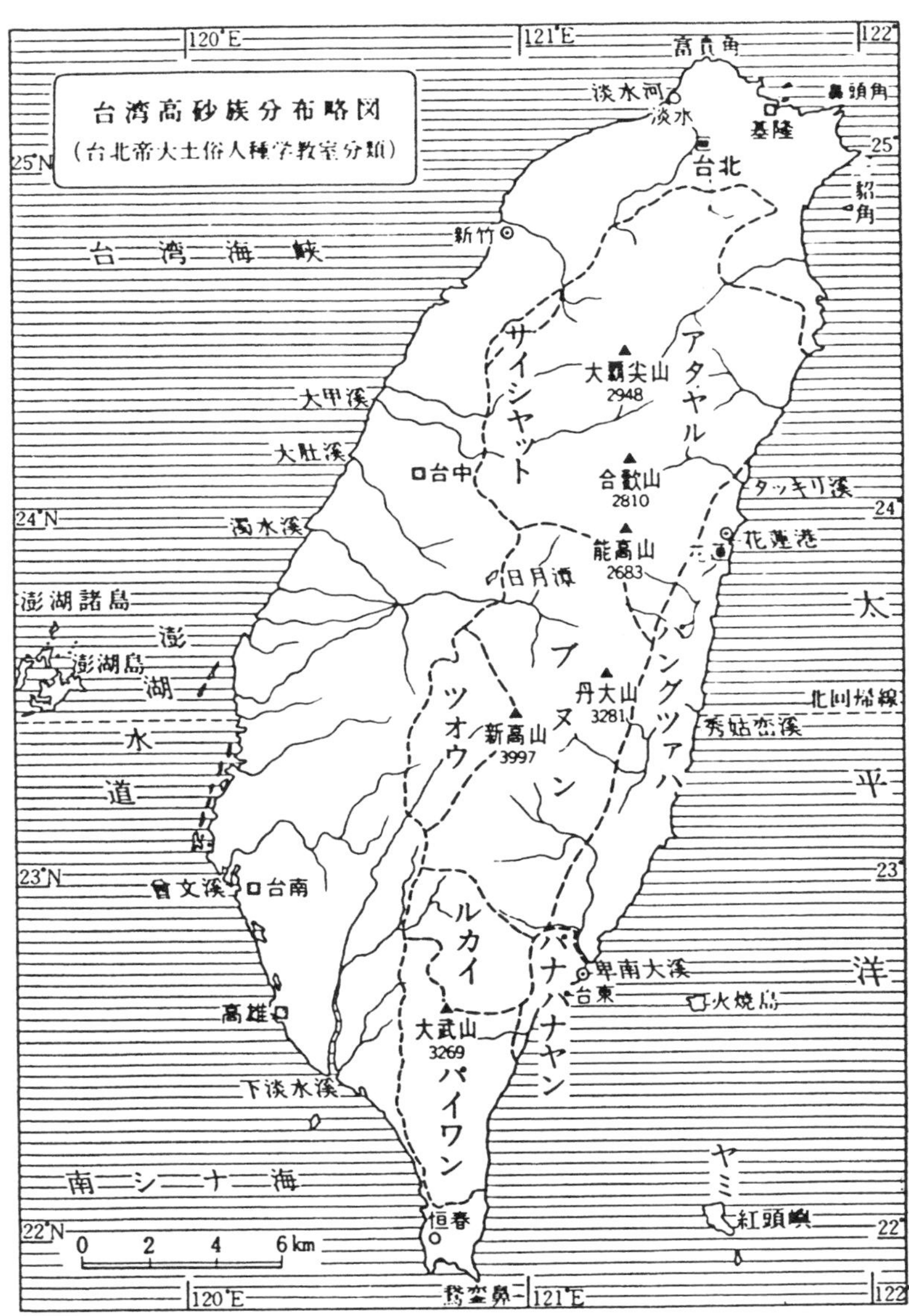

図 63　台湾高山族（旧高砂族）の分布（宮本 1985）

表 21　高山族の文身の名称（移川 1940）

種　　族	名　称（意　味）
アタヤル族	patas, pattas（文様, 文字）, matas（文身する）, mettak（刺突くこと）
サイシャット族	pi-natas-an（文様, 文字）
ブヌン族	patas-an
ツオウ族	toposu, tatoposa（tinapasai）
ルカイ族	tsikitsiki（刺突）, patsas（書く, 文字）
パイワン族	vuntsik, vuntsiktsik, timdu（刺突すること）
パナパナヤン族	tiktik
パンツァ族	tiktik, tilil, tilid
ヤミ族	patipatik（文字）
ファヴォラン族	pattas, pinattas, atassen
カハブ族	tinabuk
カバラン族	niktik-an, natoktokan, tunurisan

注　文身習俗のない種族を含む。

め、高山族の報告を読んでみると、報告者によって種族名が違っているのでまぎらわしい。この章で文身に関する報告をまとめて述べるためには、種族名を統一しておく必要がある。最近、宮本延人の著書では、高山族を次の九種族に分類しているので、私もこれに従うことにする。

1　アタヤル族 Atayal（タイヤル族、アタィヤル族、黥面蕃）

2　サイシャット族 Saisiat（サイセット族）

3　ブヌン族 Bunun（ヴォヌム族）

4　ツオウ族 Tsou（阿里山蕃）

5　ルカイ族 Rukai（パイワン族に含まれることがある）

6　パイワン族 Paiwan

7　パナパナヤン族 Panapanayan（プユマ族 Puyuma）（卑南蕃、八社蕃、知本蕃。パイワン族に含まれることがある）

8　パングツァハ族 Pangtsah（アミ族）

9 ヤミ族 Yami

古い報告には、ツアリセン族という名が出てきて、とまどうことがある。これは台湾総督府が作った幻の部族で、ルカイ族とパイワン族の一部を合わせたものである。また、総督府では、プユマ、パイワン、ルカイ族を合わせてパイワン族とし、そのなかにツアリセン族があると考えていた。

これらの諸族のうち、文身習俗があったのは、アタヤル族、サイシャット族、ツオウ族、ルカイ族、パイワン族、プユマ族である。また、顔に文身をしていたのは、アタヤル族とサイシャット族のみである。移川子之蔵は昭和一五年ごろ、文身習俗のあった種族はアタヤル、サイシャット、ルカイ、パイワンの四族と述べている。従って、この章でもこれら種族の文身について記すことになる。

台湾高山族の文身については、宮内悦蔵の詳しい報告があり、古野清人、移川子之蔵の報告をはじめ、その他断片的な記録がある。これらの報告には、調査年次、地域、蕃社などによって多少の食い違いがあるが、文身習俗がなくなった今となっては、再調査で確かめることができない。本章では、宮内の報告を主体とし、それに他の記載を織り混ぜて記すことにする。

2 アタヤル族の文身

アタヤル族は男女とも顔に文身をするので、明治二九年（一八九七）に台湾を訪れた鳥居龍蔵によって、「有黥蕃」と呼ばれたことがあり、「黥蕃」「黥面蕃」などと記されたこともあった。サイシャット族も顔面に文身をしていたが、文身を最も特徴とするのはアタヤル族である。彼らの社会では必ず文身をしなければならず、本島人が逃げてアタヤル族の保護下に入ると、ただちに文身をしなければならなかったとい

図64　アタヤル族の男性（絵葉書）

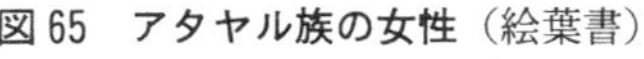

図65　アタヤル族の女性（絵葉書）

う。

顔面の文様　男子は額の正中線に、短い横線をいくつも重ねて、幅一センチ、長さ三センチくらいの帯状に文身をした。さらに、下顎の正中部（オトガイ部）にも、幅一センチ、長さ二センチくらいの文身をした。

宮内によると、この文様には、地域や部族によって変異があり、縦帯の両側に縦線の輪郭を付けたものや、二〜五本の縦線を付けたものもあった。縦帯の幅や長さにも変異があり、その本数も三本あるいは五本入れるところがあり、最も多いのは七本であった。彼らの伝承によると、古い型は一本であって、本数が多くなったのは後世のことであるといわれている。

女子は額と頰に文身をする。前額の文身は男子のそれとほぼ同じである。頰の文身は耳介の前から唇にかけて、幅三〜三・五センチの帯状に施した。これは三〜四本の細い線を基本線と

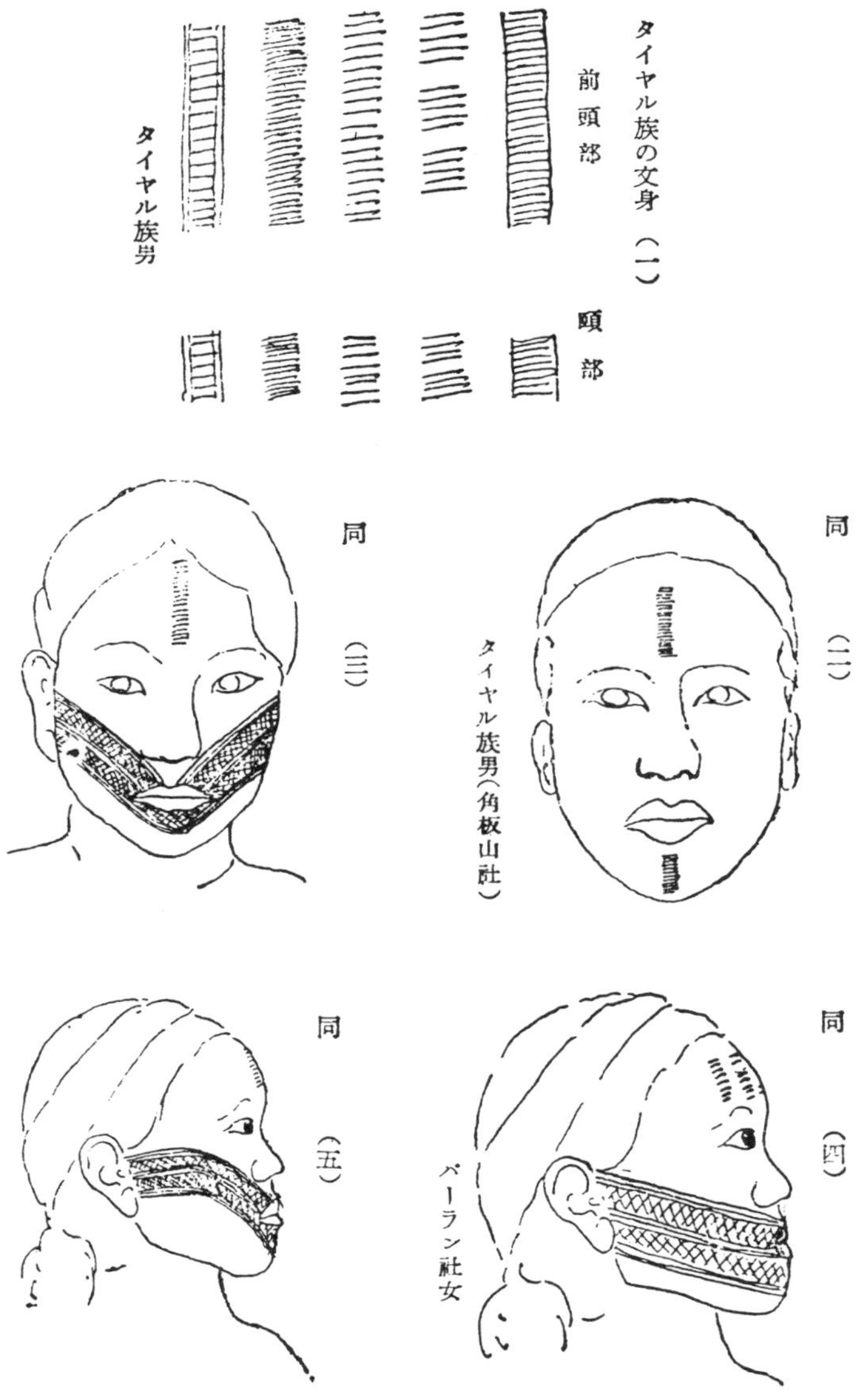

図 66　アタヤル族男女の文身（宮内 1940）

し、三〜四条の基本線の間を斜線や網目文で埋めている。上方の基本線は上唇上縁の正中部で左右が合し、下方の基本線はオトガイ部の正中線で左右が出会うように施される。

胸部の文様　宮内が調査したころには、胸に文身をする習俗が残っていたのは、新竹州のツォレェ系の男子のみであった。これは胸に二～三条の横線を平行に入れる。この横線は額の縦線を横にしたようなもので、縦に短線を並べたものである。この文身は馘首したしるしといわれ、最初に首を取ったときに額に入れ、次には縦に胸に入れたという。三～四個の首を取ったものは横に左右対称に入れ、それ以上取ると、横線の上に縦線を並べて追加する。ただし、胸の文身は独身のときに限られ、結婚後は絶対にしない、と述べている。

宮本はこの文身について、やや詳しく報告している。胸の両側の横線は首を取るたびに増やして行き、シパジー社では、水平の線二本、三本、四本の線がそれぞれ両側にあるもの、三本の横線に縦に交差する三本の縦線を加えるものがいた。チューブス社では、横線三本をピンタガボアンといい、首を三個以上取ったものは横線三本縦三本でパチホアンという。一〇個あるいはそれ以上取ったものはパチホアンの上に波状の横線を一本加える。

その他、埔里社および女子は蕃社によって、大腿や下腿腓腹部にも文身をした。その文様は、不正確な円形か方形といわれ（古野）、下腿には縦横に、短線を組み合わせた縦線と横線を施したという（宮内）。

年齢・資格　文身を施す年齢や資格は報告によって違いがある。これはおそらく地域や部族によって差があると共に、調査した時期によっても習俗が違っていたと思われる。日本政府が首狩りと文身の習俗を禁止して以来、習俗が変りつつある時代であるから、こうした食い違いが出るのもやむを得ない。

首狩りが行われていたころには、男子は他種族の首級を挙げたものでなければ、文身をする資格がなく、普通一四、五歳から二〇歳までの間に行われた。例えば、キジナイ蕃では、若者に文身をするため、頭目が自ら指揮をとって出草した（古野）。

しかし、首狩りが禁止されてから、出草の機会が少なくなり、自分で馘首しなくても、それに同行したり、敵の死体に触れたり、あるいは他人が取った首を持ち帰っただけでもいいことになった。また、父兄が首を取った功績によって文身の資格を与えられるようになった。これらの条件を満たさず、文身をしていないものは皆から軽侮され、小児として扱われた。

鳥居は明治二九年（一八九七）ごろ、七、八歳の小児で額に文身をしている例があり、こんな子供にどうして殺人ができるだろうかといっている。宮本によると、男子は六、七歳で額に文身をし、成人すると下顎に入れたという。玉林晴朗も八、九歳で入れているものがあるが、一二、三歳から二〇歳までにすることが多い。部族によっては、最初額に入れ、数年後下顎に入れるものがある、と述べている。

女子が文身をする資格は機織が上手であることであったが、後には、年ごろになれば、だれでもすることができるようになった。頭目の娘などは一二、三歳で入れるものがあった。女子の文身は結婚と深い関係があり、結婚が決まると文身をした（宮内）。また、一二、三歳になると額に入れ、一七、八歳になると頬に施した。女子の文身は結婚の条件であり、頬に文身をするまでは、男子に接することができなかった。彼らの間では、文身が鮮明であることは美人の一条件であった。

動　機　文身は男女とも結婚の条件であり、文身をしていないものは結婚することができなかった。しかし、文身の目的は一元的なものではない。古野は、おそらく呪的、宗教的な意義よりも装飾的、美的な要素の方が強かっただろうと推測し、男は威厳、武勲を誇示し、女は美的・性的魅力の要素であろうと述べている。

宮内は文身の目的を、⑴種族の表示、成年の表徴と⑵装飾の二つにまとめている。男子では、文身―成年―結婚―出草という関係が成立し、文身が出草の一因となる。女子では機織が上手になることが資格であったことをあげている。機織ができることが女性の結婚の条件であった時代には、文身はそれを表するしであったが、機織の必要性が薄れていくに従って、文身は本来の意味を失い、成人の表示と装飾に変ったと考えられる。

施術法　昔は柑橘類の棘または骨針を使用したが、昭和初期以降の報告では、すべて縫針が使われている。文身針は長さ一五センチぐらいの棒に、歯ブラシのように縫針を結びつけたものである。額を刺すものは六本針、女子の頬を刺すものは一〇本針からなる。その他の用具として、長さ一五センチくらいの棍棒状の木槌が用いられる。

施術は仕事のないとき、そして、皮膚の傷の化膿の少ない晩秋から冬にかけて行われるのが普通である。まず、鍋墨で皮膚に下絵を描き、その部位に針を当て、その上から木槌で叩いて皮膚に針を刺す。傷から滲み出た血を拭き取って、そこに鍋墨をすりこむ。普通は鍋墨を使ったようであるが、松などの煤に豚油を混ぜたもの（古野）や火薬に油を混ぜたもの（古野、宮内）なども使われた。色を濃くするためには、これを二、三回くり返した。女性の頬部に下絵を書くときには、麻糸に墨をつけて描いた。頬部の施術は痛みが激しいので、丸竹を編んだ簀を下に敷き、被術者をそれに縛りつけて行った。

施術者の多くは女性である。部族によっては女性に限るというところがあり、男でも女でも差し支えないというところもあった。どの社にも専門の施術者がいた。一般に母から子に伝えられたが、娘がいないときには、女の子をもらって育て、それに伝えた。自分の社に施術者がいないときには、他の社から招いて来た。

施術の様子は社によって異なっている。古野によると、キジナイ蕃では、女子の文身はまず母親が夢占いや鳥占いを行い、吉であれば、娘を施術者の家に連れて行き、文身を依頼する。施術中、人に見られるのは忌まないが、術後二日間は人に見られると色が淡くなると信じられ、他人に見られるのを忌む。術後はほとんど断食し、塩は六日目から食べ、たばこは二〇日目から吸ったという。

謝　礼　施術者への謝礼は各社で異なるが、女子では高く、男子では安いのが原則である。とくに、社の慣習を破って、頰に文身をしていないときに、男子に接したものの料金はさらに高い。これははなだしい不祥で器具の汚れを補うための、祈禱料も含まれている。古野によると、渓頭・南澳両蕃では、男子は布一反、女子は真鍮鍋一個、布二反、首飾一連、私通した女子は料金が二倍になる。再婚者も定額以上の料金が普通という。

彼らの間では、文身の色の濃いのが美しいとされ、美しさを保つために、年を経てからも二、三回くり返して入れる。とくに、女性はくり返し入れるが、夫と死別したものは入れない。しかし、再婚の場合には必ず入れることになっている（玉林）。

伝　説　アタヤル族には、文身の起源を説明する伝説が伝えられている。蕃社によって、話のなかに出てくる場所や人物などに多少の違いはあるが、基本的な構成は同じである。

昔、姉と弟がいた。年ごろになっても弟には相手がいないので、姉は彼の妻を捜しに行ったが見つからなかった。姉は考えて、弟に、お前のために女を見つけておいた。明後日、岐れ路の木の下に待たせておく、と伝えた。約束の日に姉は顔に文身をして待っていた。弟は彼女を家に連れ帰って夫婦になった。それから、彼らの人数が増えた。文身してからでないと嫁がれないというのは、これから始まったという（大豹社）。

昔、パクパクワーカという山に大きな石があった。それが割れて兄と妹が生まれた。年ごろになったが、ほかにだれもいないので、子孫を増やすには兄弟が結婚するしかなかった。しかし、兄はきっと同意しないだろうと妹は考えて、一計を案じた。妹は兄に、嫁になる人がこの山の麓の岩屋に住んでいるといって、山を下り、煤煙を額に塗った。兄はそれを妹とは知らずに妻にした。アタヤル族の女性が結婚前に必ず額に文身をするのは、ここから来たものである、と伝えている（張ら）。

3　その他の種族の文身

サイシャット族　男女とも成年に達したしるしとして、顔面に文身をした。男は額と下顎の中央、女は額の中央のみに、横線を重ねた一本の縦棒を入れるのが普通であるが、ガラワン社では、男は額に三本、顎に三本、女は額に三本入れた。この縦棒はアタヤル族のそれよりも細く長いので、だれでも一見して区別できる、と宮内は述べている。

女性では結婚に必要なものではなく、結婚後に文身をする女性も少なくない。伝承によると、元来、サイシャット族は文身をしなかったが、本島人と間違えられて、アタヤル族に首を取られるので、顔に入れるようになったのが始まりといわれている。彼らのなかには施術者はなく、近くのアタヤル族の施術者に文身を依頼していた。

また、男子はアタヤル族の場合と同様、首を得たしるしとして、胸に横線または人首を文身した。移川によると、昭和一五年ごろでも、まだこの種の文身をしたものが生存していた。

ツオウ族　文身の習俗はなく、まれに指背に文身をしている女性がいた。移川によると、台南州のツオウ族の一部には、かつて前腕に文身し、テナパサイと称していたという伝承があり、その文様も知られていたという。しかし、昭和一五年ごろには、文身はほとんどなくなり、高雄州のサアロア部族のビラン社とカンシム部族のみに限られていたが、宮内はそれを実際に見たことはない、といっている。施術はアタヤル族と同じで、男女とも手首の掌側に施したという。男は数条の横線、女は人形を模した文様であった。その目的は単なる装飾といわれる。

ツオウ族では、元来文身の習俗はなく、ルカイ族と接して、その習俗が入ったと伝えている。古野も他種族の模倣であろうと述べている。

ルカイ族・パイワン族・プユマ族　これらの男子の文身はこれまで述べてきた種族の文身と異なり、階級を表すものであった。頭目や副頭目の家系では、胸、背、上肢に、複雑な文様を入れる。この文身は昭和一五年ごろでも、その名残りを見ることができた。

伊能はパリラヤン社の頭目の文身文様を報告している。その文様の形式は、肩より上肢の外側に沿って手首に至る部分、腋の下方から上肢の内側に沿って手首に至る部分、両肩から脊柱の両側に沿って腰の上部に至る部分からなり、長短の直線と曲線からなる要素を、交互に連続して表すので、その文様は人によって多少異なる。『台湾府志　蕃族篇』には、頭目系女子にも、肩、肘、手に花文様を施したとあり、明治四〇年ごろには、頭目系女子にも、人文様の文身を特権とする蕃社がパイワン族のなかにあった、と述べている。

明治二九年（一八九六）に台湾に渡った鳥居は、プユマ族では、男子が腕や脚にも少し文身をしていたといい、それらは花、鳥、人物などを模したような文様であった、と報告している。

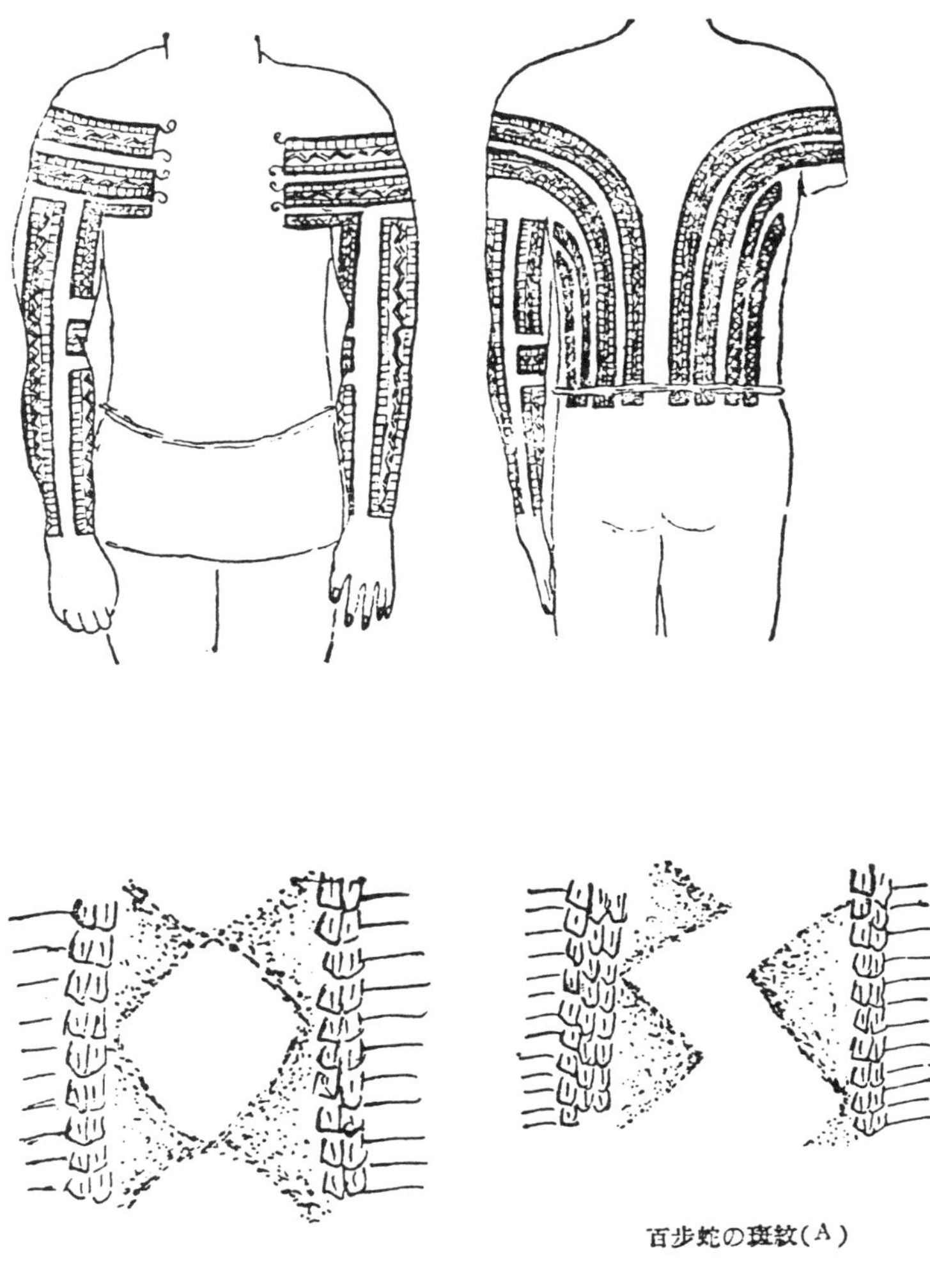

図67　パイワン族頭目の文身（宮内 1940）

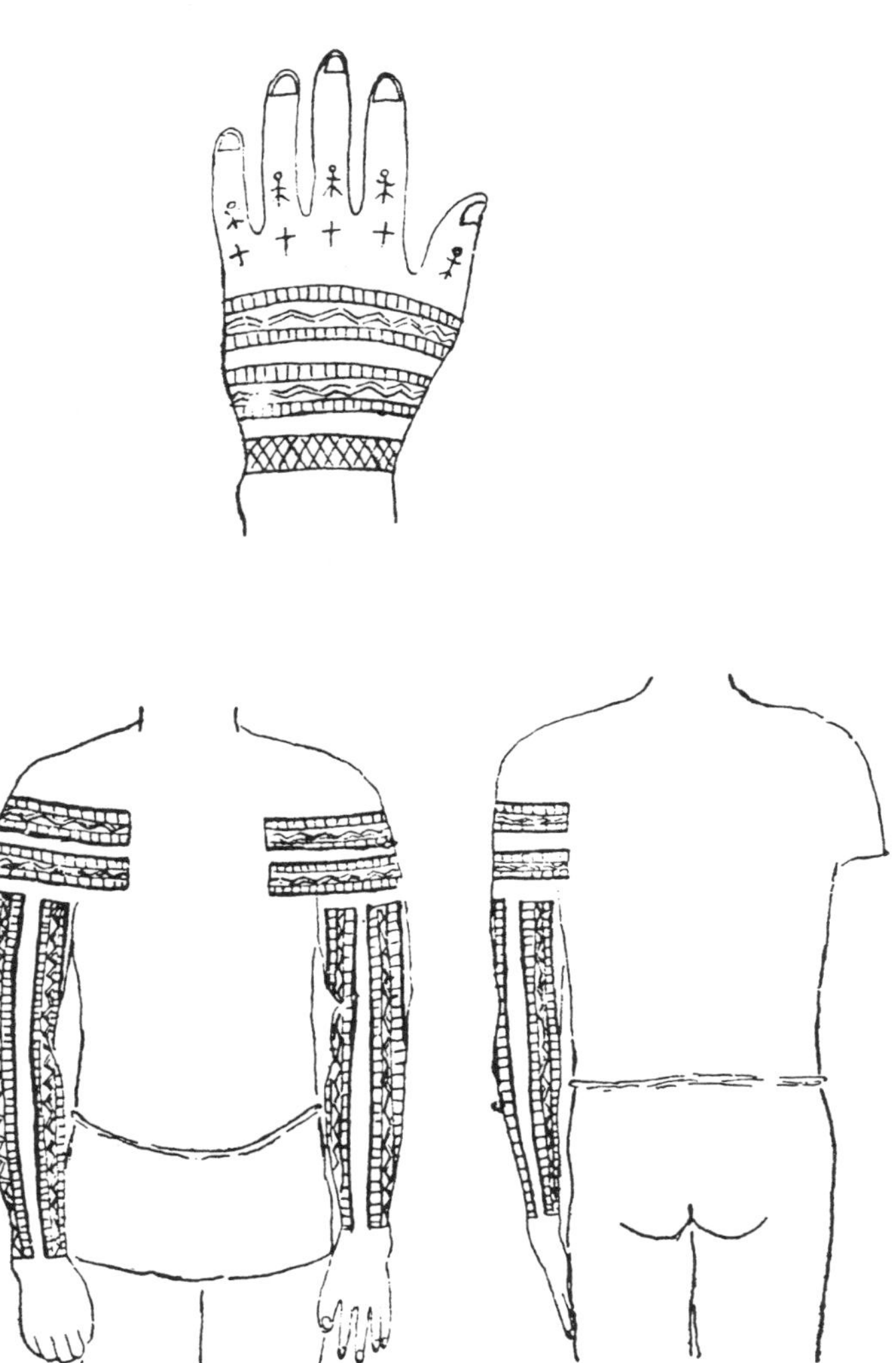

図68　パイワン族副頭目の文身（宮内 1940）

首狩りで首を得たものは、だれでも胸に文身をするのが普通であった。これらの種族では、首を一個取ると人面を模した文身を胸の右側に、二個取ったものはさらに左に入れた。本来、その数は馘首の回数を表すものだったが、後には首狩りがなくなり、装飾として左右対称に入れるようになった。

一方、女子はだれでも成年の表示として文身をした。両側の手背、指背、一部のものは手首の掌側に、幾何学的文様を入れた。女性の場合も、頭目系のものは部位や文様でそれ以外の女性と区別されてきたが、後にはその意味がなくなり、一般女性の装飾となったとされている。

男は一七、八歳から二〇歳ぐらいの間に行われた（宮内）。名嘉真宜勝は、パイワン族（屏東県）では結婚後の二五歳以後に入れることが多い、といっている。女は初潮後から施し、必ず結婚前に行い、結婚後に入れることはない。名嘉真は一九八四年、屏東県のパイワン族女性の文身を調査し、女性は文身をしないと、女性としての資格がなく、結婚できなかったと報告している。

パイワン族の文身施術はアタヤル族の場合と同様である。まず文身をする部位に鍋墨を塗り、施文具（ミカンの棘二本を竹に結えたもの）をそこに当てて、小石で軽く叩く。血が出ると、そこに鍋墨をすりこんだ。施術は朝早くから始め、二日間で片手を終え、両手で四日間はかかった。儀礼や歌はなかった。痛みに耐えるため、施術中にビンローズを噛んだ。被術者には芋一個しか与えられず、水は絶対に与えなかったという。文様は人型、盃、むかでなどである。

Ⅳ　ミクロネシアの文身

1　研究史

日本の旧委任統治領であったミクロネシアは、当時日本では、南洋群島とか内南洋と呼ばれていた。そこでは、まだ文身をした原住民がかなり見られたが、これらの文身習俗をまとめて述べることはむずかしい。なぜならこの地域には、大小六〇〇以上の島々が、東西約二五〇〇カイリ（約四五〇〇キロメートル）、南北約一二〇〇カイリ（約二二六キロメートル）に及ぶ広大な範囲に散在し、島々によって習俗を異にしているからである。

これらの島々は日本の統治下に入る以前、スペイン、ドイツの領有となり、この方面に航海したものは、イギリス、オランダ、アメリカ各国人も少なくなく、文身にも西欧の影響が見られた。ミクロネシアの文身についての報告を見ると、報告者によって多少の違いがあり、時代によって文身の文様などに変遷のあったことが考えられる。

ミクロネシアが西欧に最も早く知られたのは、マゼランの船隊が、一五二一年三月六日、マリアナ諸島

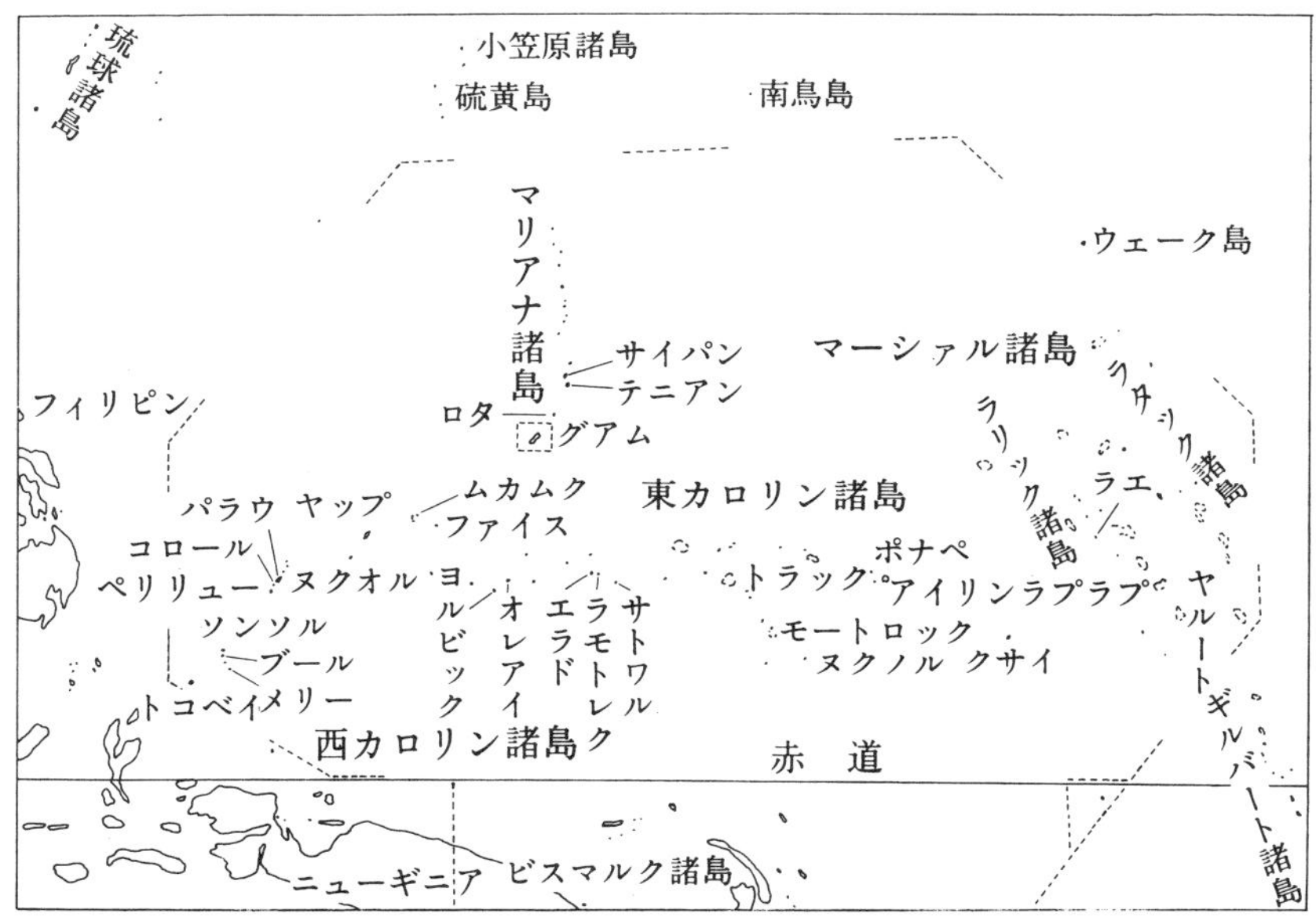

図69　ミクロネシア（旧日本委任統治領）

IV章に現れるミクロネシアの島名

マリアナ諸島
　グアム，ロタ（ロタニ）
西部カロリン諸島
　ヤップ（ウァブ），ヌクオル（ヌクール），パラウ（パラオ），コロール，ペリリュー（ピレリウ），ソンソル，ブール，メリー（メリル），トコベイ，ムカムク（モクムク，モグモグ），ファイス（フェイス），オーリピク（ヨルピック，アウリピク），オレアイ（ウォーレアイ，ウレアイ，ウレア），イファルク（フルック），エラト，ラモトレク（ナムチック），サトワル（ササオン）
東部カロリン諸島
　トラック（ツルク，ルク），モートロック（モルトロック）—サトアン（サトウァン），ルクノル（ヌコール），ポナペ，クサイ（クサイエ）
マーシャル諸島
　ラリック諸島（レリク島列）
　　アイリンラプラプ，ヤルート，ラエ

のグアム島に寄港したときである。マリアナが実質的にスペインの支配下に置かれたのは、一六六八年から一八九九年までである。この間、五〜一〇万といわれた住民は一七一〇年ごろまでに二〇〇〇人以下に減り、グアム・ロタニ島以外は無人の島となった。マリアナは最も文身の少ないところといわれ、それに関連した習俗も少ないのは、スペイン人によって固有の文化が奪われたからであろう。

一方、ドイツは一八八五年にマーシァル諸島の酋長から領有権を譲り受け、同年、軍艦を派遣してヤップ島を占領した。ここで、スペインとドイツとの間に紛争が生じたが、ローマ法皇の仲裁で、スペインにカロリン諸島の領有権を認めるかわりに、ドイツにこれらの島々の利用権が与えられた。スペインの支配は一八九九年まで続いたが、カロリン諸島とグアムを除くマリアナ諸島はドイツに売却され、第一次世界大戦が終るまでドイツが領有した。この間、ミクロネシアのキリスト教化は徐々に進行していたが、マリアナ以外でのスペイン・ドイツの領有期間が二〇余年と短期間であったため、彼らの固有文化が破壊を免れたことは幸いであった。

西欧の文身についての記録は一八世紀初頭から現れる。この小著をまとめるに際して、欧米の文献を調べる時間がなかったので、それらに関する記事は日本の文献からの引用であることをお断りしたい。

一七〇一年、サンティシマ・トリニダド号がソンソル、パラウを発見した。その水先ソメラ J. Somera の日記や地図の解説に、ソンソル、ファイス住民の文身が記されている。一七七三年には、ホッキン J. P. Hockin がパラウの魚の文身について記している。

アンテロープ号の船長、イギリス人のウィルソン J. Wilson はマカオからオーストラリアへ向かう途中、嵐に遭ってパラウ諸島で座礁した。このとき、ウィルソンは文身についても記録しており、アンテロープ号の事歴はキート G. Keate によって出版された。

一九世紀になると、日本人漂流民のパラウ諸島について記録が現れ（後述）、詳しい民族誌的研究が行われるようになる。一八七一年、クバリー J. S. Kubary がパラウ諸島のコロール島に来島し、カロリン諸島の民族学的調査を行っている。それ以来、フィンシュ O. Finsch（一八九三年、カロリン・マーシャル諸島）、カベサ・ペレイロ A. Cabeza Periro（一八九六年、ポナペ）、エルトランド P. A. Erdland（一九〇六、一九一四年、マーシャル諸島）、クレイマー A. Krämer（一九〇六年、東ミクロネシア、一九一七年、パラウ諸島）、ミューラー W. Müller（一九一七年、ヤップ島）らの報告があい次いで発表されている。

日本の文献としては、『古今著聞集』に承安元年（一一七一）七月八日、伊豆興島に南方の島民が流れ着いたことが見えている。おそらくこれは南島人に関する最古の記録であろう。この中に「身にはやうやうの物のかたをゑり入れたり」とあるのは、文身を表現したものと思われる。

江戸時代になると、神社丸が遭難してパラウに漂着した漂流民の話を記録したものがある。これまでは『ペラホ物語』（文政九年、一八二六）しか知られていなかったが、高山純（帝塚山大学教授、民俗考古学）の努力により、『異国江漂流仕奥州南部之者七人口書』（文政九年）、『漂流船漂民の語』（文政一〇年）という記録のあることが明らかになった。これらには、パラウ人の文身が記されている。

明治一七年（一八八四）、横浜に入港したイギリス帆船エーダ号はマーシャル諸島のラエ島で、日本の漂流民が島民に虐殺されたという知らせを伝えたので、外務省は後藤猛太郎、鈴木経勲の二名を派遣して調査させ、島王に謝罪させた。鈴木はこのときの記録のなかで、マーシャルの文身について述べている。

大正三年（一九一四）一〇月、第一次大戦に参戦した日本海軍は、当時ドイツ領であったミクロネシアを占領した。そのときの指揮官は松岡静雄大佐であった。松岡は民俗学者柳田国男の実兄である。松岡が『ミクロネシア民誌』をまとめたのはこの事件がきっかけになったと思われる。この本には欧米人の調査記録が多く盛りこまれているが、彼自身による調査記録は多くない。それは調査が目的で派遣されたわけではないし、戦時にそのような余裕はなかったからであろう。

学術的調査はその翌年に行われ、松村瞭、柴田常恵、長谷部言人らが四月九日から、ポナペ、クサイエ、ツルク（トラック）を回り、五月一九日に帰京している。その概要はその年六月一二日、東京人類学会例会で発表された。大正七年（一九一八）には松村が英文でパラウの文身についてまとめており、大正年間には、各支庁の民族誌資料報告がある。長谷部は昭和二年、西カロリン諸島、後にマーシァル諸島を調査して、文身について報告している（一九二八、一九三二年）。

2　西部カロリン諸島の文身

起源に関する伝承　ヤップ島では、数百年前、隣のオレアイ島から伝わったという伝承（支庁報告）と、ムカムク島（モクモク、モグモグ）から学んだという伝説がある。イギリス人ファーネスの著書にも、ウァブ島（ヤップ）に漂着したムカムク人が男女に文身の方法を教えたとあるそうである。

しかし、松岡は、これはあくまで伝説であって、文身はメラネシアを元祖とし、ポリネシア人もこれに学んだのであるから、ミクロネシアに文身を伝えたのも南方のメラネシアであろう、と推測している。そして、マーシァル人はギルバート島民の感化を受け、ヤップ島付近には別の経路から伝わったと信ずべき理由がある、と述べているが、その理由については述べていない。

目　的　文身は装飾を兼ねているが、本来の意味は不明であることが多い。ヤップ島民がフカの形を彫るのは、水中でそれを避けるためという説（ファーネス）があるが、サイパン島在住のカロリン人のなかには、フカの他にカメを文身したものがあるので、あるいはトーテムまたはクラウン・バッヂを意味するものかも知れない、と松岡は推定している。

また、パラウ、ヌクオル（ヌクール）、ヤップ、東部カロリン諸島のトラック、ポナペなどで女性が恥丘に三角形の文身をするのは、何かセックスの信仰と関係があるとしなければならない、と述べている。

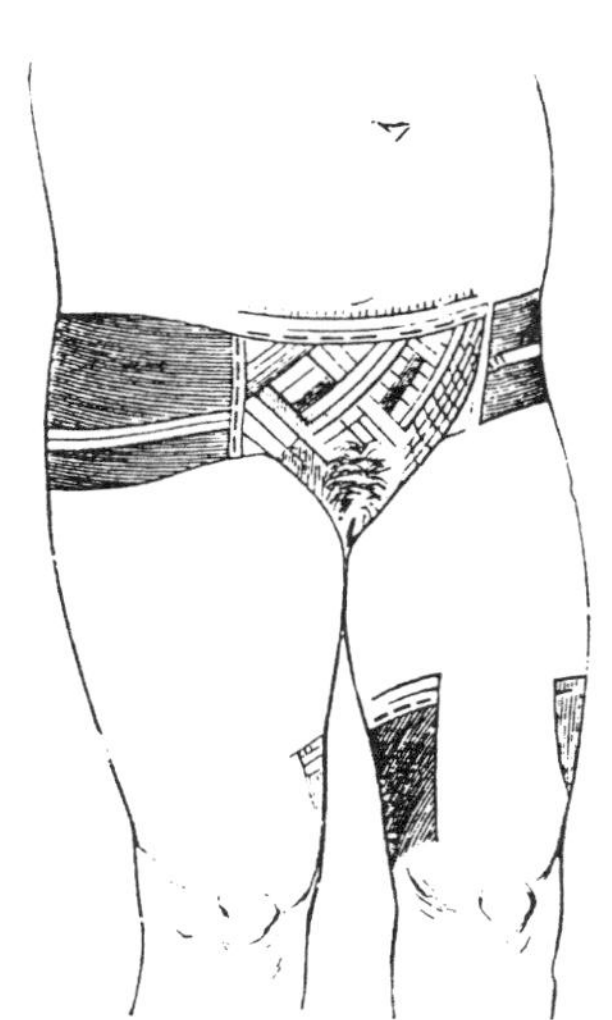

図70　外陰部の入墨（右　パラオ島住民，左　ポナペ島住民．Ploss & Bartels 1927）

年　齢　パラウ諸島のペリリュー島（ピレリウ）には、オルカエルという岸壁の側面にくぼみがあり、そこに女児を立たせて、頭が天井に達していれば、肘の文身を行うという（Cabeza Pereiro）。最も遅いのはヤップ島で、二四、五歳から三〇歳と報告されている。

用具・施術　中央カロリン諸島では、魚骨や鳥骨の針を用いるほか、ヌクオル島、パラウ島では、べっ甲製の櫛歯状のものを柄の先に付けて使用する。ヤップ島では、モロブという鳥の骨で針を作る。

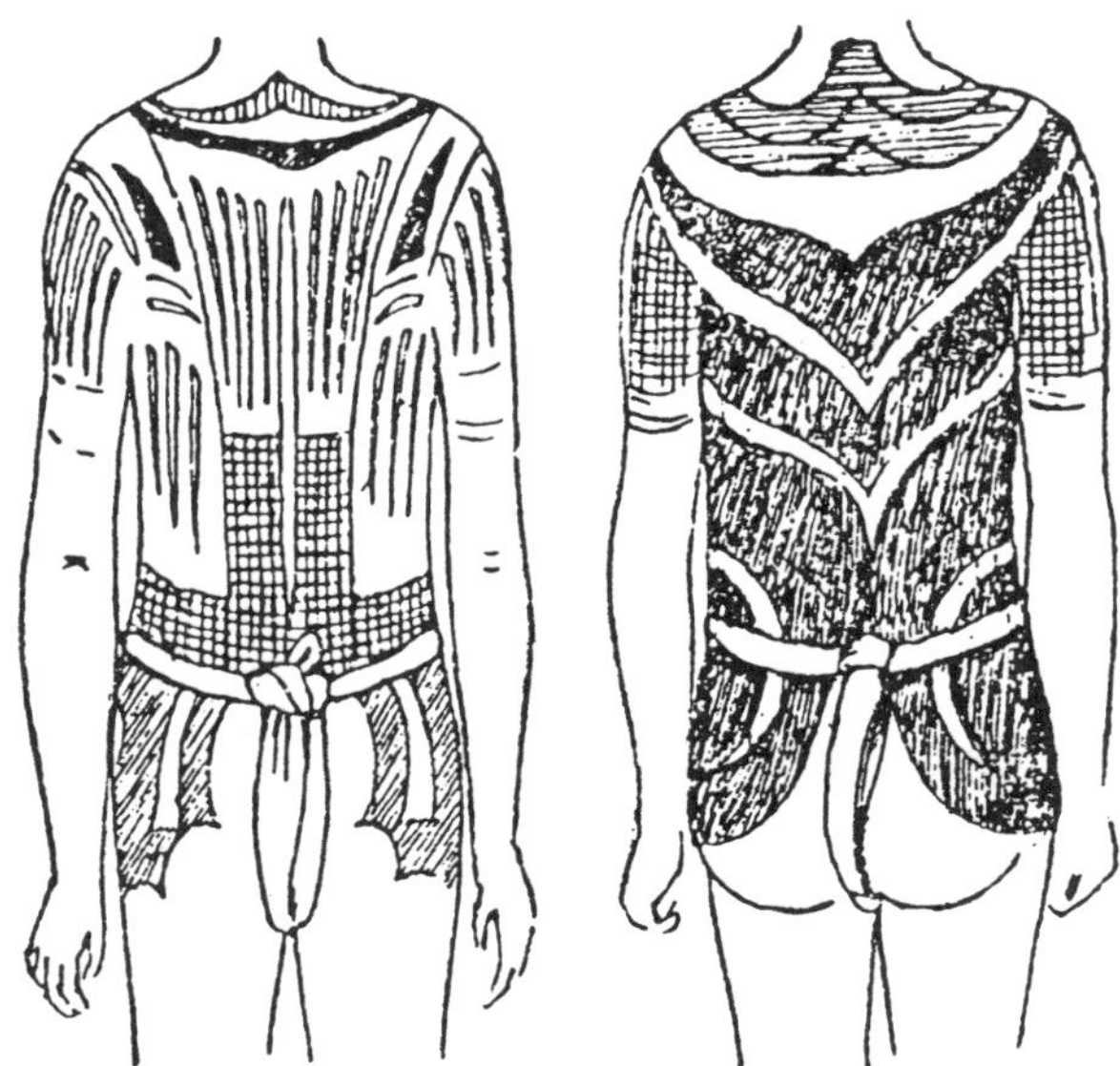

図71　ヤップ島住民の文身 男性（松岡 1943）

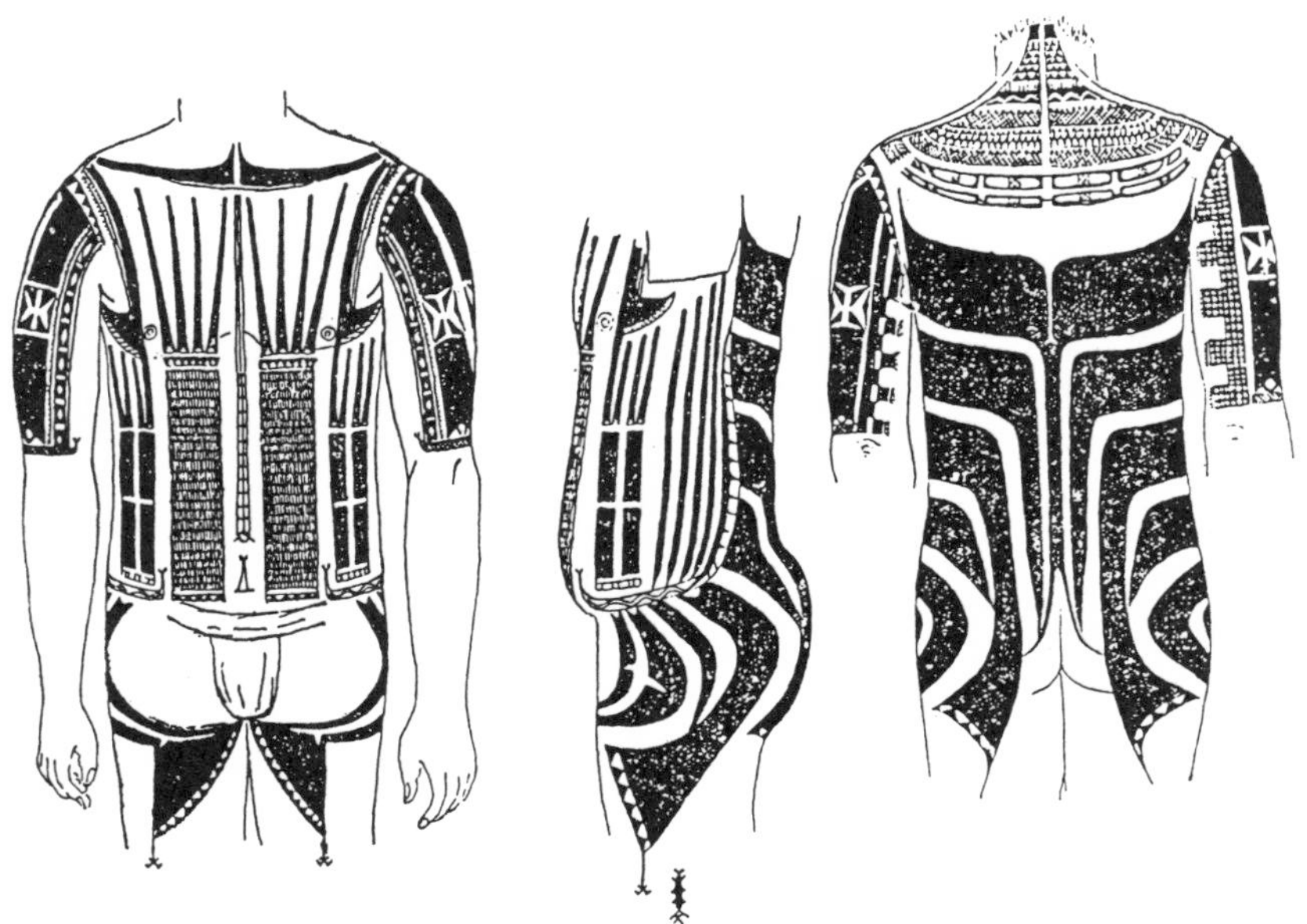

図72　ファイス島住民の文身 男性（長谷部 1928）

顔料は、パラウではボロロという樹脂を乾して固め、これを焦した炭を水でといて使い、また、タマナの実を乾したものを焼いた煤も用いる。ボロロはタマナよりも上等という（松岡）。施術者は社会的に尊敬を受け、かなりの報酬を受ける。パラウでは、術者はたいてい女性で専門になっている。報酬はべっ甲皿、腰簑、貨幣などである。金額では、手首、腕の文身はそれぞれ一〇円、両下肢までの全身の文身は五〇円、陰部の三角形は五〇円と決っていた。ヤップでは各行政区に一人の施術者がいた（各支庁報告）。ソンソルでも女性が行った（Kubery）。

部　位　松岡は、ヤップ島では文身は四種に分かれるといい、

1　パラオ　女は手背と指に限られ、男は手首のみに行うもの。

2　シリバチャル　大腿より足首に至るもの。

3　ヨル　首より胴に至るもの。

4　ガチョル　全身に行うもの。

と記している。長谷部はこれを自らの調査によって確かめ、1〜3は、

1　balau, valau

2　trevotsag, molong

3　yolgol

といい、ガチョルはガタウ gatau or gatsau であって、文身一般をいう、と述べている。

ファイス島、モクモク島（モグモグ）、ヤップ島民の一部に行われたヨル yolgol は胸腹、背部、上肢、大腿にわたる壮大な文身である。ソンソル諸島、ブール島、メリル島（メリー）の男女はヨル文身に似た

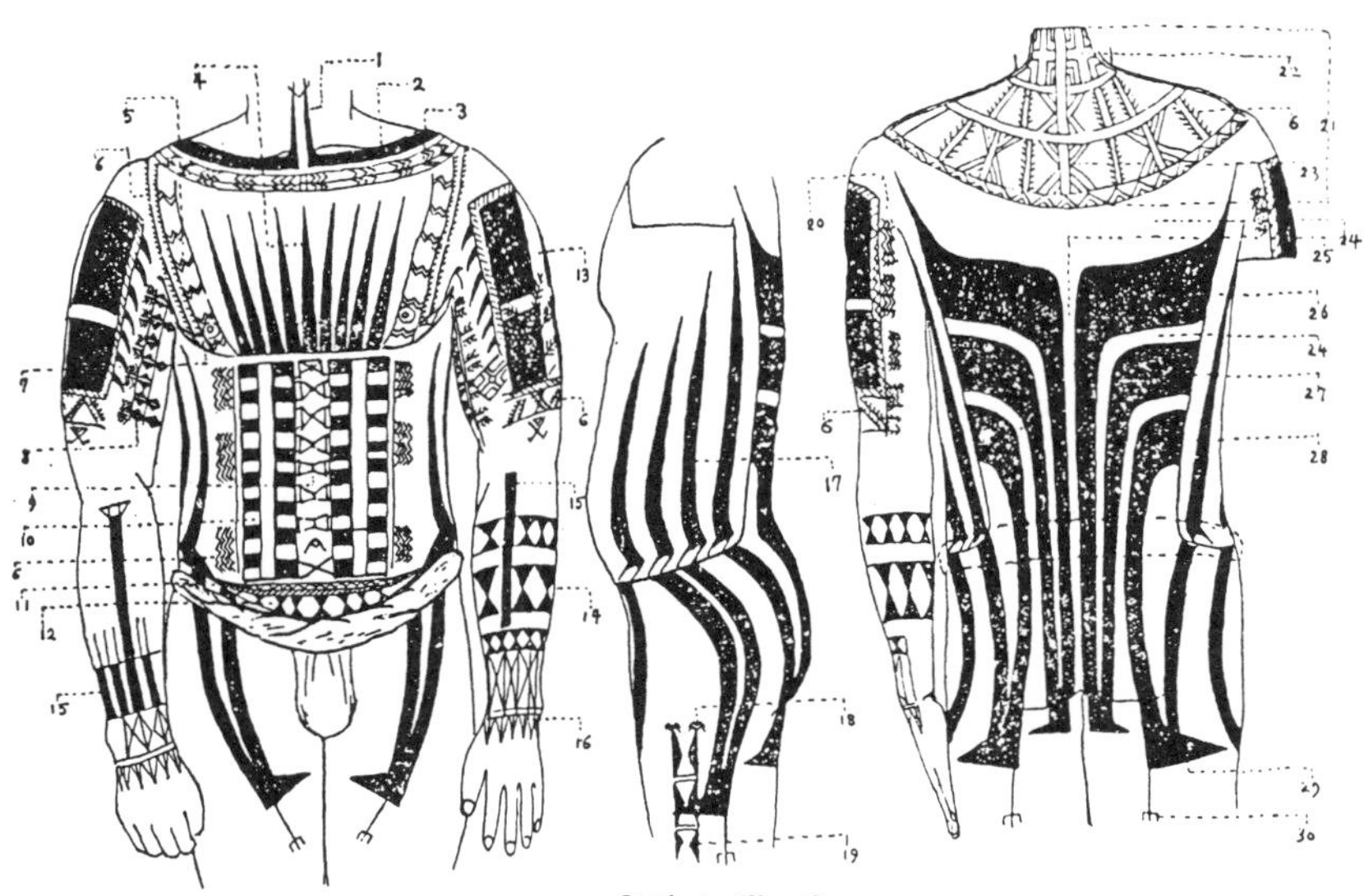

図 73　ソンソル島住民の文身 男性（長谷部 1928）

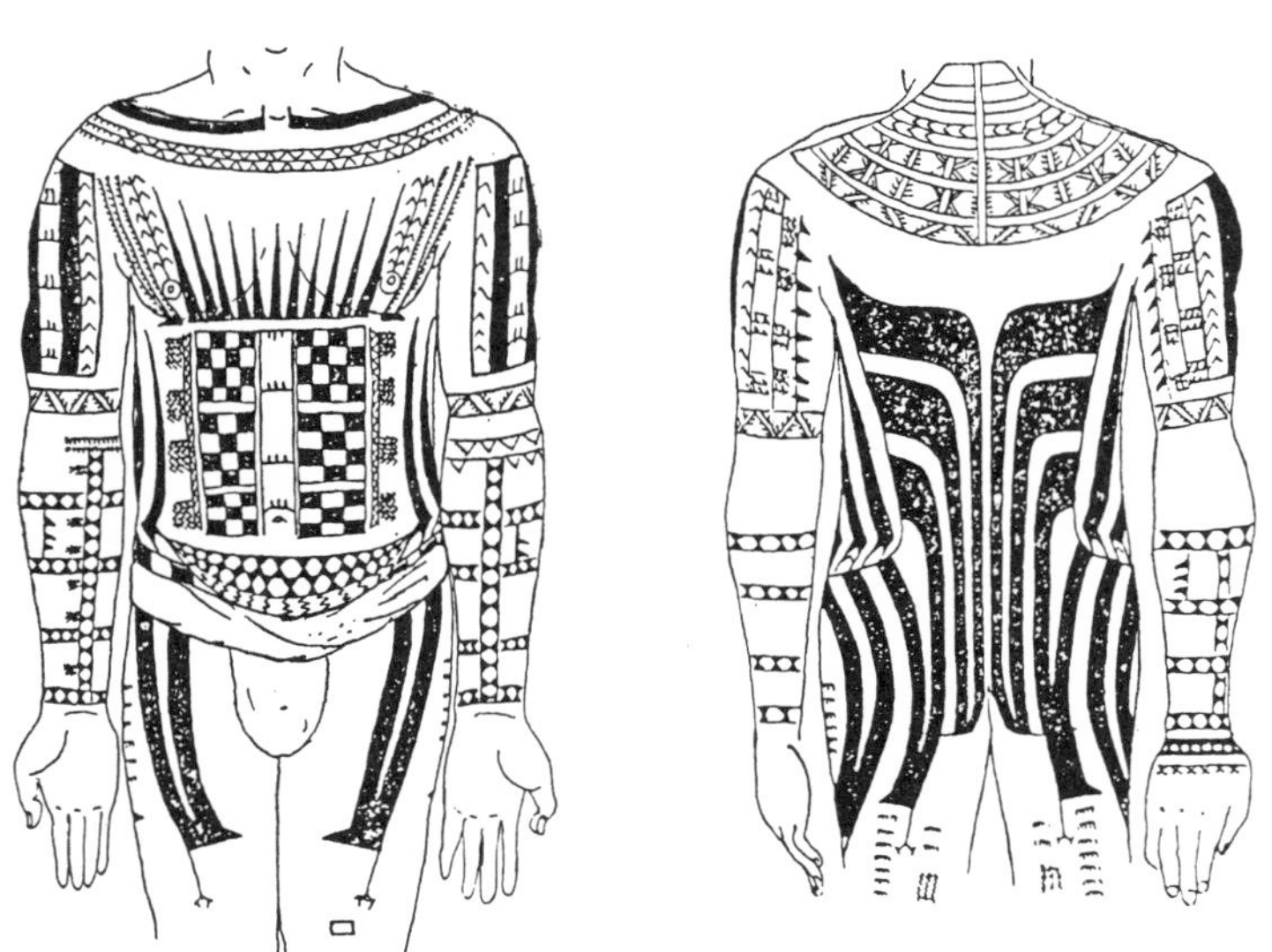

図 74　メリル島住民の文身 男性（長谷部 1928）

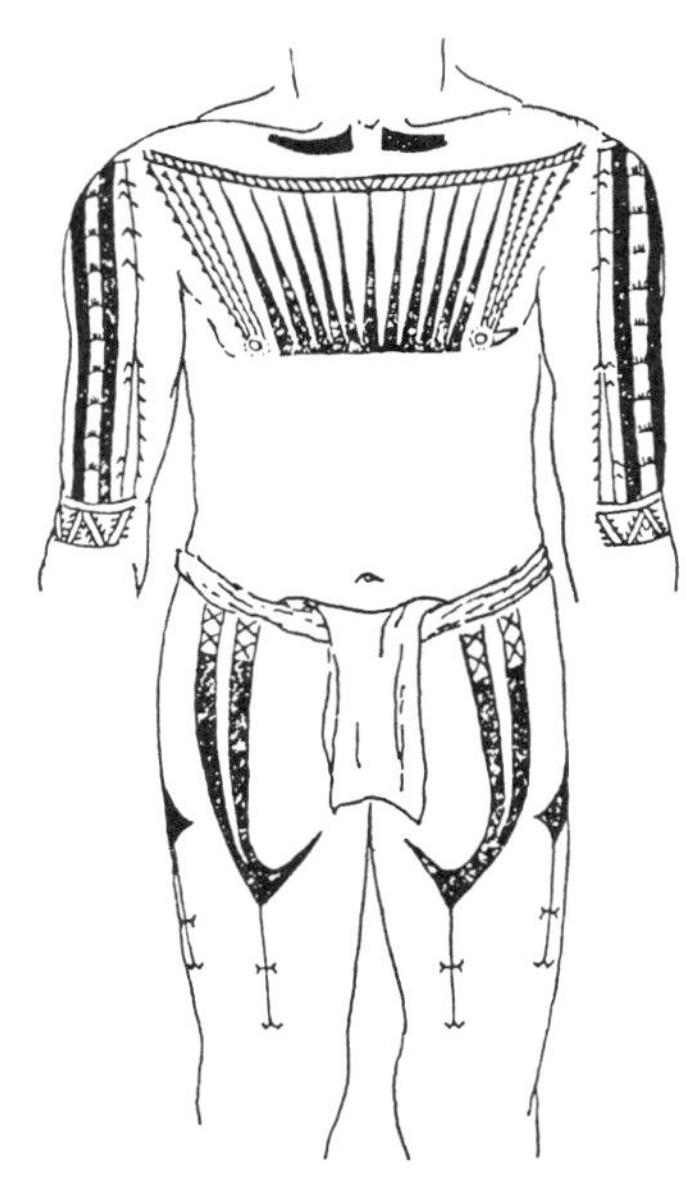
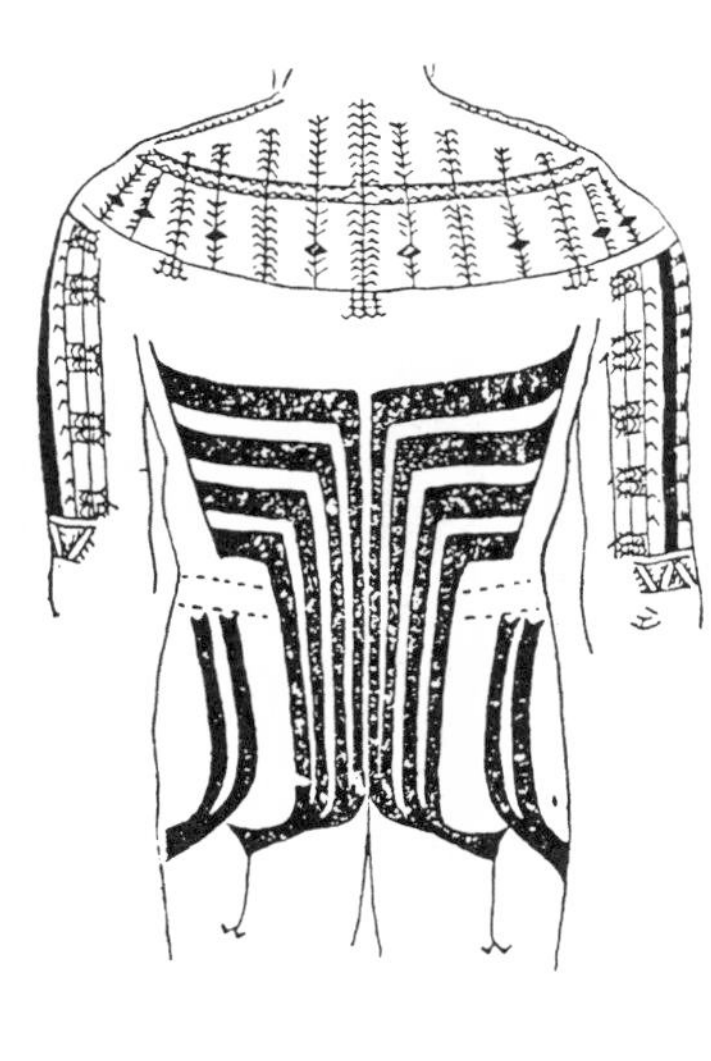

図75　トコベイ島住民の文身　男性（長谷部1928）

文身をする。トコベイ島でも同様であるが、記録によると、みな一様に文身していたのではなく、部落によって差があったらしい（長谷部）。

パラウでは、男女とも下肢に縦列あるいは一～数条の文身を施し、大腿中部あるいは膝から足首まで及んでいた。上肢では、女は前腕、手背、指背に彫り、しばしば肘関節を越えて上腕に及んでいる。男は前腕の下三分の一以下に入れる（長谷部）。

パラウでは、男は一六、七歳、女は一二、三歳ごろ、手指から手首の文身を始め、結婚適齢期（女は一六、七歳）になると、腕から足に及び、三〇歳前後になると陰部に三角形を彫る（支庁報告など）。この文身はヌクオル島のように文身のあまり盛んでない所でも必ず行われたという。ソンソル島では三角形ではなく、底辺の一辺のみが文身される。

ヤップ島で最も普通な文身はバラウ（松岡のパラオ）である。ティレヴォチャク（シリバチャル）は男性に限られ、一般に上級島民とみなされる。女性は

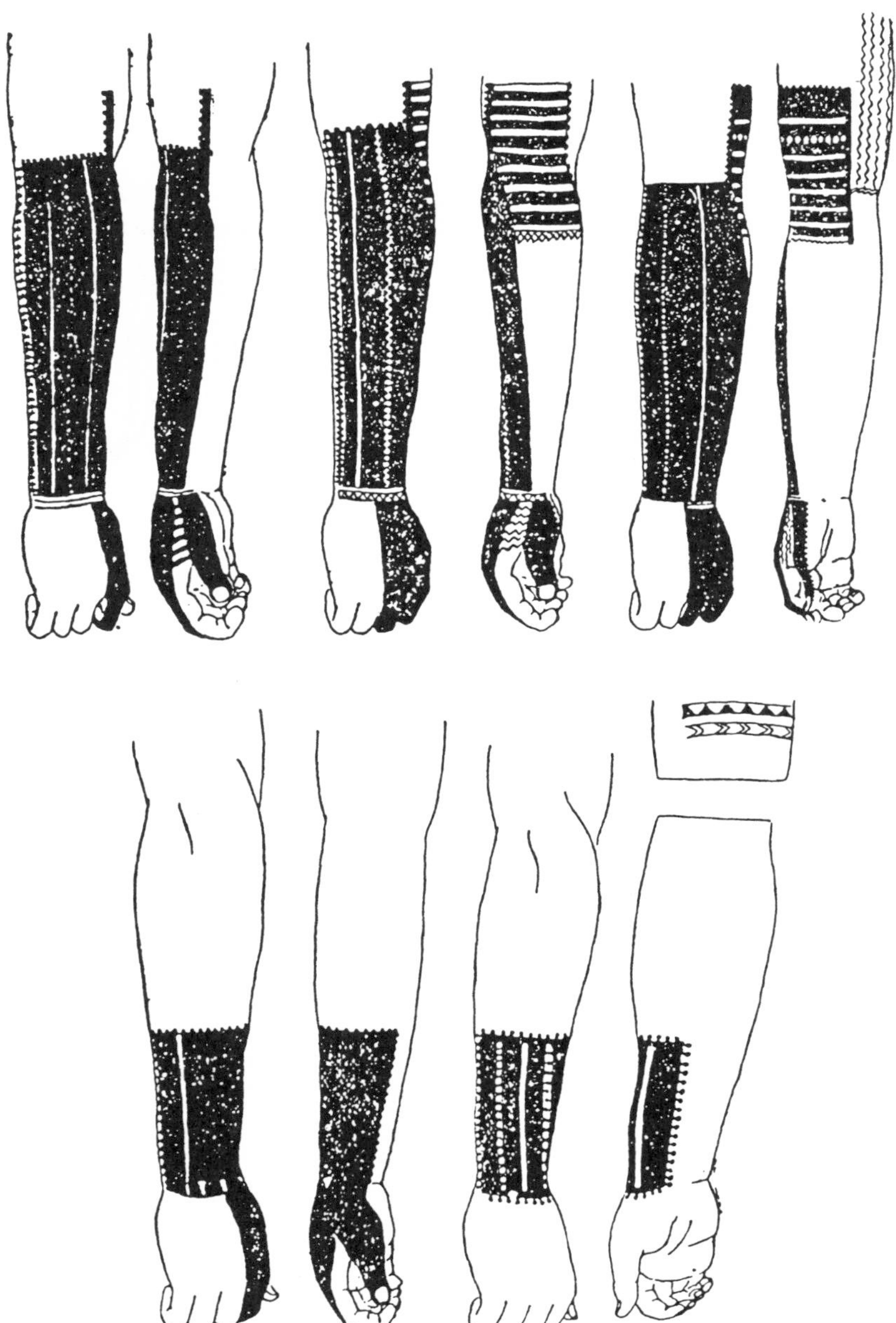

図 76　パラウ島住民の文身（上 女性，下 男性．長谷部 1928）

一般に文身をするものが少ないが、下腹部、腰部、大腿にしたものがあった（長谷部）。ファイス島以東のオレアイ（ウレアイ、ウレア）、アウリピク（ヨルビック）、イファルク（フルック）、エラト、ラモトレク（ナムチック）、サトワル（ササオン）の島々では、男性の手首の文身しかない、と長谷部は報告している。しかし、明治四〇年（一九〇七）一二月、台湾東海岸に漂着したオレアイ島民四名を調査した伊能嘉矩の報告によると、一名は手関節部と前腕に文身があり、四名とも下腿の足首近くに二〜三条の環線を彫っていたと述べており、文身がしだいに消滅しつつあったことがうかがわれる。

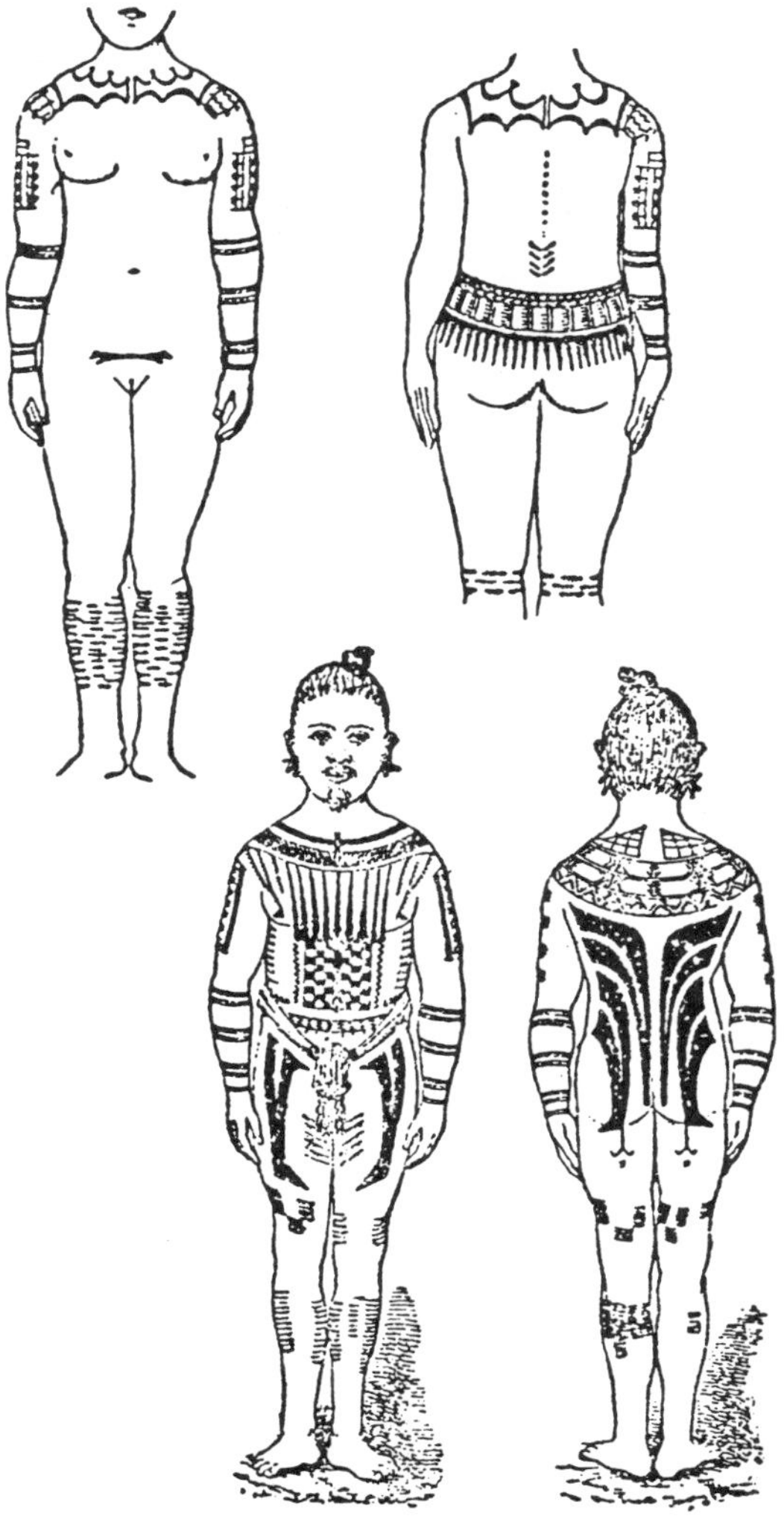

図77　ソンソル島住民の文身（上　女性，下　男性．Kubary 1889－95，松岡 1943 による）

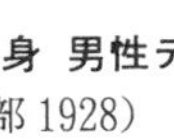
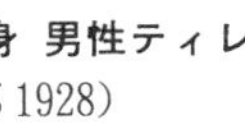

図78　ヤップ島住民の文身　男性ティレヴォチック（シリバチャル．長谷部1928）

文様　文身の文様は各島によって差があるが、共通点も少なくない。しかし年代による変化も加わってくるので、まとめて記すことはむずかしいが、昭和二年に西部カロリン諸島で約三五〇人の文身を調査した長谷部は、次のように大別している。

1　女子の上胸部より上背部にわたる環状帯（ソンソル、ブール、メリール）

2　下肢に十字文縦列（パラウ）、櫛目文、十字文などをかすりのように施すもの（ソンソル、ブール、メリール）、縦行鋸歯文をかすりのようにするもの（トコベイ女子）、十字文などを四肢に不規則に文身するもの（ヤップ）

3　ヨル式文身

4　下腹部、腰部、大腿などの文身（モクモク女子、ヤップ女子、ペリリュー酋長、ソンソル女子など）

5　上肢（パラウ）、四肢の縦横帯状文（ヤップのレヴォチャクおよびウチフ）

6　手首の文身（ヤップ、モクモク、ファイス、オレアイおよびそれ以東）

これらの文様は主に直線、曲線、点、斑などを主体とした幾何的文様で、物の形を表したものは少ない。松岡はサイパン在住のカロリン人の文身に、フカ、カメ、剣、錨、旗などがあり、剣、錨、旗などは近年になって学んだものであろうという。しかし、フカやカメはパラウやヤップでしばしば装飾にも使用され

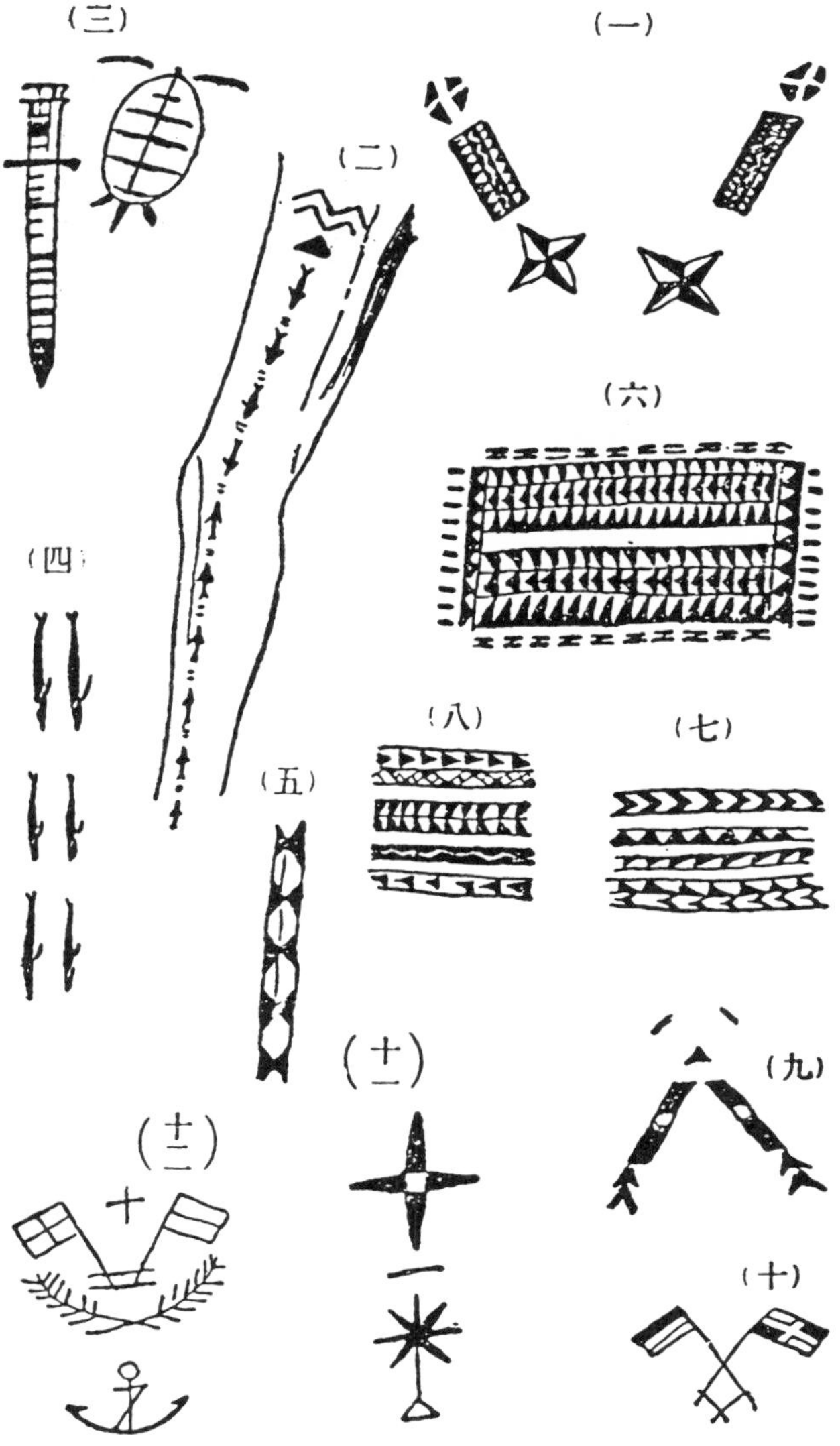

図79　サイパン在住カロリン人の文身文様（松岡 1943）

るので、何らかの意味があるだろう、といっている。

3　東部カロリン諸島の文身

起源に関する伝承

文身の起源を伝える伝説は比較的少なく、ポナペ島の伝説について、松岡は次の

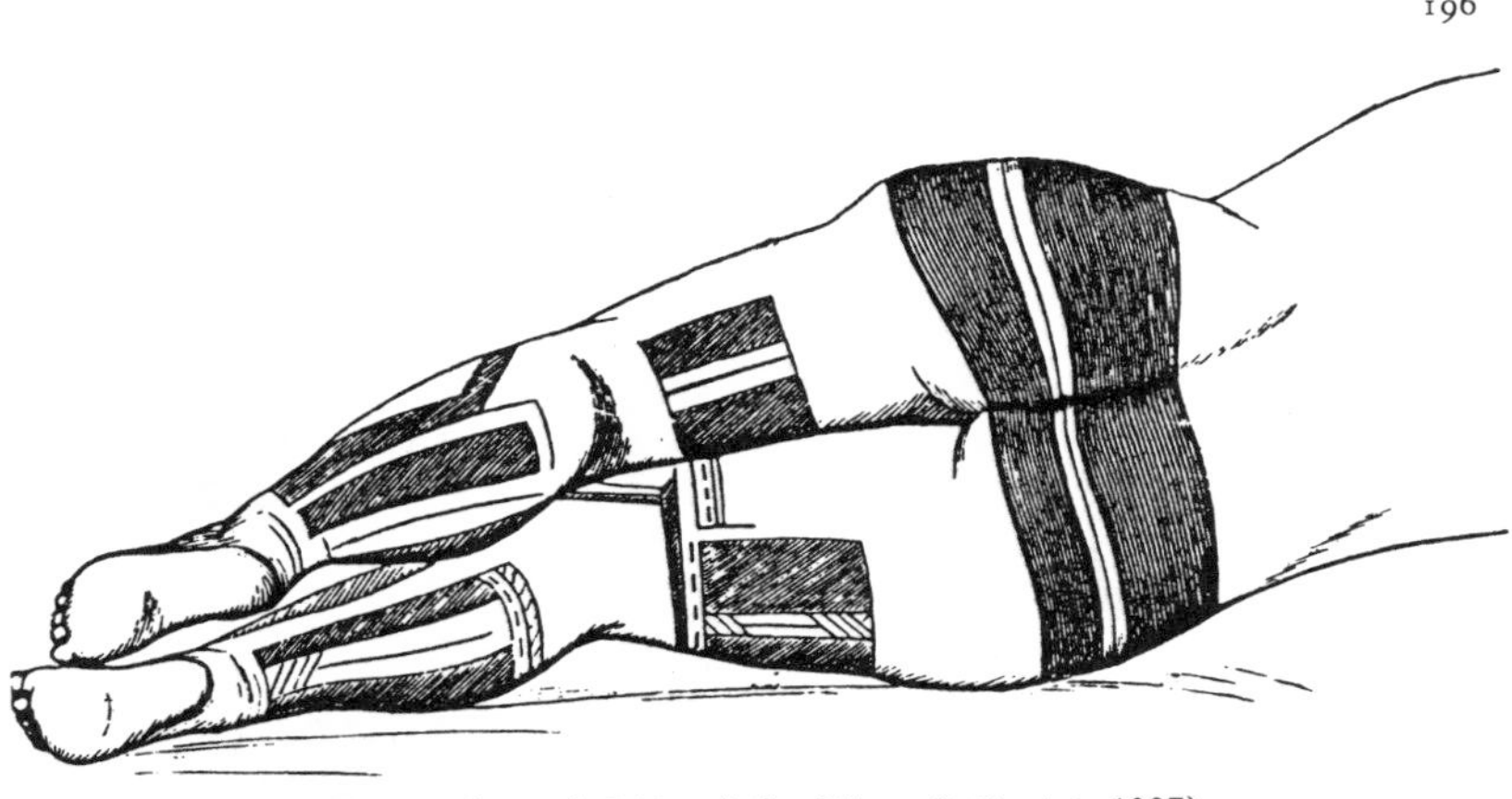

図80　ポナペ島女性の文身（Ploss & Bartels 1927）

ように記している。ポナペでは、昔、ラポガという斎主が文身を始めるまで、その風習はなかった。ラポガは神通力を備え、その気になれば人間を石にすることができたという。モルトロックでは、ルク島（ツルク、トラック）住民から文身を学んだという（Kubery）。ヤップ島やマーシァル諸島では、文身が階級の表徴となっているが、ポナペでは、文身によって階級の上下を分つことはない（Cabeza Pereiro）。

年齢　ポナペでは、男は八歳ごろから、女は一〇～一二歳ごろから始め、初潮の始まる前に終了したという（Cabeza Pereiro）。

施術　ポナペでは、文身に伴う儀式や禁忌はない。各個人が任意に報酬を払って施術を受ける。

トラックでは、キツキッと木の刺を一つかみにして彫るといい、フサという木の実をヤシの木片で作った針で突くとまっ黒になる。それを用いて文様を描いてから、針で突くという（志賀田）。また、コロコロというオレンジ様の木の刺を針として使用したり（佐藤）、魚骨を針として用いるといわれる（支庁報告）。モルトロックでも、魚骨の針を用いる。

ポナペではレモンの刺三～五本をヤシの木の細い棒の端に付け、

甘蔗の茎を槌にする。顔料はシャカンという木の実を用い、これを石焼きにし、水に一日浸した後、乾してその炭を用いる（支庁報告）。Cabeza Pereiro はエヌリというアカネ科の木の実を二カ月間炉の上に吊るして乾燥した後、板のようになるまで延ばす。それを砕いて水を加えて顔料とする、と報告している。

施術は数回に分けて行う。施術を人に見られると、痛みが激しいと信じられ、山林中にかくれて行う習慣がある（支庁報告）。

部　位　ポナペでは、男は四肢のほとんどに入れるが、顔にはしない。長谷部は、ヤルート島（マーシャル諸島）でポナペ島民を容易に区別することができた、といっている。この文身は何年にもわたって行われる。一四歳ごろ、下肢の外側に一本の線を入れ、翌年と翌々年にそれぞれ一本ずつ追加し、一七歳ごろには下肢の内側に文身する。膝には成人の後に行い、四五歳以上になって、はじめて腰、胸、両腕に及ぼす（支庁報告）。このように年をとってから彫るのは、文身が皮膚にしわの寄るのを防ぐと信じられていたからである。

松岡は、ポナペ島民は顔面と背部には文身をせず、男は胸部と四肢に入れ、女は四肢と腰部、とくに陰部は陰唇の内側まで文身をする、と述べている。それに対して、長谷部は、男は四肢に入れ、女は手背に彫るが、上腕や下肢には及ばない、と述べている。松岡の記述は Cabeza Pereiro とポナペ支庁の報告にもとづくもので、長谷部の調査時（大正六年、一九一七）には、文身の追加があまり行われなくなっていたようである。

トラックでは、男女とも下腹部、背部、上腕、大腿に文身を施し、女性ではときに臀部まで及んでいる。Finsch は陰部に文身をする風習はないとしているが、松村はこれを行うと聞いたといい、島民の描いた女性の絵には局部に三角形を描いたものがあった、と述べている。

文様　ポナペ男子の文身は、Cabeza Pereiro の図を見ると、前腕屈側の肘部から手首にかけて、縦線、横線とその間の山形文や斜行平行線文などで満たされている。また、縦線と横線の外側に沿って鋸歯状文が描かれている。女子の下肢には、大腿から下腿の内側、後側に縦線があり、大腿と下腿の内

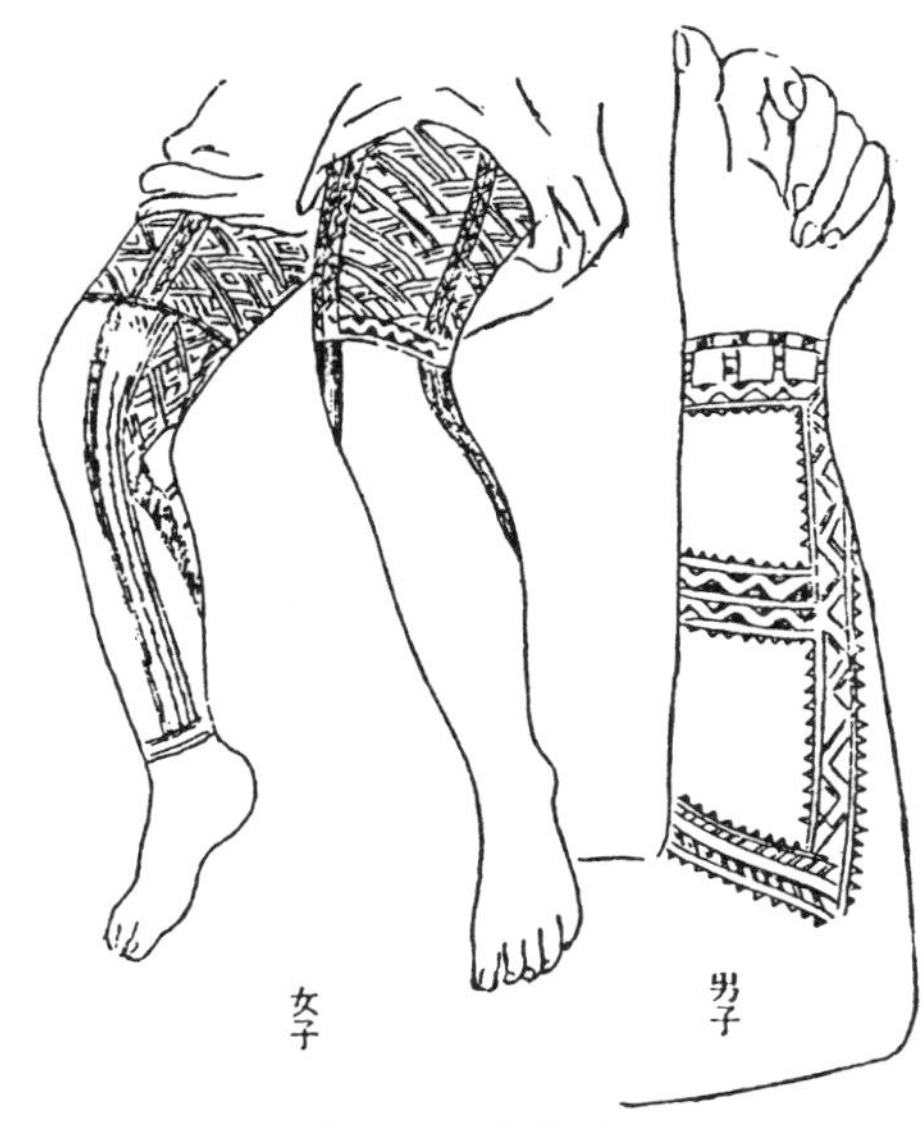

図 81　ポナペ島住民の文身（Cabeza Pereiro 1896，松岡 1943 による）

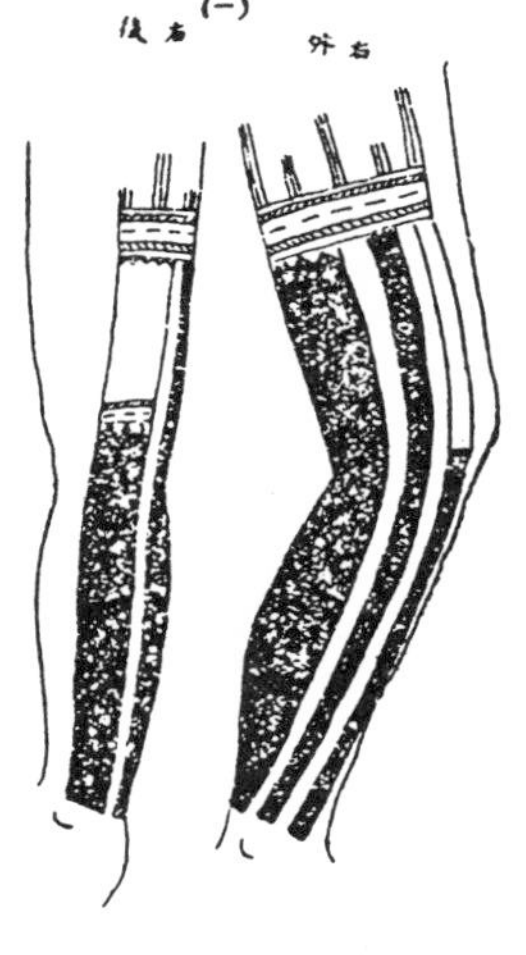

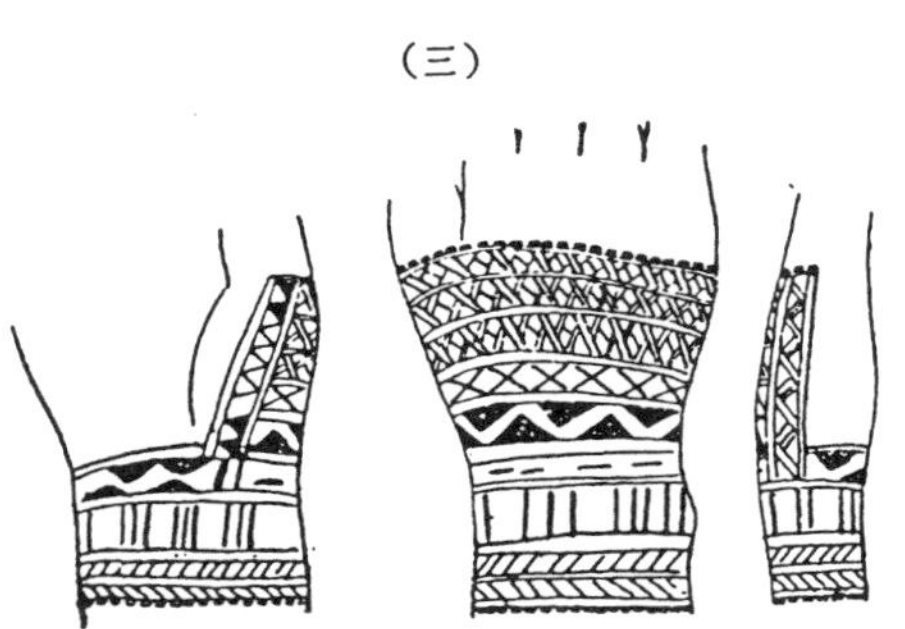

図 82　ポナペ島住民の文身（(一)男性下肢，(二)上腕の文様，(三)女性上肢．長谷部 1917）

側上部に斜格子状文が描かれる。

長谷部の報告では、男子の下肢は股引をはいたようであり、また、すね当てを着けたようでもあり、長方形に塗りつぶされている。上腕には左右に、それぞれ二〇個前後の文様が散在している。この文様には、逆三角形、菱形、星形、星印などがある。長谷部の図は Cabeza Pereiro の図とはかなり違っている。そして、手背、手根にも文身があり、上腕、下肢、手背の三部位には必ず文身を施す、と報告している。いずれも縦横および斜めの直線からなり、個人差が少ないという。もしそうであれば、この差異は個人差ではなく、年代により変化したことになる。

トラックの文身文様については、Finsch が主に直線を用いると記している。志賀田は明治中期、兄弟や家内の名を彫り、手には三角、四角、円などを入れる、といっている。

ルクノル島の一酋長は全カロリン諸島を全身に文身していたという（Finsch）。同じ地方でも島によって文様に違いがあり、モートロック諸島のなかでも、サトアン（サトウァン）とルクノルでは同じではない（松岡）。

4　マーシャル諸島の文身

鈴木の記録　明治一七年（一八八四）から二四年（一八九一）にかけて、外務省からオセアニアに派遣された鈴木経勲は、その見聞記『南洋探検実記』のなかで、マーシャル諸島の文身について記録している。

鈴木の筆写した絵には、顔から両手、両足首に至るまで、全身に文様が描かれている。この絵はあまり正確とはいえないが、顔と肩から脇腹にかけて文身をするのは島王（酋長）に限られており、腕全体に彫

図 83　マーシャル諸島酋長の文身（鈴木 1980）

るのは王妃と王族に限られている。一般の島民は唐草のような文様を背または胸に彫り、腕には西洋文字のようなものを入れている、と記している。マーシャルの文身には、このような厳格な規則があり、文身の部位を見れば階級がわかるようになっている。

目的・動機　マーシャル諸島の文身の動機については、いくつかの報告や説がある。

1　マーシャルでは、大昔、レオヴヂとラニヂという二柱の神が天降り、お前たちは、皮膚を美しくし、年老いてからしわが寄らぬように文身をしなければならぬ。水中の魚を見よ、縞があり筋がある。人間もそうあらねばならぬ。あらゆる財宝は黄泉国まで持っていくことができないが、文身はあの世でも消え失せることはないと住民に告げた、と伝えられている（Krämer）。

酋長だけが顔に文身をする特権があるのは、しわの寄るのを防ぎ、いつまでも配下の信望をつなぎとめておくためであるといわれる。

2　Erdland は、マーシャル島民の文身は異性の性欲を刺激するためと記しているが、昭和初期には、装飾が目的になっていたらしい（松岡）。

3　酋長、王妃、王族、平民で文身をする部位が厳格に決められている。これは階級の表徴として用いられている。

4　長谷部は、マーシャル人の文身の横線文帯は縄の類をそこに結縛したことが明白である、と述べている。昭和二年、パラウでの調査では、しばしば手首や首に細い紐や糸などを巻き結んでいるのを見た。これは呪いの手段であり、なかには病気治療のためという例もあった、と説明している。

施術　明治中期にマーシャルを訪れた鈴木は、鳥骨製の針を使用していたと記しているが、Krämer の報告では、昔は鳥や魚の骨で針を作った、とすでに過去のものとなっている。Krämer によると、施術用の用具には次のようなものが使われている。

1　のみ（針）
2　槌　ヤシの葉柄あるいは他の木で作る
3　絵具皿　ヤシの堅殻
4　絵筆　鳥の尾羽またはヤシの葉脈
5　顔をおおう布（織物）
6　かご　ヤシの葉で作り、用具を入れる

のみは長さ二六センチぐらいの柄の先に、金属製の歯を直角にはめこんだものを使っていたという。

施術は、まずだいたいの文様を描いておき、針を槌で叩いて血が流れるまで突き、そこに墨を塗る。鈴木によると、墨はヤシの実からつくる。ヤシの実の白い果肉を乾燥させ（コプラ）、それを燃やしてヤシの実の殻をかぶせると油烟が付く。この油烟を、コプラを燃やしてできた油に混ぜて煉ると墨汁ができる。Krämer によると、ヤシの堅殻を焼いた炭を水に溶かしたものを使うという。傷痕に塗った墨は数日後に洗い落とす。

儀　式　マーシァルでは、厳密な規定のもとに、公の行事として文身を行っていた。その儀式は昔はどこの島でも行われていたらしいが、Krämer の報告ぐらいしか知られていない。松岡の著書からそれを要約すると、次のようになる。

文身をする男女はレリク（ラリック）諸島の島々からアイリンラプラプ島のエニュエビンに集まり、仮小屋を建てて滞在する。そこには文身の神が祀られている。施術は大酋長とその家族から始まり、次いでエニュエビン村民から他の島民の順に行われる。施術に先立って祝詞をあげ、一人の頭目が女性たちを従えて、仮小屋の周りや付近を踊って回る。施術が始まると、女性たちはヤシの下で声を立てずに太鼓を叩き、下絵を描き終るころに止める。いよいよ針を下すことになると、太鼓を乱打し、大声で歌って、痛みをまぎらわせる。

施術の際に神を祀る理由を、Krämer は文身は神意により、技術は神より受けるという信仰にもとづくものとし、施術中不慮の事故がないように祈るのであって、文身そのものには宗教的意義はない、と断定している。文身師は神から特別の天分を与えられたとみなされ、術後は饗応を受け、報酬として食物あるいは花筵を与えられる。

部　位　酋長は顔に文身できる特権があることはすでに述べた。上下の階級で共通しているのは、胸、腹、背部である。腰から下の裳に隠れる部分には文身をしないのがマーシァルの特色である、とKrämerはいう。

女性の文身は両肩を主とし、腕から指先に及び、他島民と同じように、大腿、下腿にも入れる。身分の上下によって若干の区別があり、Erdland は陰部にも入れることがあるらしいことをほのめかしている。

文　様　Krämer はマーシァルの文身文様を次の一九種に分類している。

点線、直線、鋸歯、レブリン（人名?）の紋、リジェ（意味不明）、雲形、ヤドカリを象ったもの、珠、ロネジョク（意味不明）、ランロネジョク（意味不明）、草茎に蝿のとまった像、イニジャル（神に祈るの意）、ドゴラク（火搔）、魚の歯、魚、フグ、一角鳥（ウニコール）の尾、四角鳥の輪切、カビノウト（カビンは土、オウトは水を加える意）

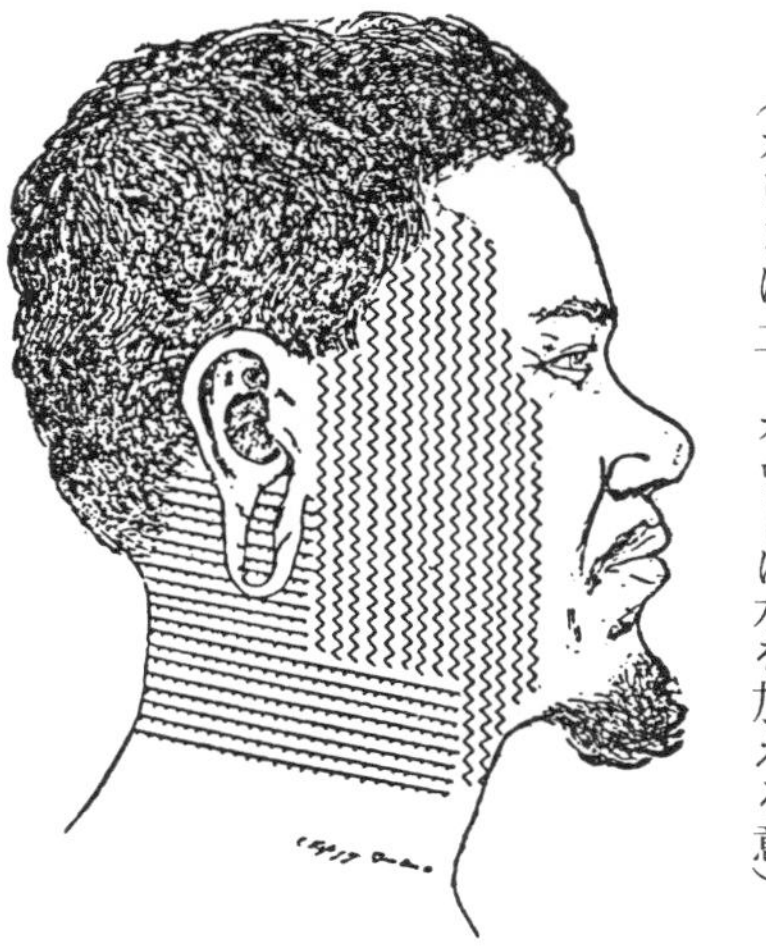

図 84　マーシァル諸島住民の文身酋長の顔面文身（Krämer 1906，松岡 1943 による）

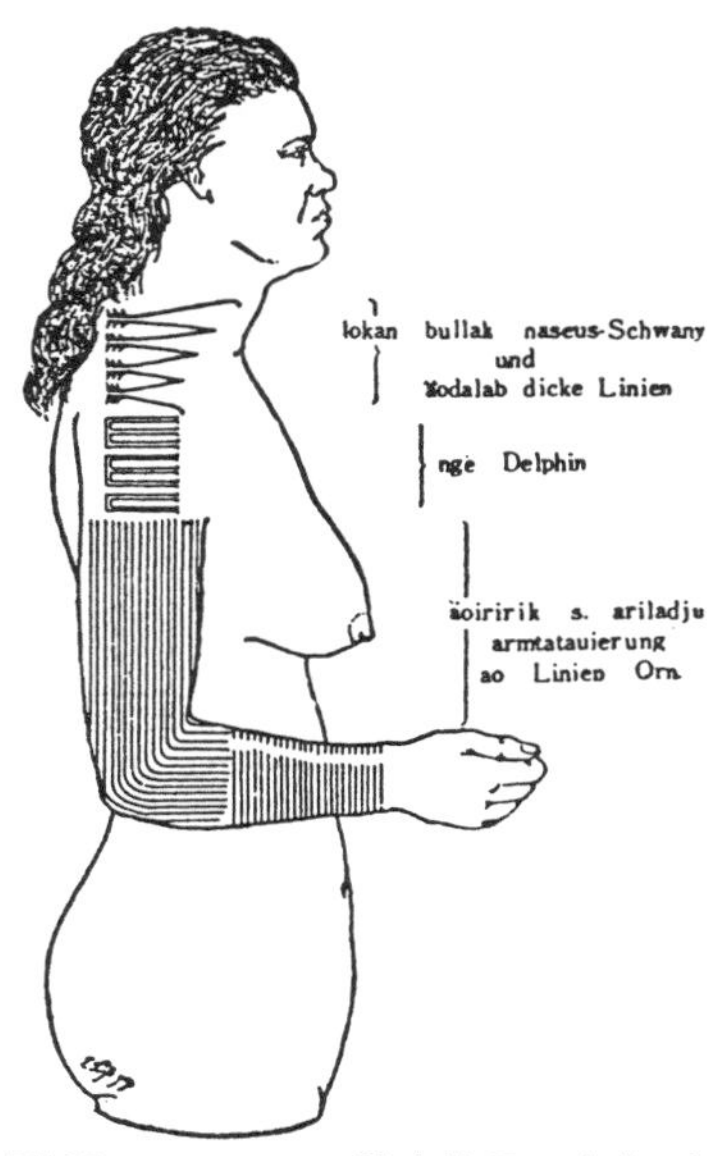

図 85　マーシァル諸島住民の文身 女性上肢（Krämer 1906，松岡 1943 による）

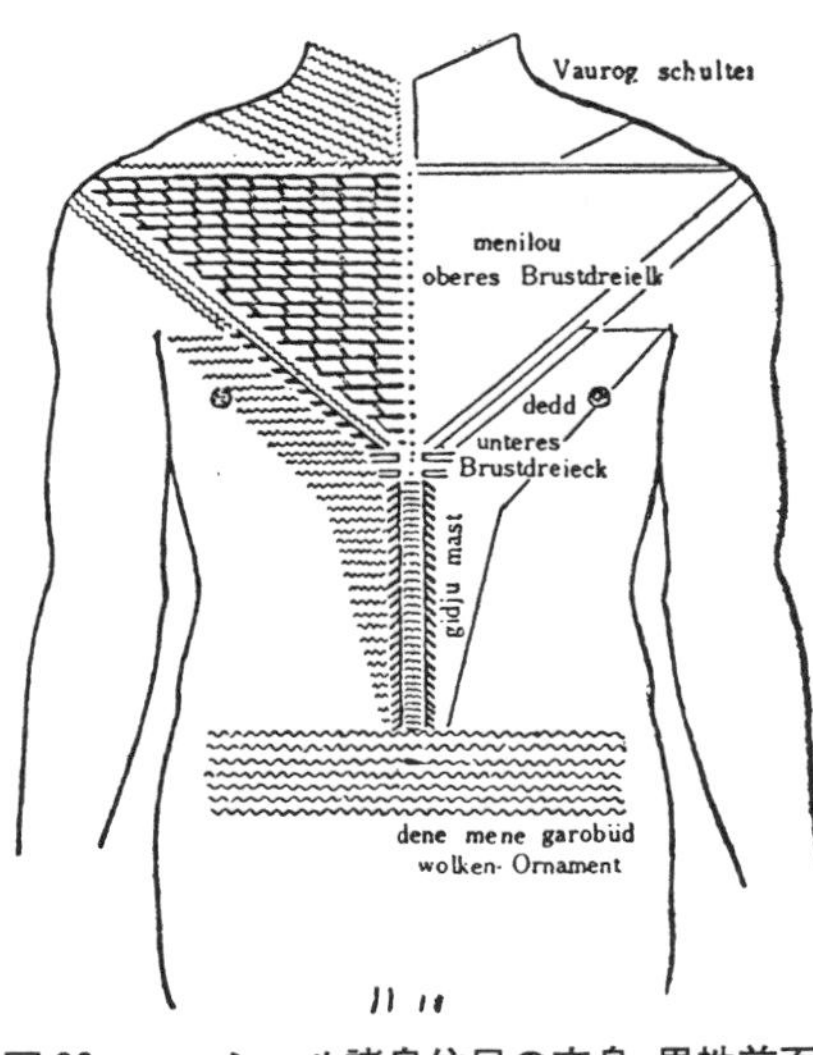

図 86　マーシァル諸島住民の文身 男性前面（Krämer　1906，松岡 1943 による）

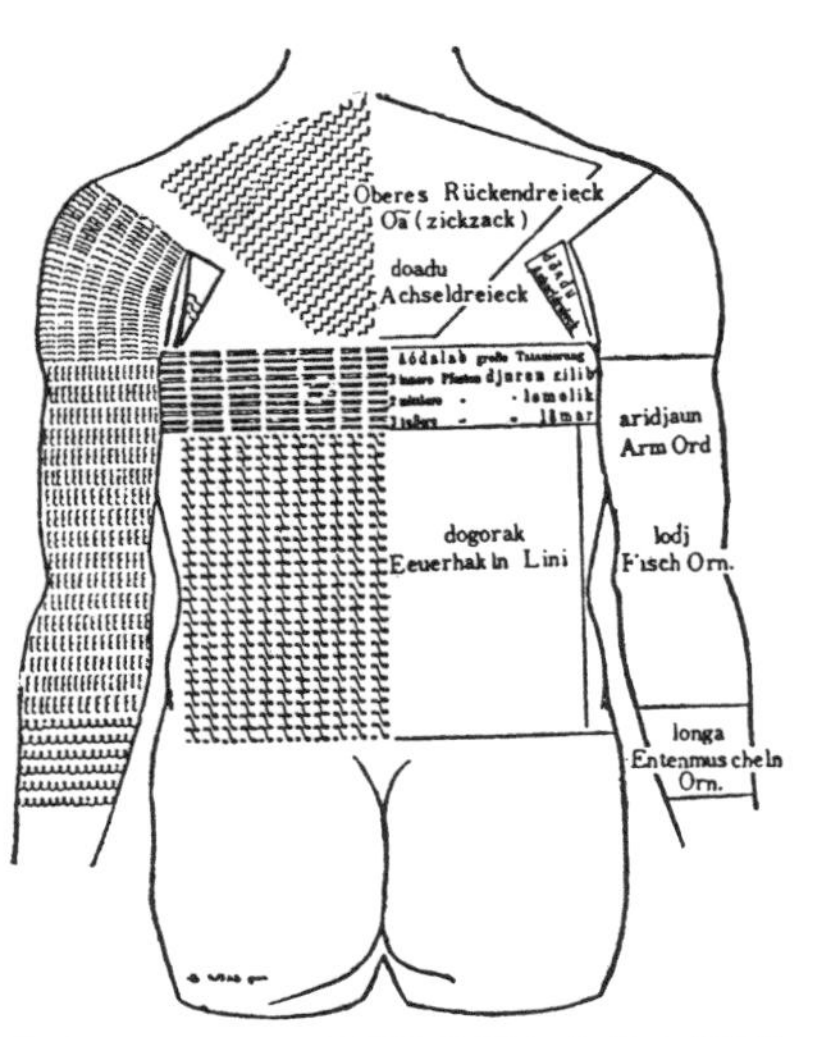

図 87　マーシァル諸島住民の文身 男性背面（Krämer　1906，松岡 1943 による）

文身はこれらの文様から構成され、図柄には一定の型があって、酋長も平民も大同小異だという。これらの文様は胸、腹、背の各部に区別している。

胸部　胸の中央から両肩に達する三角形、臍から胸に達する三角形、胸腹の中央を縦走するもの

腹部　雲を象ったもの

背部　両肩の間にある三角形、両腋にわたる大文身、背一面に施したドゴラク（火搔）の文様

Erdland は、男性の文身は胸部では舟、うねり、帆柱、腹部では雲、背部の大文身は海を象ったもので、すべての文様が航海によるものである、と説明している。女性の文身は何によるものか不明であり、〝女の恋は肩に坐る〟と歌われているので、肩の部分が重視されるという。

文様の変遷　昭和の初期、長谷部はヤルート島で文身の調査を行っているが、そのころ、すでに文身習俗には衰退の傾向が見えている。長谷部の調査した三

四八名のうち、二二三名にはまったく文身がなく、残りの一二五名も欧文字や欧風の図形を入れ、マーシャル固有の文身は五七名にすぎなかった。女性で文身のあるものは一一〇名中わずか一六名にすぎない、と述べている。

長谷部によると、固有の文様は男女それぞれ二種あり、(1)単に四肢に

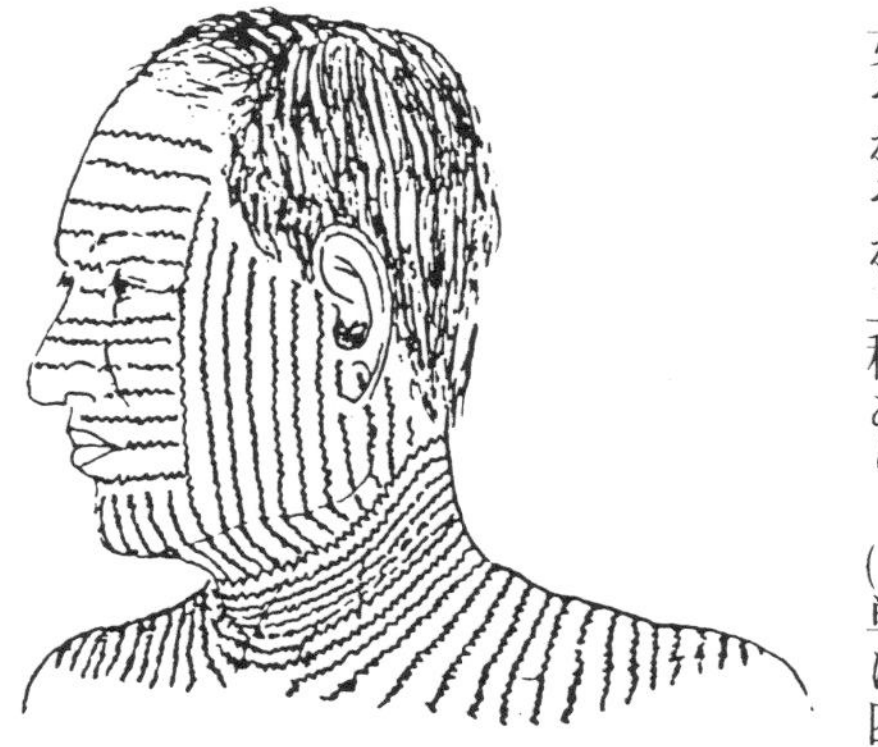

図88　マーシャル諸島酋長の文身（長谷部1932）

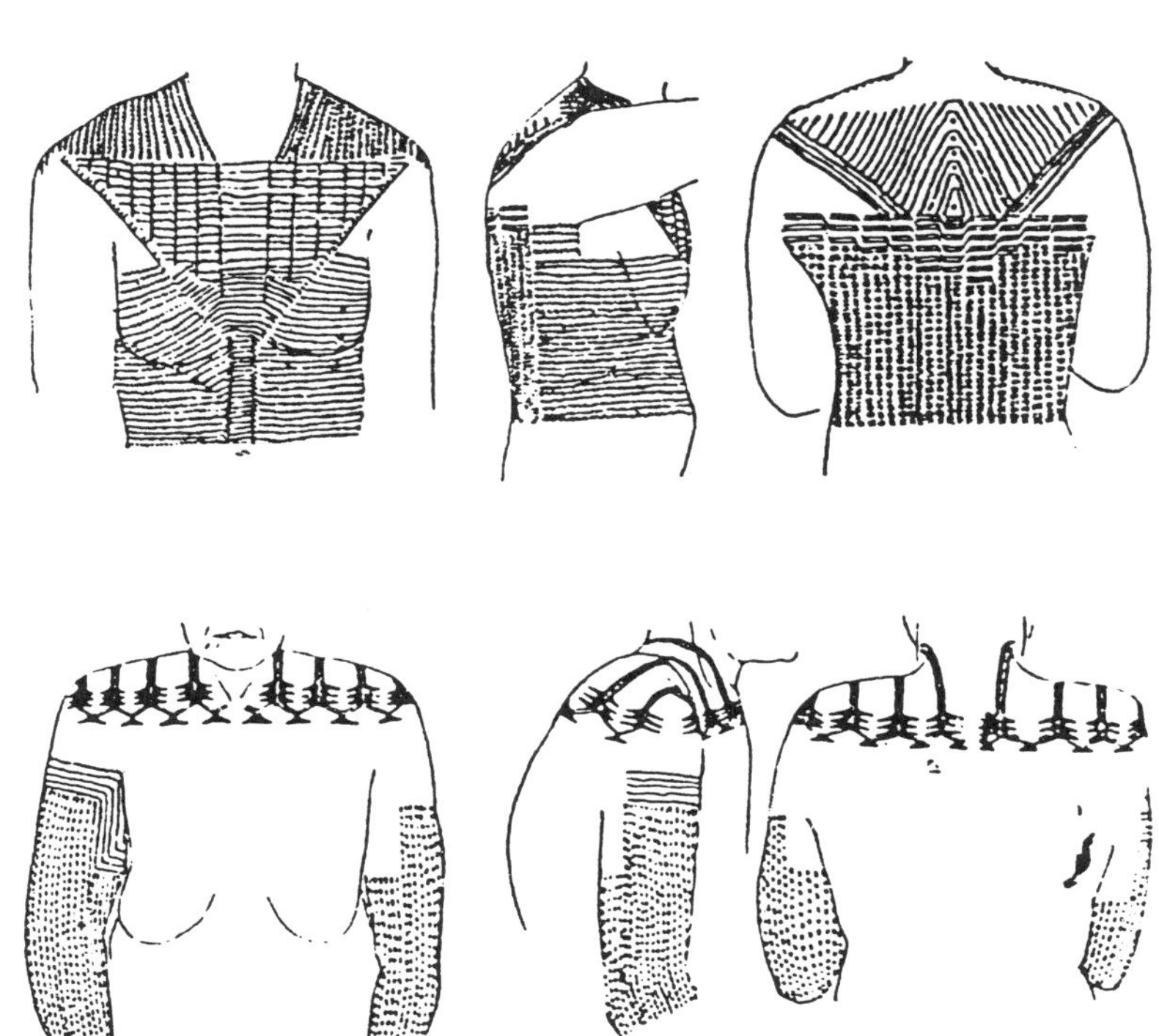

図89　マーシャル諸島住民の文身（長谷部1932）

横文帯を描くものと、⑵四肢と体幹に広汎な大文身を行うものとに分けている。大文身は男八名、女一名のみであった。大文身は術者への報酬が多いので、富裕なものでなければできない。しかし、ラリック諸島の総村長でも、左右の前腕に少しばかりの文身しかしておらず、文身習俗が消滅しつつある過程を示しているように思う。

長谷部の記載によると、文様はほとんど鋸歯線文あるいはそれに似た文様からなり、鈴木のいうような唐草のような文様ではない。これを地域差とみるべきか、時代による変化とみるべきかは容易に決めることができないが、文身習俗の衰退によって文様が単純化しつつあった可能性も考えられる。

第三部　医学と人類学の周辺

I 文身と習俗

1 イレズミの異名

名称の変遷 これまでイレズミを「文身」と表記してきたが、名称を問題にする場合、この文字を使うと混乱してしまうので、この項に限って「イレズミ」と記すことにする。

イレズミとは、皮膚に針を刺し、墨その他の色素を入れて、文字、文様、絵画などを描くことである。これには種々の異名・同義語があり、日本のイレズミの異名については、大矢全節（医史学研究家、皮膚科医）によってまとめられている。

日本のイレズミに関する最も古い記録は、すでに述べたように、『魏志』倭人伝の「黥面文身」である。日本では、これを「面に黥し身に文（あや）し」と読ませている。弥生時代から古墳時代にかけて、顔のイレズミを「黥」、体のそれを「文身」と記して区別している。

日本でイレズミを「文身」と記すようになったのは、倭人伝の記事に由来するといわれている。日本側の史料では、『日本書紀』景行紀二十七年条に、日高見国の男女が「文身」（みおもとろげ）をしていると述べているのが最初であろう。

『古事記』や『日本書紀』には、「黥利目」（さけるとめ）、「黥」（めさききざむ、めさき）、「面黥」（ひたいきざむ、まさける）、「斑」（まだらにする）と表現されている。黥刑としてのイレズミは衣服におおわれていない露出部、とくに顔面に刻られ、阿曇連浜子は眼の周りに入れたので、「阿曇目」といわれるようになった。

奈良・平安時代にはイレズミの記録がなく、中世には、『陰徳太平記』などに「黥」と記されている。

近世以降の異名　近世になると、イレズミには種々の異名・同義語が現れる。江戸時代の墨刑には「入墨」「刺文」という表記が用いられ、これと区別するために「文身」が使用された。明治以前には「文身」が多く使われたが、これはごく改まった場合に用いられ、一般には俗語が使われた。

俗語には種々の表現があり、江戸では、「ほりもの」「勇み肌」「江戸の華」、京阪では、「入黒子」（いれぼくろ）、「堀入」（ほりいれ）、「紋々」、「倶利迦羅紋々」（くりからもんもん）、「我慢」（がまん）などと呼ばれた。「入黒子」は最初起請の目的で黒子（ほくろ）を人工的に入れたからであり、後には江戸にも伝えられた。墨を入れるときには、痛みに耐えなければならないので、「我慢」しなければならなかった。入黒子のあて字として「入墨痣」（『守貞漫稿』）と記されているほか、「入墨」（『諸道聴世間猿』）、「刀墨」（『韋昭国語註』）、「黥面」などの異名がある。

「刺青」という字が用いられるようになったのは、明治以後である。明治一三年（一八八〇）の刑法には「刺文」と記され、「刺青」はまだ現れていない。「刺青」が広く使われるようになったのは、明治四四年（一九一一）、谷崎潤一郎が『刺青』という小説を書いてからだといわれている。大矢は、イレズミの材料は墨であっても、その結果は青く見えるので、それによって「刺青」という字が用いられるようになったのだろう、と述べている。

その他の名称　その他のイレズミの名称は第二部のなかで述べたので、ここで簡単にまとめておきたい。

アイヌ語では、イレズミを「ヌエ」あるいは「シヌエ」という。明治一七年（一八八四）ごろ、十勝地方では、石製の刀物でイレズミをしていた名残りとして「アンチ・ピリ」という言葉が残っていた。琉球では、イレズミは「ハヅキ」「ハジチ」で代表され、「針突」「針衝」「波津幾」などの字が当てられている。これには多くの方言がある（一三九ページ表16）。

台湾の高山族のイレズミは移川子之蔵によって報告されている（一六九ページ表21）。この名称とは多少違った記載もある。

ミクロネシアでは、長谷部によると、エオ（マーシャル諸島）、ガタウ（西カロリン諸島）と呼ばれている。

中国の書物には、彫青、箚青、箚刺、膚箚などの名がある（大矢）。

英語の tattoo、フランス語の tatouage はタヒチ語 tatau に由来するといわれている。この言葉は元来"right" "straight"あるいは"skilled"を意味する。一八六九年、ジェームス・クック（キャプテン・クック）James Cook は南太平洋を航海したとき、はじめてこの言葉を聞き、使用したといわれる（Ploss ら）。

2　文身の目的・動機

文身の起源　先史時代の人類は体の各部、耳、鼻、唇などを装飾で飾っていたらしい。これが彩色か

図 90　文身をしたミイラと土偶（ヌビア出土，BC 1300 年，土偶の点刻は文身を表現．Hambly 1925）

文身かを判断することは困難である。

皮膚は実物が残りにくいので、文身の有無を直接証明できるものはミイラしかない。文身の最も古い資料はヌビアから発見されたBC二〇〇〇年ごろのミイラといわれている。そこからは、ミイラの文身と同じ部位に点刻された土偶が発見されている。この土偶をミイラとを比較した結果、この点刻は文身を表したものとされている。文身をしたミイラはペルーのアンコンの墓地からも発見されている。メキシコのマヤ、トルテク、アステカでも、文身の明らかな証拠があるという。マヤの資料はAD二〇〇～八〇〇年、後者はAD一一〇〇～一五一九年とされている。

文身が行われるようになった動機について、高山は、たまたま傷をしたとき、赤土、黄土、その他の色のついた粘土が入り、皮膚が着色されたことにヒントを得て、人工的に皮膚を傷つけて色素を入れるようになったのだろうと推測している。人類は長い道程の間、傷口から煤、墨、あるいは種々の顔料が入り、永久的に着色されることを経験し、それがきっかけで文身をするようになったと思われる。

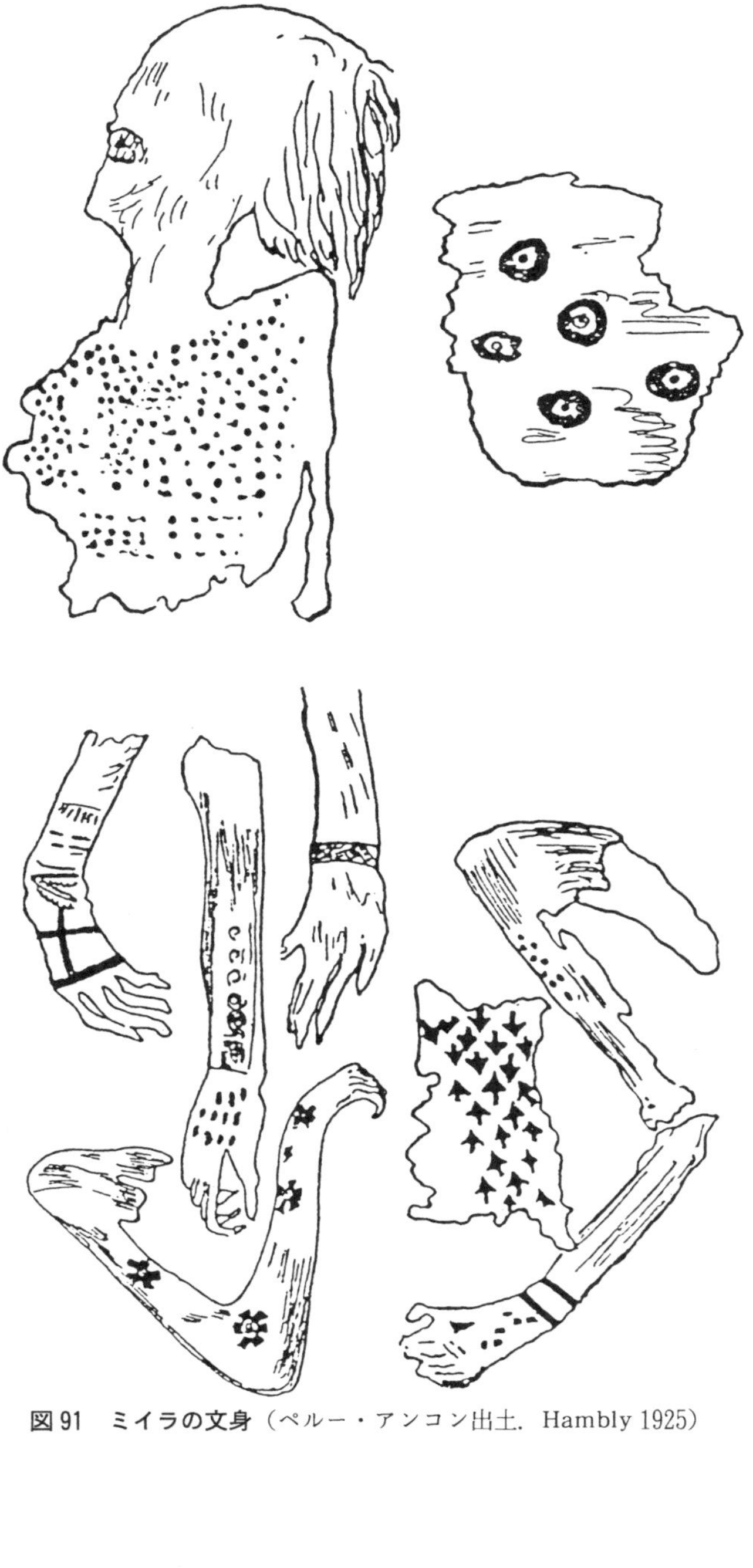

図91　ミイラの文身（ペルー・アンコン出土．Hambly 1925）

文身そのものは単純な技術であるから、そのすべてが同じ地域から発生したとは考えられないが、これが習俗となると、どこかの地域から広がり、伝播することもありうる。また、オセアニアのように比較的新しい時代に移住した地域では、同一起源を有する可能性が考えられる。

現代の文身

文身の目的・動機には、古くから多種多様なものがあり、近代以降の文身について多くの研究者による分類が発表されている。その多くは医学的な研究であるから、現在行われている文身あるいは近年まで行われていた文身についての分類であるが、文身習俗の研究にも参考になるかと思われるので紹介する。

ヨーロッパでの研究は少なく、Lombroso（1872）は文身を道徳的に欠陥を有するものの表徴とみなし、近代ヨーロッパの文身を持つ集団として、娼婦と犯罪者をあげている。これらの文身の動機として、1宗教心、2模倣、3閑散、4虚無感・誇示、5朋党心、6高尚な感情、7恋愛、8装飾をあげている。

小林省三は第一次世界大戦中、南洋群島（ミクロネシア）で捕虜となったドイツ人の文身について調査している。その目的・動機には確かなものは少なく、二、三のものは幼時世襲的職業に努力させるため両親から職業用器具を文身されたものがあった。その他は一時的に刺激を受けて文身したが、後悔しているものが多かったという。一将校はドイツでは、文身が労働者階級とくに下級船員に多い理由として、四、五〇年前（昭和七年の報告であるから、明治中期か）、ドイツのある地方で犯罪が多発し、その大多数は下級社会の労働者であったので、官憲は二回以上の前科のある犯罪者に文身を命じたことがあった。それ以来、船員などがこれに倣うようになったという。小林は、捕虜のなかには文身除去を申し出たものが少なくなかったと述べている。

日本人についての研究もLombrosoの分類に準ずる項目が多く、次にあげるように共通した点がいくつか見られる。

一九三八年、福士政一は日本人の文身についての詳しい研究を発表し、その動機を、次の八項目に分類している。

1　職人気質　船員、仲士、鳶職、町奴が職業に対する心意気を示す場合。
2　図案的・意匠的　刺青師が美しい肌を見て傑作をものにしようとしたものや、奇抜な図柄で世人を驚かせようとするようなもの。
3　記念的、誓約、起請、銘記的な意味　相思相愛の両者の名前や頭文字を入れたり、朝鮮における幼時のなかよし同士が義兄弟姉妹の誓いを結ぶ場合の点状文身。
4　宗教的・迷信的　念仏題目、朝鮮の地獄に落ちないための点状文身、賭博に負けない呪いなど。
5　発奮・発心・改悛
6　性愛・同性愛　図案が性的な意味を表す場合は2にあい通ずるが、女性の外陰部、高橋お伝の蛇入開図、臍を女性外陰部に見たてて腹部に文身したものなどは明らかに性的刺激を目的としていると考えられる。また、愛人の名前を文身し合うようなものは、多くは肉体関係の誓約を意味する。
7　復讐
8　美容目的　主に顔面に行われ、日本ではイレボクロ（入黒子）が多い。アイヌ、ミクロネシア人のように、口の周囲、顔全体に文身するもの、女性が成人して一種の化粧として行われるものがある。

なお、8のミクロネシア人はマーシャル諸島の酋長を指していると思われる。

大矢は江戸時代以降の文身の動機を次のように分類している。

1　強制的　黥刑、刺青師の稽古台、不良少年グループなど。
2　非強制的
　A　宗教的・迷信的原因

B　非宗教的原因

非宗教的原因には、次のようなものが含まれる。

a　性的なもの　娼妓など。

b　同性愛の表徴　aに入れてもよい。

c　流行的動機　模倣慾を満足させ、あるいは装飾として行う。身体の落書のようなものという。

d　職業的原因　土木請負業、鳶職、侠客、船員（溺死後の目標となることを目的とする）など。

e　感激的原因　福士の分類で改心、発奮、記念、誓約、兄弟の契、開業祝など。

f　医学的原因　白内障、尋常性白斑（シロナマズ）の治療など。

吉益脩夫はその目的を、1無聊、2誇示、3模倣に大別し、文身の内容によって次のように分類している。

1　性的表現　恋愛、性慾にもとづく女の名前。

2　宗教的　成田山、不動明王、南無阿弥陀仏、十字架など。

3　記名・追憶　友人の名前、頭文字、自己の氏名、雅名、楽書の心理による。

4　悪の表現　河内山の竹、二代目血桜五郎、「我一代御意見無用」など。

5　嗜好・愛好　助六、吉松、酒盃、鳥など。

6　復讐

7　悔悟・改心　忠孝、一心。

8　模倣慾　龍に雲の図、般若面、桃、牡丹、瓢箪、短冊など。

井上泰宏は東京の各刑務所で服役中の囚人について調査を行い、次のような動機をあげている。

1　虚栄心　文身施術に伴う苦痛に耐えることが社会的優越を示す場合。主に力仕事と健康美を誇るような職業を持つものにこの傾向が強い。

2　好奇心　若年者に多く、未知なものに対する強いあこがれによる。

3　無聊　孤独の状態で身体を遊戯的に弄ぶ傾向にあるものが、衝動的に文身をする。一心、力、自分の氏名など。

4　社会的標識　すり、賭博の常習犯で一つの集団に属するもの。親分の氏名の頭文字、グループ名のシンボルなど。

5　記念・記憶　恩を忘れぬための「恩」という字や恩人の名前を彫ったり、友人同士の名前を彫ることがある。

6　迷信および信仰　賭博や勝負事に勝つために、花札、賽、将棋の駒などを彫ったり、宗教的信仰が加わって、自分の行為・運命が守護されるという願望のもとに、文字、符号、絵柄を入れることがある。

7　愛翫・嗜好　賭博常習者のなかには、花札や賽などの道具を彫ることがしばしば見られる。

8　模倣　暗示力の強い人間と接し、これをまねて文身を入れるものがある。

9　誘惑あるいは他人の悪戯　他人に誘われ、奨められ、強制的あるいは泥酔中にされることがある。

10　理想　武勇伝、侠客伝などの登場人物を理想としてそれを彫る。文字で理想を表すこともある。

11　威嚇的誇示　人魂、般若、鬼、幽霊または「我一代御意見無用」の文字など恐怖心を起こさせるもの。

12　性的衝動　古くから遊廓で男女が相手の名を彫ったり、性的な絵を表したものや性器を表現したものを入れることがある。

また、谷奥喜平はこれまでの分類を整理し、それに習俗としての文身と医療的文身を追加している。

1　風俗習慣としての文身　アイヌ、琉球、南洋諸島などに見られるもの。
2　強制的文身　刑罰、盟約、団体目印など。
3　意匠的文身　図案的、名画の模写、刺青師苦心の作など。
4　誇示的文身　人に見せるためのもの、船員、仲士、やくざ、盗賊などの文身。
5　性愛的文身　性および恋愛に関係あるもの。
6　信仰的文身　宗教的、信仰的なもの。迷信的なものもこれに入れてよかろう。
7　記銘的文身　追憶、記憶、決心、改悛など。
8　美容的文身　眉毛、生え際、つけ黒子など。
9　医療的文身　白斑治療、血液型、止血点の指示。

最近、形成外科で文身が扱われるようになり、医学的な立場からの分類が行われている。

菅原光雄の分類
1　刑罰としての文身
2　医学的用途
3　風俗習慣としての文身

4　その他　i誇示的、ii性愛的、iii信仰的、iv記銘的、v美容的

倉田喜一郎の分類

1　外傷性文身　爆発創、擦過創。

2　人為的文身　習慣・風俗的、強制的、意匠的、誇示的、性愛的、信仰的、記銘的、美容的。

3　医療的文身　尋常性白斑や血管腫など。

習俗としての文身　近年まで習俗として文身を行っていた種族でも、長い間に当初の動機や目的が忘れられたり、目的が変り、慣習として行われてきたものもあったに違いない。その動機を知ることは容易ではないが、移川子之蔵は次のようなものをあげている。

○種族もしくは男女の標識。

○頭目・勇者標章ならびに自由民と奴隷のような者の区別のための階級標識。

○婚期を示す女子の標識。

○単なる身体装飾によるもの。

○一種の禁厭によるもの。

○歯痛、頭痛、マラリア、リュウマチなどの医治療法として行うもの。

○文化・民族間に行われるところの刑罰、秘密結社の符牒。

○恋愛、威嚇、好奇、流行など。

各地の文身習俗や先学の研究などから考えられる文身の目的・動機は、次のようにまとめることができる。

1　種族あるいは男女の標徴　文身を施す部位や文様は種族によって異なっている。マルケサス諸島の住民は文身の部位によって氏族を区別していた。性別からみると、女性だけが文身を行う種族が多いが、男性のみが行うこともある。男女とも行う場合には、部位や文様などが男女で異なるのが普通である。

2　階級の標徴　階級によって、文身の部位や文様に差のある種族が知られている。ニュージーランドのマオリ族では、首長や秘儀を習得したものだけが、顔に文身をすることを許されていた。台湾南部の高山族（高砂族）でも、首長は腕から胸にかけて文身をする習俗があった。マーシャル諸島でも、首長のみが顔に文身をしていた。

3　勇者の標徴　高山族の男子は首狩りを成就したとき、そのしるしとして、はじめて文身をした。そのうち、北部のアタヤル族とサイシャット族では、胸に横線あるいは人の首を彫った。南部のルカイ、パイワン、プユマ族では、人の首を胸部に刻む習俗があった。

4　婚期を示す女子の標徴　アイヌ女性の大多数は結婚前に文身を始めた。彼女らは文身をしていないと、夫を持つことができないとか、まだ一人前の女ではないから、男の方から結婚を申しこむことができない、という考えがあった。琉球の文身も一人前の女性の標徴であり、結婚後に完成させた地方もあるが、結婚と深い関係があることは疑いない。

5　宗教的な理由　アイヌの女性は文身をしていないと、死後祖先のところへ行くことができないので、地獄に落とされるといわれていた。また、文身は魔除けになると信じられ、文身をしないで神の前に出るのは不敬に当る、と信じられていた。ボルネオのロング・グラト族でも、文身をした女性だけがあの世へ行ける、と考えられていた。琉球では、文身をしないで死ぬと、先祖に自分を証明することができないといわれている。

6　装飾・化粧　　文身には、さまざまな動機があるが、元来装飾を兼ねたものである。アイヌ女性には、文身によって美しく化粧するという考えがあり、若い女性は早く文身をして美しくなりたいと望んで、結婚前に完成させようとした、といわれている。

7　医療の目的で行うもの　　後述の医療的文身 medical tattoo とは異なり、文身によって病気の治療を行うという呪的なものである。北海道アイヌでは、女は文身をすれば悪い病気にかからないといわれ、また、頭痛、眼病、その他の疾病のときには、もう一度文身をすると治る、といわれた。琉球でも、与那国島で、肩こりや腕の痛みを治療するために、文身をした例が報告されている。

8　刑罰、呪的あるいは性的なもの　　中国では、後晋のときに刺配の法が始められ、宋、元、明に及んでいる。古代日本には、『日本書紀』に墨刑の記事があり、その後、第八代将軍吉宗の時代になって、墨刑が制定され、明治初年まで続いている。『魏志』倭人伝には、水中事故を防ぐという呪的な目的で文身が行われた記録があることはよく知られている。トラック島では、女性の大腿にある文身が、男性を性的に興奮させる装飾とされた。また、ビルマ女性の眉間や口唇部の文身にも男性を魅了する力がある、と信じられていた。

3　文身の頻度

習俗としての刺青では、その社会の一員であれば、特別の障害でもない限り、ほぼ全員が文身をしていたはずである。文身習俗のある民族・社会では、男子は文身をしなければ一人前の成人として認められな

表 22　文身の頻度

報　告　者	N	%	そ　の　他
呉 1896	♂　180	7.77	巣鴨　精神病 1893
〃　〃	♂　174	9.19	〃　〃　1896
〃　〃	♀　148	2.7	〃　〃　1896
井上 1949	240	7.04	大阪　日雇人夫
〃　〃	♀　2500	1.36	〃　接客婦
〃　〃	♀　2700	4.33	〃　娼婦
前田 1950	♀　122	3.2	岡山　娼婦
菅原 1983	4010	0.27	弘前大学　外来
中村 1938	1616	52.8	平壌　朝鮮人風習
Lombroso 1863	1147	11.6	イタリア　砲兵
〃　1873	2739	1.5	〃　歩兵
Hutin 1852	3000	17.0	軍人
Kleinert 1892	400	11.75	〃
Schönfeld 1955	♀　15000	6.0	
Seidel	490	9.5	ミュンヘン患者　看護人
Riva	♂　184	16.3	白痴
〃	♀　147	6.8	〃
Soresina 1867	1000	0.1	ミラノ　娼婦
Bergh 1891	804	10.0	コペンハーゲン　〃
〃　〃	2161	1.7	イタリア　〃
Menger	2448	0.2	ベルリン　〃
Riecke 1925	300	9.3	ジェヌア　〃

いし、女子は結婚できないことが多かった。近代以降になると、文明社会の影響によって、文身習俗がすたれてくるので、この時期の統計はこの習俗の消長を示すものであって、習俗本来の頻度を表すものでないことはいうまでもない。

文明社会での文身は習俗として行われていない。西欧では、かつて文身は犯罪者に多いといわれ、犯罪学の立場から多くの統計が報告されている。日本でも、同様の観点から、刑務所の囚人などについて調査したものがある。

ヨーロッパでは、軍人、船員、鍛冶屋、肉屋、馭者に多く、女性では、娼婦や芸人に見られた。玉林晴朗は、欧米の文身は水夫、犯罪者、無頼漢、娼婦に多いが、貴族や貴婦人の間にも行われていたと述べている。

日本では、明治二九年(一八九六)、呉秀三は、船乗り、消防夫、大工、建具師、指物師、料理人、鍛冶職に多いと報告している。戦後の昭和二三年になると、吉益は鳶職、露天商人、船員、料理人に多いといい、二五年、前田尚久は工員、農業、無職、土木請負業に多いと報告している。昭和三四年、谷奥は文身と職業との関係について、船員、職人、料理人、鍛冶屋、露天商人が多く、江戸時代には、消防夫、魚屋などにも多かったようで、やくざ者、博徒には現在でもかなり多い、といっている。文身の頻度を表22にまとめてみたが、現代社会には当てはまらないものが多いだろう。

4 文身を施す部位

文身をする部位は種族あるいは地域によってほぼ一定している。しかし、それを地域ごとにまとめて述べるのは、容易ではない。何年もかかって全身に文身するものから、顔、胴、上肢、下肢にそれぞれ単独に、あるいは各部にわたって施すものなど、千差万別である。世界各地の文身習俗について述べるほど、資料の手持ちがないので、主に東アジアとオセアニアの例をあげることにする。

全　身　全身の文身で、研究者によく知られているのは、マルケサス諸島の住民の文身である。この文身はいくつかの本や雑誌に紹介されているので、御存知の方も少なくないと思う。これを見ると全身が衣服でおおわれたような、みごとな文身で飾られている。これほどの文身であれば、数年でも完成しないだろう。二、三歳ごろから彫り始め、およそ三〇年かかるといわれる。帽子をかぶっていない絵で見ると、頭部も二カ所の毛髪を残して剃り、文身をしている。女性はそれよりもずっと簡略で、結婚前に右手に施される。

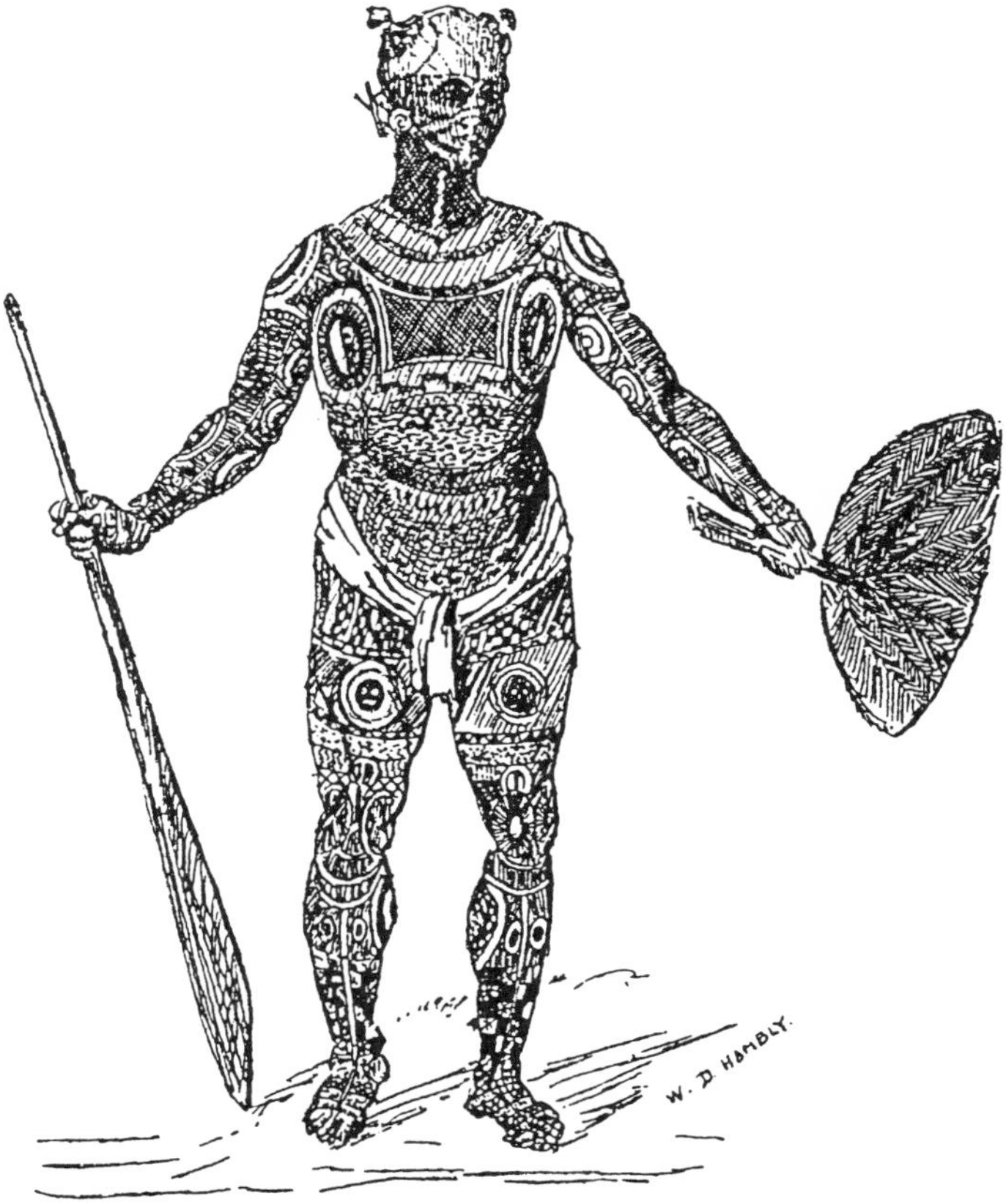

図92　マルケサス諸島住民の文身（Hambly 1925）

パプアニューギニア東南部では、男性よりも女性の方が文身が盛んであり、全身にわたって施す種族がある。例えば、コイタ族女性の文身は、五歳ごろから入れ始め、一定の順序でしだいに範囲を広げ、結婚適齢期に達するころに完成された。ニューカレドニア島住民でも、女性の方が文身が盛んであった。文身は顔、胴、上肢にわたって入れた。オントン・ジャワ諸島では、娘は臀部と上腕部に魚の文様を入れ始め、成長するに従って、胸、背、腕、顔に加えられた。

顔　顔の文身は、顔面のみに限られる種族から全身の一部として顔に入れるものまで、さまざまである。顔の文身でよく知られているのは、ニュージーランドのマオリである。マオリ族では、酋長など高い階級の男性のみが顔に文身をした。彼らは渦巻などの各種の曲線や唐草様の文様で、顔全体を満たした。この文身は近年には行われなくなり、女性のみがそれより少し後まで、唇や顎の辺りに文身をした。

顔面に文身をする種族は、移川、その他の文献から拾うと、次のようなものがある。

1　西アジア　ペルシア（女）、アラビア（女）、パレスチナ（女）

2　インド

ベンガル　ケエン族（女）、ジュアン族（女）、カルリア族（女）

インド　ナガ族（女）、バダガ族（女）、ドダ族（女）、ギルザイ族（女）

アッサム　アオ・ナガ族（女）、チャン・ナガ族（女）

3　東アジア

極東　チュクチ（男女）、ゴルヂ（女）、コリャーク（女）、アイヌ（男女、主に女）、古代日本人（男女、主に男）

中国　アタヤル族（男女）、サイシャット族（男女）、パイワン族（女）、ルカイ族（女）、プユマ族（女）（以上台湾）、黎族（女、海南島）、チン族（女、南中国）

4　東南アジア

フィリピン　ボンドック族（男）、イゴロット族（男）、南部カリンガ族（男）

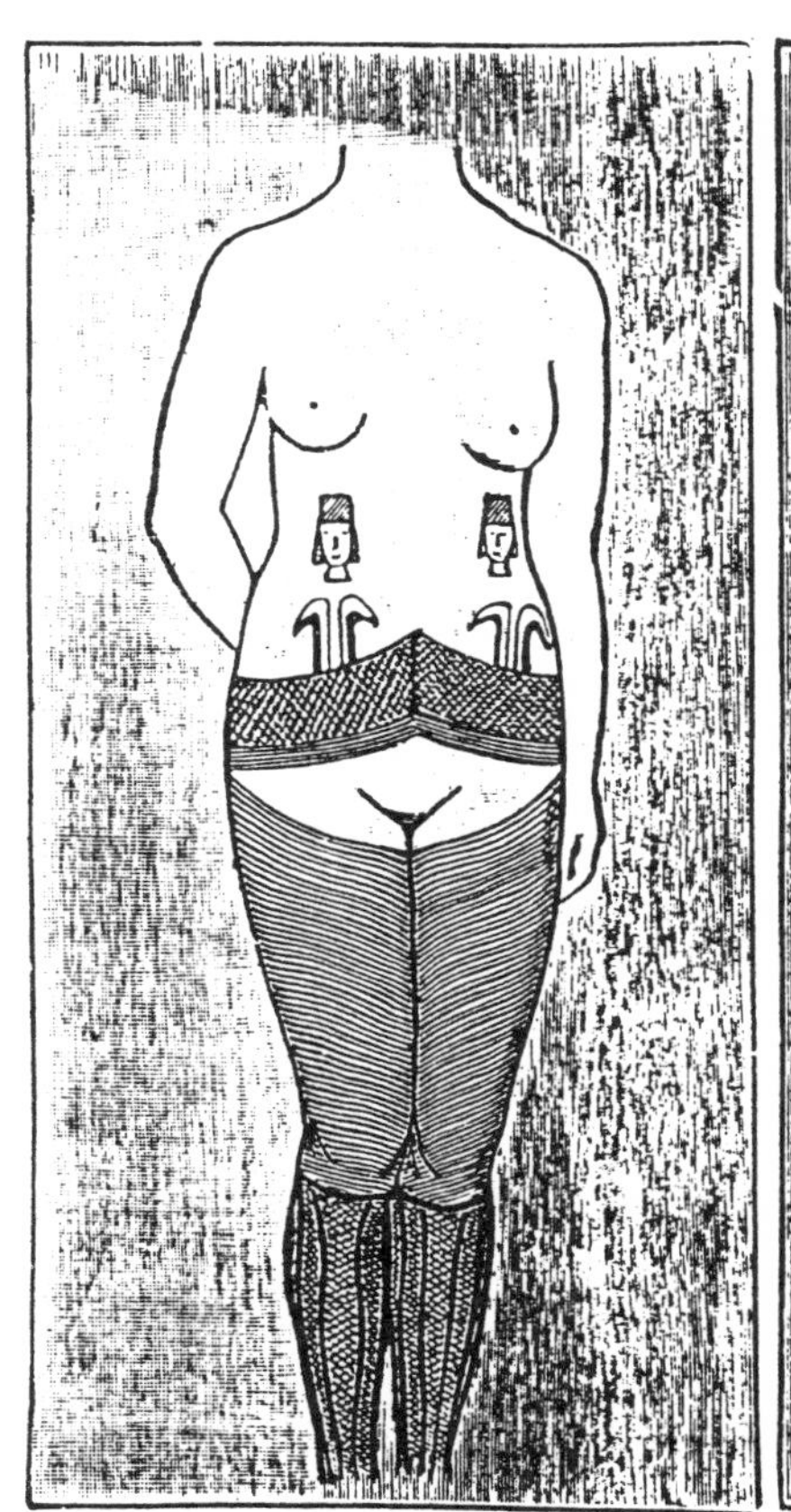
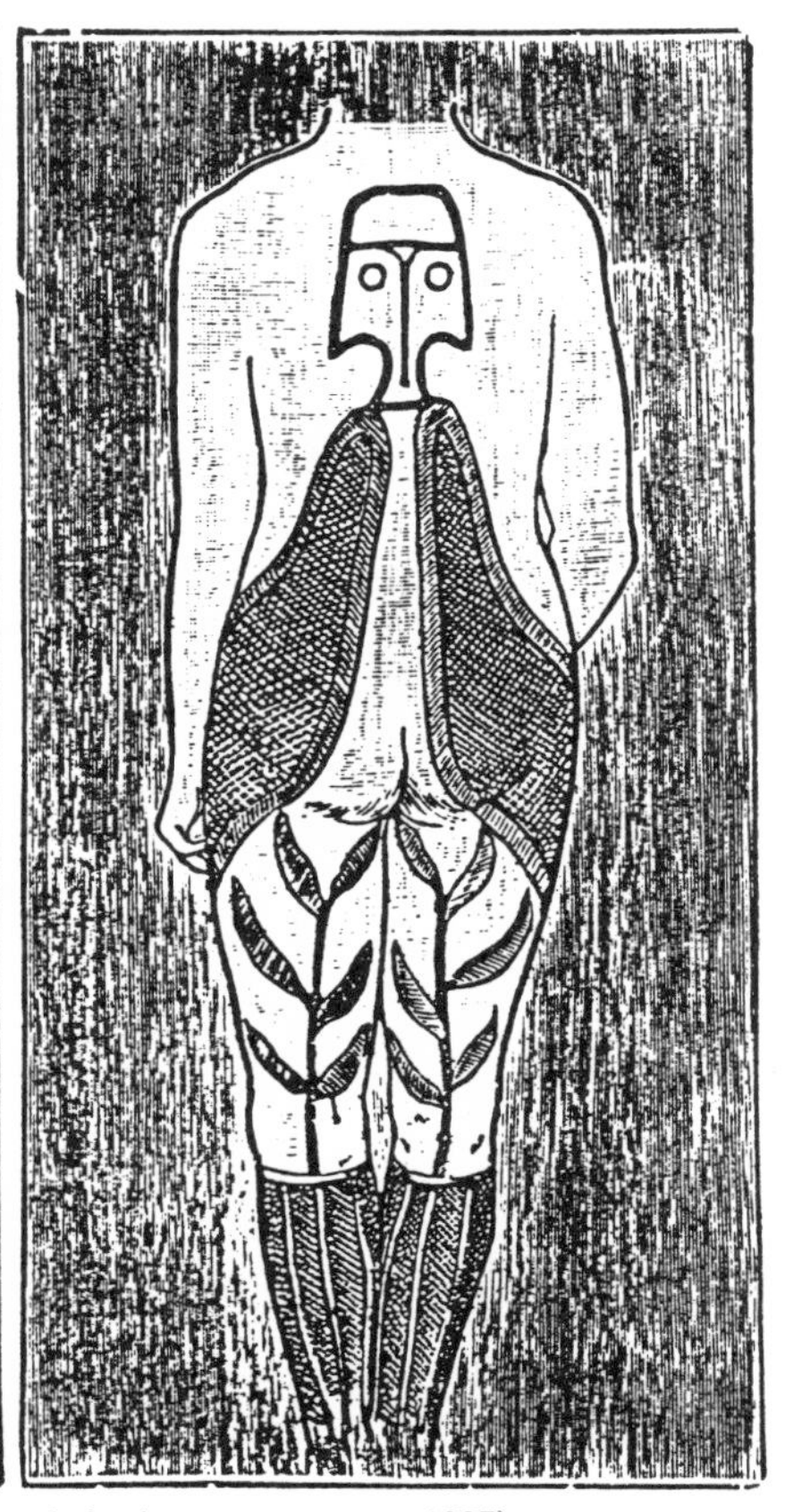

図93　イースター島住民女性の文身（Ploss & Bartels 1927）

インドネシア　パタシワ族（男、セラム島）、パタリマ族（男、セラム島）、ビアジャラ族（男、ボルネオ）

サカイ族（男女、マレーシア）、ビルマ人（男）、チン族（女、ビルマ）

5　オセアニア

メラネシア　ニューギニアの諸族（女）、ニューブリテン（男女）、ニューアイルランド（女、酋長）、アドミラルティ諸島（女）、ニューカレドニア島（男女）、オントンジャワ島（女）、フィジー諸島（女、顔はまれ）、ニューヘブリデス諸島（女）

ポリネシア　ニュージーランド（女、酋長）、ハワイ（男女）
ミクロネシア　マーシャル諸島（酋長）、トラック島（男、顔はまれ）
6　南北アメリカ　エスキモー（男女）、アリュート（女）、北米インディアンの一部（女）、南米インディオ（男女、アマゾン）

文身と衣服　文身の部位と衣服との間には、かなり密接な関係がある。文身は一般に身体の露出部位に施されることが多い。古代日本の海人は黥面文身して潜水したが、部民は黥面のみで、衣服を着けている部位には文身をしていなかったようである。アイヌ女性は口の周りと手背・前腕、琉球では手指から手関節にわたる部位に限られる。

熱帯あるいは亜熱帯で、裸に近い状態で生活している種族では、顔や四肢ばかりでなく、体幹に文身をする種族が多い。トンガの男性は臍の辺りから膝関節まで、ときには亀頭にも入れるが、女性は手だけに限られる。イースター島にヨーロッパ人が来たときには、男には文身はなく、女性は臍から下肢全体にしていたという。サモアでは、男性は肋骨下部から膝にかけての文身が多いが、女性はそれより小範囲であった。

しかし、高山が指摘しているように、文身部位は常に気候や衣服によって決まるものではない。パラウ島の少女は陰阜（恥丘）に文身をして、結婚適齢期であることを示した。フィジーの娘は成熟期になると、腰みのでかくれる部分にだけ文身を入れるという。北極圏に住むエスキモーも胸に文身をした。

5　文身の施術法

移川は文身の施術法を三法に区別して説明している。

1　皮膚を針で突き刺し、墨をすりこむもの。
2　刃物の先で皮膚を切り、墨をすりこむもの。
3　針状のものによって皮下に墨を入れるもの。

1の方法は多くの地域や種族で行われており、沖縄や日本の方法もこれである。台湾高山族の諸族では、歯ブラシのように、五、六本の針を竹の先に結びつけ、それを皮膚の上に当てて、その上を小さな棍棒状の槌で叩く。流れる血を拭き取って、煤煙をすりこむ。金属製の針が手に入るまでは、植物の棘や骨製の針を使うところが多かった。高山族では骨針やみかんのような植物の棘を使用し、海南島の黎族では、山中に生えている黄籐 *Calamus thysanoplepis* Hanceの棘を使用した。オセアニアの島々では、魚骨、鳥骨、獣骨ときには人骨で作った針が使われている。

2の切傷をつける方法はアイヌで行われていた。アイヌではかつて文身をアンチ・ピリ（黒曜石の傷）と呼んだことがあるといわれている。金属製品が入るようになってからは、小刀や剃刀の刃が使われている。移川は、中国でも『後漢書』朱穆伝に「黥首を鑿額涅墨と謂ふ也」とあり、また、文身を「雕青」ともいうので、切傷をつける方法も刺突法もあったのではないか、と推測している。

3の方法はアラスカエスキモーやシベリアのウリチ、チュクチなど北方民族に見られる。志賀田順太郎は坪井正五郎の問に答えて、明治中期ごろのトラック島では、針で傷つけた後で墨を入れるのではなく、皮膚に墨を塗ってから針を刺すといっている。

Ⅱ　文身の医学

1　施術後の経過と皮膚機能

皮膚の構造　文身は狭い範囲であれば、人体にはほとんど影響はないが、広範囲にわたって施されると、全身への影響が出てくるのではないか、ということはだれでも考えることであろう。ところが、文身と皮膚機能との関連については、まだ不明なことが少なくない。医学の文献を調べてみても、これまで十分に研究されてきたとはいえない。むしろ文身は病気の仲間に入れてもらえず、その医学的研究は軽視されてきたといってよい。

皮膚は表層から深部へ向かって、1表皮、2真皮、3皮下組織の三層に大別される。表皮には血管がなく、細胞間隙にある組織液（リンパ）によって栄養されている。表皮細胞は下層から上方へとたえず移動し、最後は皮膚の表面から脱落しているので、表皮に傷を受けると傷痕を残さずに完全に修復される。また、表皮に入った異物はやがて外へ排出される。

真皮には、血管、リンパ管、神経終末などがある。表皮と真皮との境界は平らではなく、表皮の突起と真皮から上に突出した突起とがかみ合って、凹凸の多い面をなしている。真皮の突起を乳頭といい、乳頭には下層から来た毛細血管が入りこんでいる。皮膚をすり剝いたとき、そこから黄色い透明な液や血が滲んでくるのは、表皮が剝離して、リンパが出たり、毛細血管から出血しているのである。傷が真皮に及ぶと、傷が治った後に瘢痕ができる。墨などの色素が注入されると、色素顆粒はそこに長くとどまり、容易に排出されない。これを利用して文身が行われる。

皮下組織には脂肪組織があり、血管、リンパ管、神経線維を含んでいる。文身の色素顆粒は皮下組織まで入りこんでいることがある。

皮膚には、付属器と総称される毛、立毛筋、汗腺、脂腺、爪があり、皮膚の働きを助けている。とくに汗腺は人体の温度調節に重要な役割を果たしている。

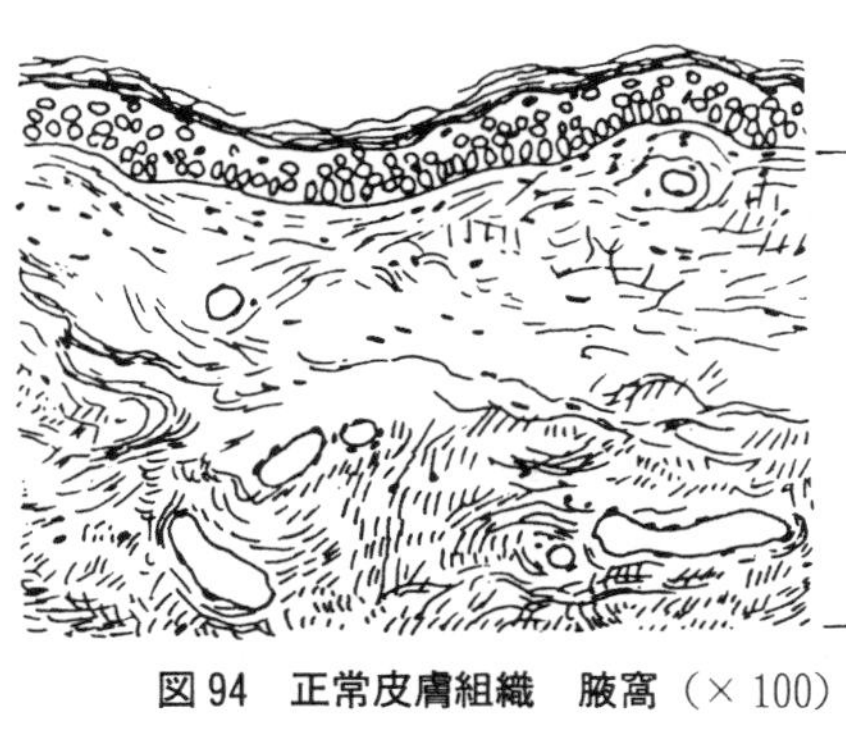

図 94　正常皮膚組織　腋窩（× 100）

局所症状　文身は医学的な手術のような局所麻酔をしないで、針を皮膚に刺すので、必ず痛みを伴う。針は真皮に深く入るので、出血が起こる。被術者は激しい痛みに耐えなければならず、なかには苦痛のために中途で止めるものもあるといわれる。しかし、多くの人たちは痛みに耐えて文身を完成させ、そのことに誇りを持つものもいるという。

施術後の局所症状とその経過には、施術法や個体によって多少の差があり、谷奥喜平は次のように記している。出血は毛細血管の損傷が主であるから、大出血はなく、圧迫すると止血することができる。血痂は三〜七日

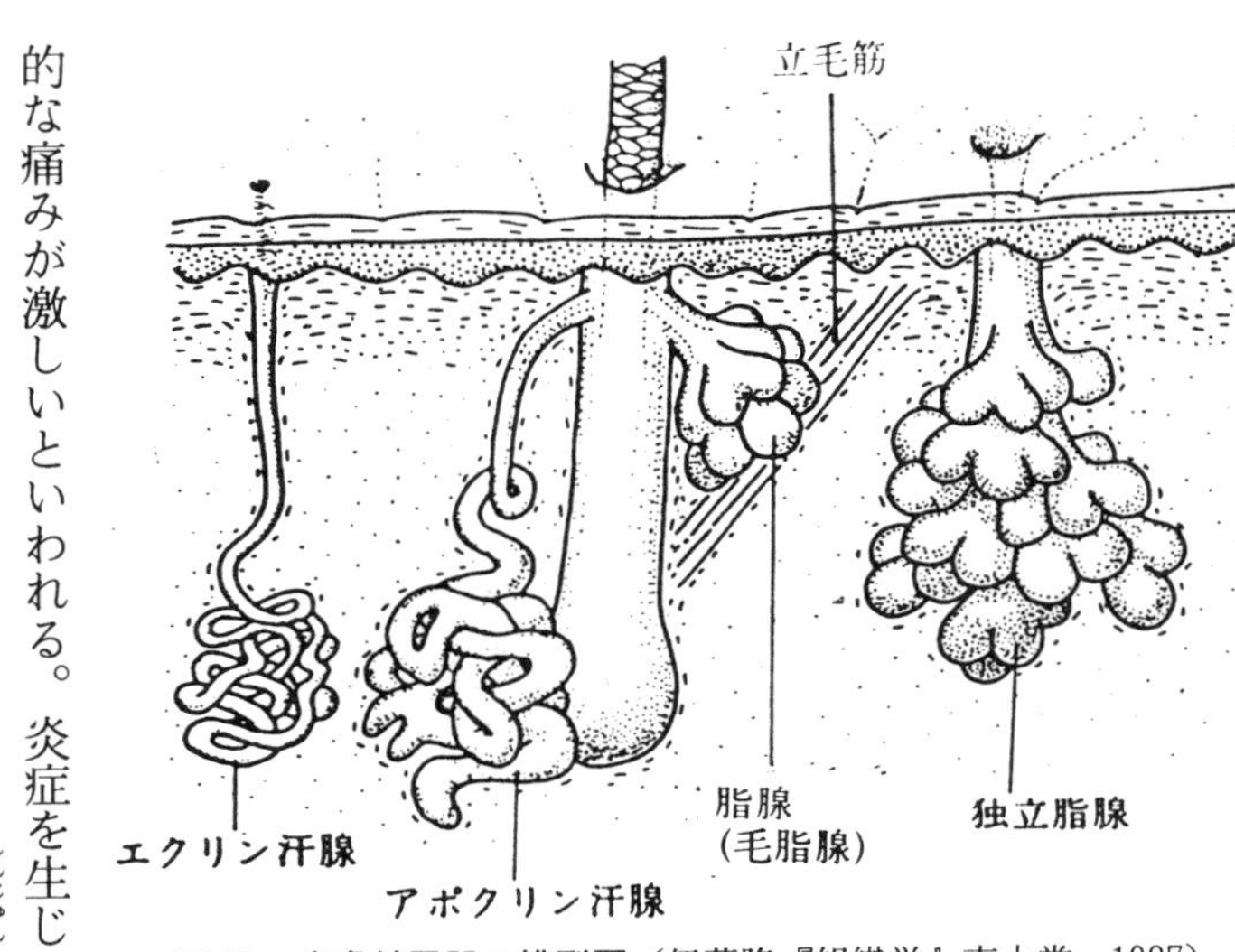

図 95　皮膚付属器の模型図（伊藤隆『組織学』南山堂，1987）

ぐらいで脱落する。

針を刺した部位には、針による機械的刺激と、注入された異物による機械的・化学的刺激によって急性炎症が起こる。その症状は他の一般の炎症と同じであって、文身に特有のものではない。

局所の皮膚は赤くなって（発赤）腫れあがる（腫脹）。これは毛細血管が機械的刺激によって強く拡張し、血液量が増加するからである。拡張した毛細血管は内圧が高まり、血管壁の透過性が高くなるので、血液中の液体成分（血清）が血管の外に洩れてむくみが生じる。この液を滲出液という。このようにして局所の発赤腫脹が現れる。

組織内に貯った滲出液（組織液あるいはリンパ）や注入された異物は神経終末を刺激して、激しい痛みを起こす。とくに、広範囲にわたるボカシは組織の破壊が著しく、持続的な痛みが激しいといわれる。炎症を生じた部位には、多核白血球、好酸球（白血球の一種）、リンパ球、組織球などの遊離細胞が集まり（細胞浸潤）、細菌や異物をこれらの細胞内に取りこんで消化する（貪食）。滲出液は細胞間隙からリンパ管に入るか、ふたたび血管内に吸収されて、外に運び出される。このようにして、炎症は二週間ぐらいでなくなる。この時期にはまだ軽い浸潤があり、皮膚を触れると少し硬く感じるが、一カ月ぐらいで正常の皮膚にもどる。

福士勝成によると、色素顆粒は消化されにくいので、異物肉芽をつくる。異物肉芽は遊離細胞、色素を貪食した異物巨細胞、線維芽細胞、血管増生からなり、やがて膠原線維に変り、瘢痕化する。貪食されなかった色素はリンパと共にリンパ管に入り、リンパ節で濾過されてひっかかり、ここでもリンパ節の急性炎症が起こるという。

大矢全節は家兎に墨汁などを注入した動物実験で、色素が組織細胞に及ぼす影響はわずかであって、それがリンパ節に移行した所見は認められなかったという。それに対して、福士は、色素がリンパ節から次のリンパ節へ流れるので、全身に文身すると、内臓を含めて全身のリンパ節が腫脹することがあり、肺門リンパ節結核や癌の転移などと間違われたことがある、と述べている。

全身症状　軽い場合には、局所症状のみで終るが、一度に広い範囲に入れると全身症状を訴えることがある。全身嫌怠、食欲不振、疲労、頭痛、口渇などの症状があり、著しいときには、発熱、悪心(おしん)、嘔吐、脳貧血、めまい、不眠、胃腸症状、運動失調、関節痛、乏尿、尿閉などを伴うことがある。福士によると、ときには失神、ショック死、頓死を来すことがあるという。

文身の皮膚機能　文身皮膚の機能が正常かどうかはまだ確定せず、医学的にもはっきりしたデータがない。谷奥は、文身をした皮膚の痛覚、触覚は正常か、あるいはわずかに鈍くなることがあり、温度覚は温覚、冷覚とも鋭敏になるもの、鈍くなるもの、変らないものなどまちまちであるという。呉秀三、福士政一、福士勝成は、温度覚は鋭敏になり、夏は暑さに耐え難く、冬は寒さが身にしみるといっている。

その原因は汗腺の機能が著しく低下し、体温の調節が不十分になるためであろうとされ、次のような理由をあげて説明している。

1　色素顆粒が真皮や皮下組織に長い間とどまり、その刺激によって、汗腺が萎縮したり、消滅したりして、体温調節がうまくできなくなる。

2　刺傷によって、真皮や皮下組織の結合組織が増殖する。それが血管を圧迫して血行障害を起こしたり、血管の運動（拡張、収縮）が不十分になって、体温調節機能が低下する。

3　刺傷によって、真皮の結合組織、血管リンパ管、神経終末、汗腺とその導管、毛包（毛嚢）、脂腺、立毛筋などが機械的に破壊される。とくに〝ハネ針〟による組織の破壊は著しく、それによって体温調節機能が障害される。

〝ハネ針〟というのは、比較的浅く斜めに針を刺し、それを抜かずに、そのまま前方へ跳ねる方法で、ボカシに利用される。この方法で彫ると、結合組織の間に隙間ができるので色素が拡がりやすい。

それに対して、このような所見は見られないという報告も少なくない。前田尚久は、二七歳男子の文身皮膚組織には、このような所見はまったく見られなかったという。谷奥の症例（二三歳女性）でも、真皮から皮下組織にかけて、汗腺、脂腺、毛包、毛根には異常がないと記載している。最近でも、菅原光雄は文身の組織像に、とくに汗腺や脂腺に異常があるとは記していない。

これについて、大矢は次のように述べている。文身と皮膚知覚との関係を調べるには、文身をしているものに問診をするしか方法がない。あるものは触覚、痛覚、温度覚が文身部位で多少鈍っていると答えたが、あるものはたいして変らないと答えている。関係があるとしても軽度であろうと思われるし、文身材料の種類と粗密の程度、文身部位などによって一様に論ずることは無理である、と。

大矢がこの意見を述べたのは昭和一三年であるが、それ以来、文身皮膚の医学的検査のデータはなく、また、汗腺などを数量的に比較した報告も、施術直後の汗腺や脂腺の破壊像やその後の再生像を観察したという報告もない。かといって、文身による影響がまったくないとはいえない。かつて乳幼児の肩や大腿に筋注を反覆し、それによるわずかな傷が筋拘縮を生じて問題となったことがある。このような光学顕微鏡で認められない程度の結合組織の増殖（瘢痕）でも、広範囲に起これば障害を生じる可能性も否定できない。狭い範囲の組織像のみで全身の知覚の問題を論じることができるとは考えられない。

皮膚疾患との関係　一九〇九年、土肥章司は、文身の赤色部には梅毒の丘疹が生じないことを指摘した。これは当時梅毒の治療に水銀剤が使われていたので、水銀を含む朱が皮膚に注入されたためと考えられる。青木大勇は動物実験で朱が梅毒疹を防ぐ作用があることを認めている。それに対して、赤色の文身部位にも梅毒疹が見られるという報告は欧米に多い。谷奥は欧米で文身に用いる赤色色素が日本の朱とはいくぶん成分が違うのではないか、と推測している。今では梅毒疹を見ることはほとんどなくなり、水銀剤の使用も禁止されているので、もはや過去の記録になったかの感がある。

らい菌の文身に対する態度について、光田健輔は二例のハンセン病患者を報告し、らい菌と文身の赤色顆粒との間に密接な関係があることを説いた。その一例では、文身部位が皮膚面から盛り上がり、隆起しない文身部位には皮膚のしわが粗大になり、陥凹しているところもあった。その理由として光田は、文身部の食細胞は色素顆粒を取りこんでいるので、らい菌の侵襲を受けやすく、菌が増殖しやすいからであろう、と推定している。光田はまた、らい結節は墨の注入部よりも赤色部に著明に現れると報告している。

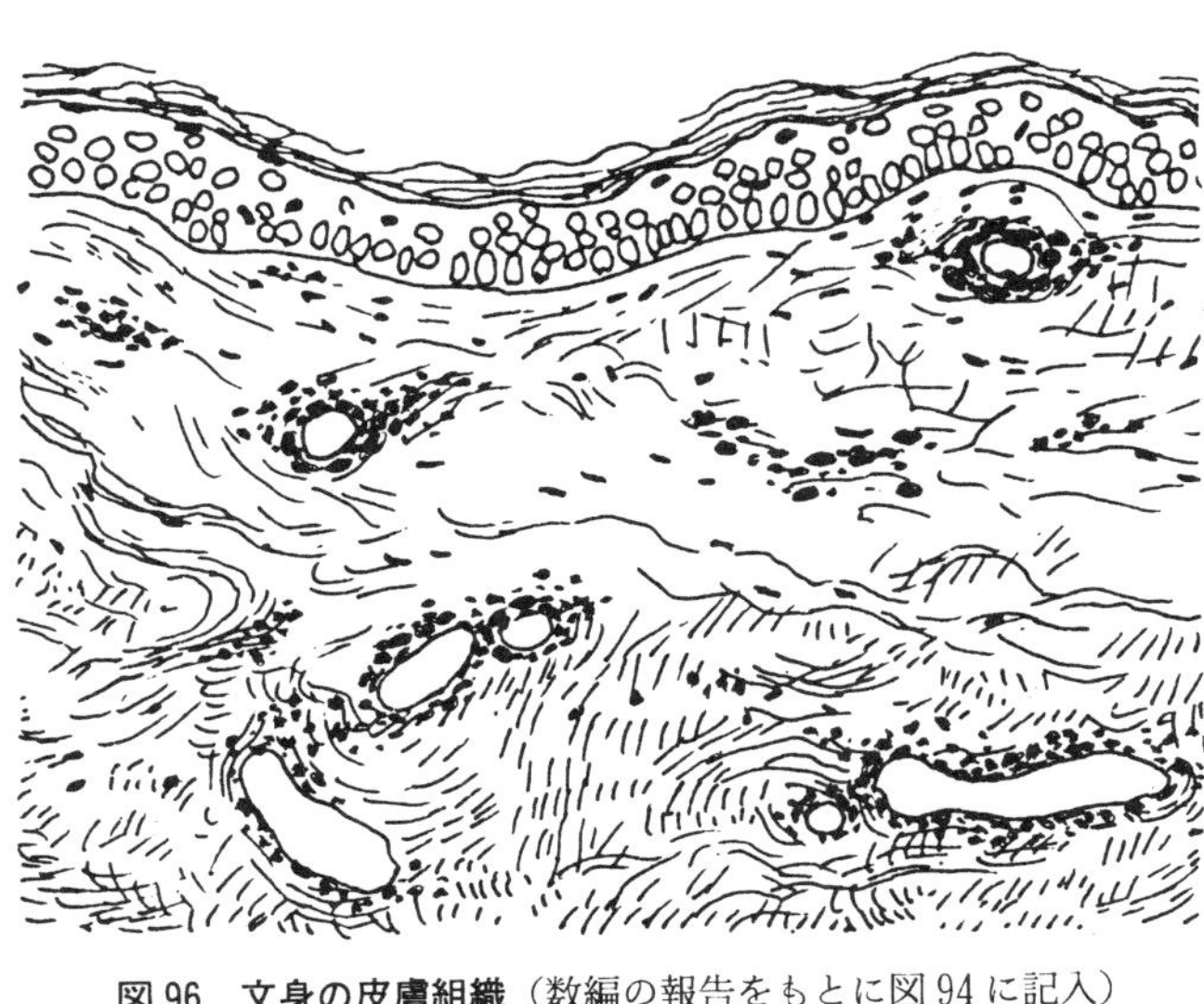

図 96　文身の皮膚組織（数編の報告をもとに図 94 に記入）

大矢によると、文身をした湿疹患者二例のうち、一例の文身部には湿疹が生じないで、文身のない部分に限られていたという。他の例では、文身部にも湿疹が生じていたが、この部位では症状が軽く、湿疹と文身との間には何らかの関係があるようだ、と述べている。

その他、文身部にエリテマトーデスを生じた例（A.F.Hall）、ザルコイドージス（類肉腫）を生じた例（M.E.Obermayer）、〝いれぼくろ〟を中心に尋常性白斑（シロナマズ）を生じた例（谷奥）などが報告されている。文身部は蚊、のみ、疥癬虫などの刺傷を受けないといわれるが、糸状菌感染は起こり得る。

2　文身の組織学的所見

文身の皮膚組織　文身の施術によって皮膚に入った色素顆粒の状態は、施術後の経過時日、色素の種類、部位、施術法、性別、年齢、栄養状態などによって異なるとされている。

大矢によると、施術後まもない皮膚では、真皮上層のみに色素顆粒が認められるが、時日が経つにつれて、色素顆粒は毛細血管の走行に沿って、しだいに真皮中層に移行し、ときには皮下組織まで達することが少なくない。大矢は、このような所見から考えると、刺青師はあまり深く色素を入れないようだ、と述べている。

菅原の観察によると、刺青師の手技によって、色素顆粒の深さが違うようであり、玄人の入れたものは一定の深さにあることが多いのに対し、素人の彫ったものはその深さがまちまちの場合が多いようだという。

これらの色素顆粒は細胞内に取りこまれている。これまで、光学顕微鏡で結合組織の間隙にあるように見えた色素顆粒は、電子顕微鏡によって、すべて細胞内にあることが証明されている。

朱の文身　朱の入った皮膚には、結合組織に著しい炎症性変化が見られる。炎症の肉眼的所見については前述したが、それを光学顕微鏡で観察すると、次のような変化が見られる。朱の入った周辺の結合組織は増殖し、多核白血球、リンパ球、形質細胞などの浸潤がある。朱の顆粒をリンパ球、上皮様細胞、巨細胞が取り囲み、その中心部には、とくに多くの多核白血球が集まっている。

文身部の表皮には著しい変化のないのが普通であるが、大矢によると、朱の文身に限って、表皮は不全角化を示し、表皮の下層には明らかに浮腫があり、拡大した細胞間隙には多数の多核白血球が認められるという。

白粉が文身された皮膚組織の変化は朱の場合とほぼ同じであるが、白粉が亜鉛とかチタニウムの場合には、組織の変化が軽いのに対し、鉛を含んでいる白粉では、炎症性変化が著しい。

色素顆粒の動き　文身が長期間にわたって原形と色彩を保つ理由について、いくつかの説がある。前田は、長い年月の間には、色素顆粒を摂取した組織球は死滅するが、死滅した細胞の顆粒はふたたびその位置にある組織球によって貪食されるので、長く同じ位置にとどまるのだろう、と推定している。

それに対して、谷奥は自験例の組織像から、大きい顆粒は細胞内に貪食されるが、やや小形の顆粒は細胞内で、顆粒の周囲からごく小さい顆粒に分散しつつあるように見え、さらに小さいものは細胞の周囲に散在しているという。このような所見から、いったん摂取された顆粒は小さく分離されて、細胞外にはじき出されるように見えると推測し、何回か貪食をくり返すという前田説を疑っている。

瘢痕化について記載した報告は少ないが、福士勝成は炎症性変化に続いて異物性肉芽を生じ、二～三週間までに肉芽の線維化が起こり、瘢痕化する。大きい顆粒はこうして瘢痕性の結合組織線維で包まれ、一生消えない文身として残る、と述べている。

文身の色はなぜ薄くなるか　一見固定しているように見える文身も、長い年月の間に色が褪せたり、境界がぼけてくることが知られている。このため、施術後五～一〇年ぐらい経って、ふたたび色素を入れることが行われている。このような現象がどうして起こるかは、まだ仮説の域を出ない。
福士は、皮膚に入った色素顆粒はリンパの流れや細胞・線維の新旧交代によって、少しずつ移動し、広がるために境界がぼけてくると推定している。大熊守也ら（弘前大学医学部皮膚科）は、文身組織で色素顆粒が血管やリンパ管の周囲に集まることを観察している。その理由として、

1　色素顆粒を貪食した組織球が、何らかの理由により血管周囲に集まった。
2　血管周囲以外の色素顆粒はフリーの形で、あるいは組織球に取りこまれ、リンパ管を経てリンパ節に運ばれた。

という可能性が考えられるとし、次のような経路を想定している。

真皮の色素顆粒↓リンパ管↓リンパ節

↖↘（矢印）

貪食細胞

そして、文身の色は一定期間後は褪色しないので、その時点以後リンパ管への流入は遮断されるようだと述べている。

皮膚だけでなく、リンパ節にも、色素顆粒を容れた炎症性変化が見られ、異物巨細胞が現れることは多くの報告がある。大熊らは動物実験で組織中の墨粒子がリンパ管に入り得ることを示し、花田勝美ら（弘前大学医学部皮膚科）は肺・肝の生検でも色素顆粒の存在することを認めている。これらの報告から、文身施行後、細胞に貪食されなかった顆粒はリンパとともに組織間隙を流れ、血管やリンパ管の周囲に集まり、その一部はリンパ管に入ると考えられる。そして、長い間には顆粒が分散したり、リンパ管を通じて皮膚の外に排出され、文身の褪色や境界の不鮮明が起こると推測される。これらの現象を追求するには、なお長期間にわたる文身被術者の追跡調査が必要であり、大熊らが期待しているように、このメカニズムが明らかになれば、外科的手術をしないで文身を除去することが可能になるだろう。

アイヌの文身組織　アイヌの文身組織についての報告は、私の知る限りでは、渡辺左武郎（元札幌医科大学教授、解剖学）の報告のみである。アイヌの文身は針を使わず、細かい切傷をつけるという特有のものである。

渡辺らはアイヌ女性の上唇皮膚と、日本人男性の上腕皮膚の文身を比較している。日本人の文身には、表皮には変化がなく、真皮上層に色素顆粒が散在し、とくに血管の周囲に多い。それに比べてアイヌの文

図97　アイヌ文身の皮膚組織（渡辺・山崎 1959 の報告をもとに図 94 に記入）

身では、真皮の表層に顆粒が多く、皮膚の表面と平行の方向に連続して大量の顆粒があり、皮下組織にも広く顆粒が散在している。また、日本人の皮膚組織のように、とくに血管の周囲に顆粒の多い像は見られない。顆粒の大きさは墨に比べて、アイヌの煤の方がやや大きい。

このような違いは被術者の性別、年齢、施行時期など種々の要素が考えられるが、最も大きいのは施術法の差異によると考えられる。それは切り傷と刺し傷の違いであって、切り傷に煤をすりこむという方法はよって、はるかに大量の顆粒が真皮に入る。この切り傷は比較的浅いものであろう。そして、施術後文身の形が変化しないのは、顆粒が主に真皮の表層部にとどまっているからであろう、と渡辺らは推定している。

3　文身の合併症

文身の合併症には、施術直後に起こるものと、かなりの時間が経ってから起こるものとがある。

感染　刺青師には医師のように消毒や滅菌に関する知識が乏しいので、術者の手指、被術者の皮膚面、使用器具、色素類などの消毒はほとんど行われていない。消毒をしたとしても皮膚をアルコールで拭く程度で、昔は焼酎で皮膚を拭いたり、墨に焼酎を入れたりしていた。それに、水、唾液、塩水、尿、たばこの浸出液などを局所の皮膚にすりこむと、文身をした後、皮膚の反応性炎症が急速にひくという迷信があり、種々の伝染性疾患を生じていたが、現在ではまれになったという。

このような不潔な処置のため、ときどき化膿したり、潰瘍ができたりした。今では消毒の知識がかなり普及しているので、以前のようなことはないらしいが、医師の手術ほど厳密な滅菌が行われるとは考えられないので、感染の危険がなくなったとはいえない。

有効な抗菌剤のなかった時代には、感染によって起こる膿痂疹（トビヒ）、癤、よう、膿瘍、蜂窠織炎（ほうかしきえん）、丹毒などが記載されており、重篤な場合には、敗血症、膿血症、破傷風を起こして死に至ることもあったという。Bercheron は合併症四三例のうち八例は文身によって直接死亡し、八例は四肢切断、七例は壊疽、二五例に重感染、数例に破傷風を認めたという。一八〇〇年代の終りから一九〇〇年代はじめにかけて、ヨーロッパでは、梅毒、結核、ハンセン病、その他の伝染性疾患が文身の合併症として報告されている。最近では、B型肝炎を合併した症例が報告されている（Arrison, Verdich）。

アレルギー反応　注入された色素が抗原となって、アレルギー反応をひき起こすことがある。文身部に発赤、腫脹を生じ、局所的には接触皮膚炎（カブレ）や湿疹の症状を示し、また、剥脱性皮膚炎や紅皮症のような発疹が広範囲にわたって生じることもある。これらは施術後数週から数年を経て現れることが少なくない。

硫化水銀の朱は、後に水銀性消毒剤（現在は製造禁止）を用いたときに、全身および局所アレルギー反応を起こしたという報告が多い（堀尾ら、桜根、Morrel, Wolf ら）。

黄色文身の主成分である硫化カドミウムは光線過敏症を来すことが知られているし、朱のなかに混じる微量の硫化カドミウムでも、紅色部が光線過敏症になることがある（Björnberg, Goldstein）。光線過敏症というのは、ある種の化学物質が生体内に摂取されたり、代謝異常によって生じた場合、紫外線に対して異常に過敏になり、体の露出部に発疹を生じるものである。

その他の疾患　真皮上層までの傷であれば、傷痕を残さないが、真皮の下層まで破壊が起こると、瘢痕ケロイドが生じる。一般には針を刺した程度の傷では傷痕は目立たないが、瘢痕が増殖する体質のものでは、瘢痕組織がケロイド状に増殖してくることがある。文身の除去手術でも、瘢痕が増殖することがある。

真皮内に入った色素顆粒は異物反応の結果、類肉腫型の異物肉芽腫をつくることがある。Obermayerらは文身部に痒みを伴った結節を生じた例を報告し、ザルコイドーシス（類肉腫）と診断している。花田らは、上半身の広範な文身部に皮膚炎を生じ、所属リンパ節の腫脹、間質性肺炎を併発した二例を報告している。これらは皮膚、リンパ節のみならず、肺生検でも異物肉芽腫を認め、水銀を主因とする全身性肉芽腫性疾患と結論している。

その他、文身部に扁平苔癬、乾癬、ダリエ病、慢性円板状エリテマトーデス、ケラトアカントーム、悪性黒色腫、石灰化などが生じたという報告がある。

医療的文身　合併症ではないが、医療の目的で行う文身（medical tattoo）について簡単に触れておきたい。皮膚の色素異常や血管腫を文身によってカバーしようとするアイデアは、すでに一八三五年から発表され、実際に行われたのは、一八七九年、Wecker が角膜白濁にインディアンインクで文身をしたのが最初である。倉田喜一郎によると、赤唇形成、眉毛形成、植皮部の色調改善、血管腫の治療、角膜の文身、尋常性白斑の治療などに文身が使われている。

Ⅲ　まとめ——東アジアの文身習俗

1　文身習俗の地域差

ここで、日本とその周辺地域の文身についてまとめ、若干の考察を試みることにしよう。

日本では、習俗としての文身が弥生から古墳時代にかけて行われていたことは、文献などからみて明らかであるが、それ以前に行われていたという確かな証拠はない。縄文後・晩期の土偶の顔面文様が黥面を表しているという見方は古くからあり、最近では縄文時代に文身の存在を考える研究者が増えている。

しかし、土偶の文様が文身を表現しているとしても、これらの土偶は中部および東日本のものであって、西日本の土偶には当てはまらない。西日本には縄文土偶は少なく、東日本の〝ハの字形〟のような文様は見られない。このネガティブな事実は必ずしも文身習俗の存在を否定するものではない。むしろ東西の習俗の違いを示唆しているように思われる。

これまでは、弥生時代に文身習俗の記録があるので、文身はそれ以前から行われていただろう、という意見が多かった。魏の使節は倭の一部しか見ていないと思われるので、倭人伝に表れた黥面文身は日本全体の習俗ではなく、北九州か、あるいは広範囲としても西日本の習俗を伝えたものであるから、東日本の縄文土偶とは直接結びつかない。

縄文土偶の文様から考えられる文身部位は主として顔面であって、身体に入れたものは、あったとしても少数であろう。これは民族事例からみて、文身が施されるのは、顔や手のような露出部位が普通であり、衣服でおおわれた部位にはまれであることからも支持されよう。それに対して、「倭の水人」のような潜水漁民は裸になるので、顔面だけでなく身体にも文身をしていたと考えられる。従って、「倭の水人」の黥面文身が弥生時代の一般的な習俗であったとは考えられない。縄文時代の文身についても、これと同様のことが考えられる。

土偶のなかに裸体とその部の文身を表現したものがあるかどうか、もしあればどの地域か、どのような集団が考えられるかなどを検討する必要があるだろう。

潜水漁民の文身は『隋書』倭国伝にも記載があり、弥生時代から古墳時代に至るまで、黥面文身が海人の習俗であったとすると、それに連なる西日本の縄文時代にも、文身が行われていたのではないか、という推測が成り立つ。縄文後・晩期の一部の人骨に、海人の職業病である外耳道外骨腫がきわめて高率に見出されるので、潜水漁が行われていたことは間違いない（第一部Ⅱ）。

縄文時代の遺跡からは、ときどきアワビが発見されることがある。アワビ類のうち、大形のものは普通五～五〇メートルの深さで、水のきれいな岩に付着しているので、潜って捕らなければならない（＊注）。酒詰仲男（元同志社大学教授、考古学）によると、全国のアワビを出土した縄文遺跡は、この論文が発表された昭和二六年に一一二カ所あり、瀬戸内海沿岸を除いて、九州から北海道南西部まで分布している。そのうち時期のほぼ明らかな遺跡は七九カ所あり、その五九カ所は後・晩期の遺跡である。これらは関東地方に集中しており、酒詰は、中期以降は遺跡の近海ばかりでなく、遠方から運ばれたと考えられるものが多く、アワビを運ぶ専業者がいたのではないかと想像している。運送業者の存否は別としても、アワビなどを捕る潜水漁者がいたことを裏付けるものであろう。

しかし、彼らは縄文時代においてはむしろ少数派であって、縄文人全体を代表するものではない。縄文人には抜歯が多いのに対し、外骨腫を有するグループには、抜歯をしたものがまれである。このグループには、少なくとも後期以降は抜歯の習俗がなく、少数の抜歯をした人骨は他の集団ないし集落との交流を示すものであろう。

縄文土器の型式に地域差があることは早くから注意され、地域ごとに土器の編年が行われている。それにもかかわらず、習俗については全国一律に論じられる傾向があり、文身もその一つである。この問題について地域差が注意されたのは最近のことである。習俗からみると、縄文後期以降、抜歯を行う集団としない集団があったことは事実であろう。潜水漁民のうち、いくつかの集団は抜歯を行わず、それ以外の縄文人は抜歯をしていたと思われる。そして、中部以東の非潜水漁民はおそらく〝ハの字形〟の文様を持った土偶と関連があったと推測される。このグループも単一の集団かどうかは不明であり、また文身をしていたとしても、いくつかの変異があったかも知れない。潜水漁民の文身にも、東日本と西日本とで差があった可能性も考えなければならないだろう。

＊注　アワビ類の多くは深いところに着生しているが、クロアワビや小型のアワビ類など潮間帯に棲むものもある。

クロアワビ　潮間帯～二五メートル
アカネアワビ　五～二〇メートル
マダカ　一〇～五〇メートル
メガイ　潮間帯下～三〇メートル
トコブシ　潮間帯
イボアナゴ　潮間帯
ミミガイ　潮間帯下～二〇メートル

2　日本と周辺地域の文身

琉球とその周辺　琉球諸島はフィリピン、台湾、九州との間に連なり、中国沿岸とも比較的近い位置にあるので、古くから大陸や南方の文化の影響を受けている。

「倭人伝」の記事から知られるように、古い時代の潜水漁民には、水中事故を防ぐという呪的な理由から、龍などの文様を入れる習俗があった。このような文身は、倭、呉越（揚子江下流域）、雲南、ヴェトナム、ラオスなどシナ海周辺地域に分布していたことが知られている（第一部Ⅲ）。琉球には、まだ古代海人の存在を証明するような資料は見出されていないが、東シナ海をめぐる地域の一部として、同じような習俗があったのではないかと想像している。

それを示唆するものとして、沖縄本島の港川から発見された古人骨がある。港川人骨には、四例のうち二例に外耳道外骨腫が認められる。その一つの二号人骨は成人女性と推定され、右外耳道に二個の外骨腫がある。二五歳以上の女性と推定された四号人骨には、右外耳道に三個の外骨腫が認められる。外骨腫はかつて遺伝性のものでモンゴロイドの特徴と信じられたことがあったが、西欧人のダイバーにも多発し、世界各地の古人骨にみられることや、二〇歳以下にはきわめてまれであることなどから、遺伝説は否定されている（第一部Ⅱ）。

港川人は後期旧石器時代の人骨とされ、これらに伴う木炭の^{14}C年代は一八二五〇年および一六六〇〇年BPという結果が得られている（＊注）。港川と縄文前期との間にはかなりの年代の隔たりがあるので、両者を早急に結びつけることには慎重でなければならないが、沖縄の位置からみて、琉球にも文身習俗を伴う潜水漁民がいた可能性を示唆するものであろう。

シナ海文化圏からは少し離れているが、ミクロネシアのパラウ諸島にも、近年までサメに襲われないように、魚形の文身を入れる習俗があった（第二部Ⅳ）。ミクロネシアのなかでも西部の諸島は東南アジアとの関係が深く、この文身もシナ海文化圏の影響とみられる。

琉球諸島と中国大陸との関係を示すと思われる資料について、国分直一は、中国古代の獣形文あるいはそれを模したとみられる文様が、沖縄本島、伊江島、種子島の遺物に見られることをあげている。沖縄本島兼城貝塚から発見された骨製獣形品はその翼の部分が取れると、種子島広田遺跡の貝製品の翼型が現れると考えられる。そして、奄美大島および徳之島の手首内側の文身文様には、獣形文とみられるものがある、と述べている。

琉球諸島はまた台湾とも関係が深い。沖縄女性の文身には、台湾の高山族女性のそれとも似た点があることは早くから指摘されている。

龍文身と文身他界観　大林太良は東アジア・オセアニアの文身習俗を二つのグループに大別して仮説をたてている。一つは潜水漁撈民にみられる龍などの呪的な文身を龍文身系列と総称している。他の一つは文身他界観系列である。

文身他界観系列では、財産はあの世まで持って行くことができないが、文身は持って行くことができる、とみなされる。死者は死者の国の入口で文身の有無を検査され、文身という通過儀礼を済ませたものだけが入ることを許される、と信じられている。アイヌや琉球では、まだ文身をしていない娘が死ぬと、墨で文身の文様を描いてから埋葬された。

この二つの系列について、大林は次のように述べている。この文身他界観系列は未開農耕民文化に広く分布し、狩猟民文化には属さない。東アジア・東南アジアでは、周辺地域にのみ分布し、元来は焼畑穀物栽培文化に属し、周辺部では水稲耕作（北インド、琉球）、イモ作（メラネシア）と二次的に結びついたことを示唆している。それに対して、龍文身系列は、中国中・南部における水稲耕作、漁撈民的文化（いわゆる越文化）を背景にすると思われる。

アジア・オセアニアにおける文身他界観系列の分布は龍文身系列の分布よりもはるかに広く、アイヌ、琉球、海南島のように、僻地にのみ島状に分布している。この分布域を断ち切るように、龍文身系列がアジア南部、東アジア（倭、呉越、哀牢夷、古代ヴェトナム、ラオス）とアッサムとの中間に連続的に広がっている。このような二系列の分布状況からみて、文身他界観系列は龍文身系列の発達と伝播よりは古いか、あるいは焼畑栽培民文化まで遡るのではないか、と大林は推測している。

縄文人と文身・抜歯　国分は大林説について、文身他界観系列と龍文身系列は二つのタイポロジーとして捉えられるとしても、二系列があい伴う場合も考えられるという。例えば、『隋書』流求国伝では、女性が虫蛇の文身をすることをあげている。「流求」が台湾であるとしても、琉球は台湾とほぼ同じ文化圏に属していたと考えていいだろう。台湾原住民のなかには、アタヤル族などのように、蛇文身と文身他界観を伴うものがある。琉球も龍文身系列であったと同時に、文身他界観系列であったのではないか、と推定している。

縄文時代に文身習俗があったかどうかはまだ推定の段階にとどまっているが、縄文人が文身をしていたらしいことは多くの研究者が説いている。国分は文身と抜歯とはあい伴っていた可能性が高いと想定している。縄文人に抜歯の頻度が高いことは全国各地で認められる。

縄文人は狩猟・漁撈民であるが、最近では焼畑農耕など原始農耕を伴うと考える研究者が増えている。それと同時に、私が指摘したように、潜水漁民がいたことも疑う余地がない。この潜水漁民も漁撈のみで生活していたのではなく、狩猟を行っていたことは出土遺物からみて否定することができない。潜水漁民も「倭の水人」と同じように文身をしていただろう。縄文時代の海人には抜歯を伴わないものが多いので、国分の仮説には必ずしも当てはまらないが、それよりも古い時代には文身と抜歯があい伴っていたかも知れない。

二系列の文身が併存した可能性は琉球のみでなく、北海道においても考えられる。縄文時代には気候の温暖化に伴って、潜水漁も北上したらしく、外耳道外骨腫が高率に見出されるグループは、後述のごとく、北海道のオホーツク海沿岸まで及んでいるからである。

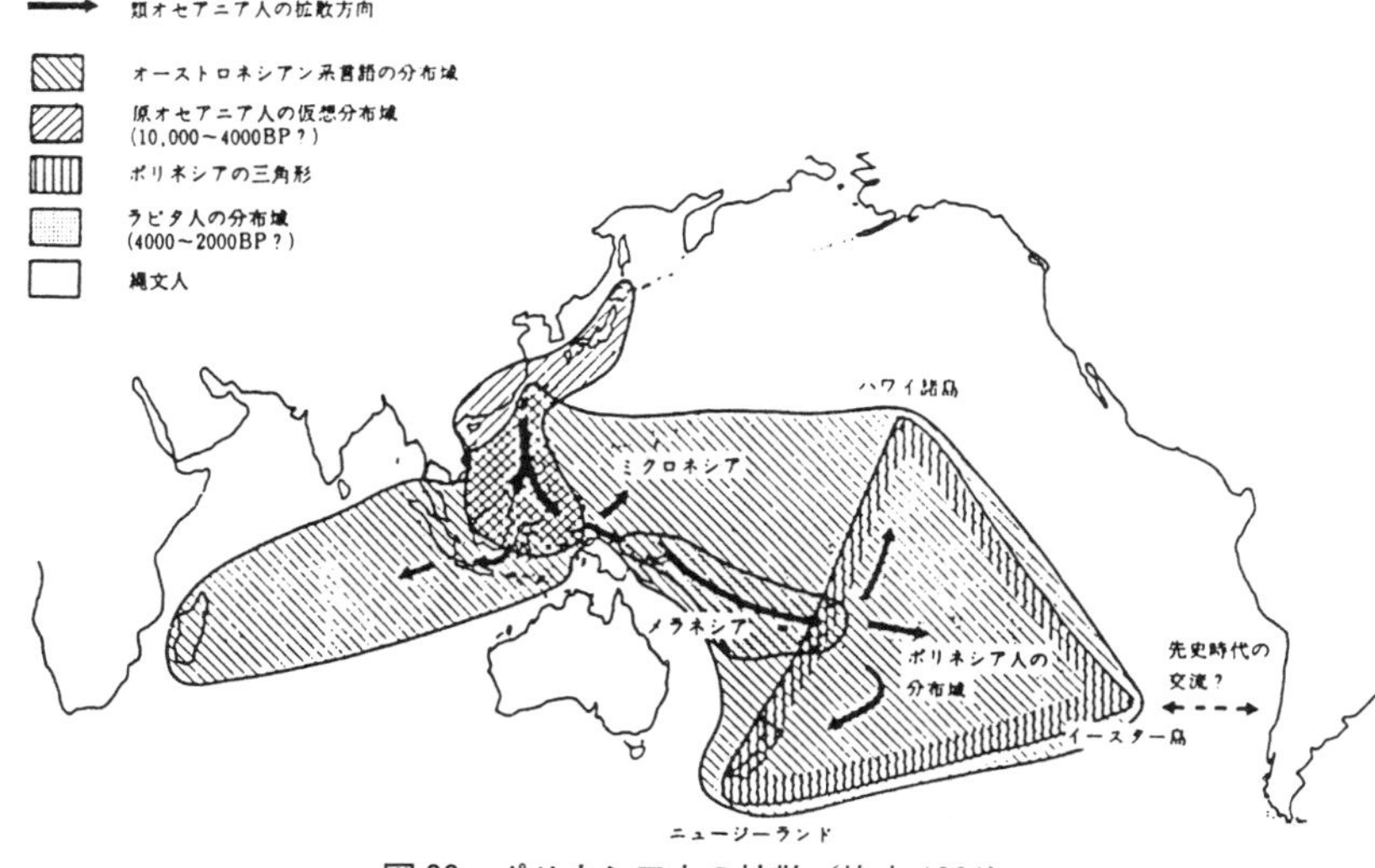

図98　ポリネシア人の拡散（片山 1991）

このように考えてくると、龍文身系列は文身他界観系列の分布域を横断しているように見えるが、それより古い時代まで遡ると、この二系列は混在していたり、あい伴っていたことがあったかも知れない。大林説、国分説は広い視野から比較民族（民俗）学的に組み立てられており、大筋では賛成できることが多いが、他方ミクロの視点でも検証を重ねて行く必要があるだろう。

オセアニアの文身　オセアニアの人類学は最近著しく調査が進み、人類が移動・拡散した経路が明らかになりつつある。ミクロネシアへの人類の移住はメラネシアのニューヘブリデス諸島あたりから、ギルバート諸島を経て、マーシャル諸島、東カロリン諸島などに移住し、パラウ諸島、マリアナ諸島には、インドネシアやフィリピンから直接移住したとされている。

ミクロネシアの言語はオーストロネシア語族に属する。西ミクロネシアの言語はインドネシアやフィリピンが起源であり、東ミクロネシアの言語はヤップ島を除き、東オセアニアグループに属する。彼らは言語だけでなく、故郷の文化も持って移動している。おそらく文身習俗も彼らが移住してきたBC二〇〇〇〜一五〇〇年ごろまで遡ることができるだろう。そして、西ミクロネシアと東ミクロネシアの文身習俗の違いは、彼らの出自の相違に求めることができそうである。

アイヌと琉球　明治一五年（一八八二）、お雇い外国人の一人として来日したミルンJohn Milneは、アイヌと琉球の女性が手に文身をしていること、両者とも男性が多毛であることに注目し、両者は日本列島の最初の原住民であったが、日本人の祖先によって侵略され、南北に分断された、という仮説を発表した。

しかし、アイヌと琉球の文身習俗を直接結びつけるような資料は、今のところ見出されていない。文身などの習俗や伝承から過去を推測する方法は、当時の人類学・考古学では普通に行われていたものである。このような民族誌の事例が先史学に寄与することもあるが、すべてのケースに有効ではない。ミルンは文身習俗の起源を探ろうとしたのではないが、この仮説では、アイヌと琉球の文身は同一起源という仮定が前提になっている。

アイヌの文身の由来を考えるには、どうしてもアイヌの起源の問題がからんでくる。アイヌの起源については、周囲の諸民族との相違が強調され、白人説が唱えられたりして、長い間疑問とされてきたが、最近では縄文人と深い関係があると考えられるようになった。すなわち、アイヌは縄文人の形質をほぼそのまま受けついでいるとみられ、アイヌは旧石器時代から縄文・続縄文時代にわたって、北と南から移住してきた人々によって構成されているのだろう、といわれている。

アイヌと蝦夷　アイヌの文身がいつごろ始まったかはわからないが、アイヌの祖先が東日本の縄文人につながるとすれば、土偶に表現された〝ハの字形〟の黥面と関係が生じてくる。ただし、アイヌの起源論は将来異なった方向に進むかも知れないので、これ以上深入りしない。

時代は降って、景行紀二七年の条に、日高見国の蝦夷は男女とも文身をしている、という記事がある。この「蝦夷」は東北地方の住民を指し、アイヌではないと考えられたことがあるが、最近ではこれをアイヌと考える研究者が増えている。

表23　北海道古人骨の外耳道外骨腫（百々 1972）

時　代	地域・遺跡	N	例	%
現代	関東日本人	216	5	2.3
	北海道アイヌ	461	14	3.0
オホーツク	ウマクサイ	6	2	
十擦文	大岬	45	5	11.1
続縄文	坊主山	21	8	38.1
	礼文華	3	1	
	茶津	8	0	
	オンコロマナイ	6	2	
縄文晩期	網走緑町	3	0	
	高砂	18	9	50.0
	釧路緑ケ岡	26	0	
縄文前～晩期	入江	19	4	21.0
	北黄金	1	0	
	東釧路	2	0	
縄文総計		107	24	22.4

文献史料からみた七～九世紀の蝦夷の生業は、稲作エミシ、狩猟エミシ（山夷）、海人エミシ、牧畜エミシに分けられている。海人エミシについてはあまり論じられていないが、その祖先は本州、四国、九州の海人と同様、潜水漁を行っていた人たちであろう。

北海道の古人骨にも、外耳道外骨腫を有するグループがある。百々幸雄（東北大学医学部教授、解剖学）は、北海道の縄文（前期～晩期）から擦文文化およびオホーツク文化に至る遺跡から出土した人骨の外骨腫をまとめている（表23）。

それによると、外骨腫は縄文・続縄文人骨の二二・四パーセントに認められ、とくに虻田町入江貝塚、同町高砂貝塚、江別市坊主山遺跡にとくに高率である。また、稚内市大岬遺跡（オホーツク文化）でも一一・一パーセントに見られる。これほどの発症率は、外耳・中耳疾患の炎症性刺激によるものとは考えられない（第一部Ⅱ）。

これらの外骨腫は気候の温暖化していた縄文時代から、潜水漁撈が北海道でも行われていたと考えられ、〝シナ海文化圏〟の北限が北海道まで及んでいたことになる。多少飛躍しすぎの感がないでもないが、アイヌが縄文人と関係があるとすれば、アイヌの文身習俗の起源は縄文時代まで遡る可能性が見えてきた。それとともに、文身他界観系列と龍文身系列との共存も想定することができる。

北方文化の影響　北海道には、南方や中国大陸から日本列島に入った文化とともに、北方文化の影響が見られる。例えば、縄文・続縄文時代の遺物には、翡翠や南海の貝製品、ガラスなど本州以南からもたらされたものと、琥珀などサハリンやカムチャッカなどとの交流を示唆するものが発見されている。

また、縄文土偶の顔面文様はシベリア東部のエヴェンキ族、カムチャッカのイテリメン族、北米西海岸のインディアン諸族の文身と似ている点が少なくない、という大塚和義（国立民族学博物館教授）の指摘がある。アイヌの文身習俗に北方諸民族の影響が加わっているとしても不思議ではない。

時代によって、文身の文様や習俗に変遷のあることも考えられる。景行紀には、蝦夷は男女とも文身をしていると記しているが、蝦夷がアイヌであるとすれば、後に文身は女性のみに行われるようになったことになる。部位についても「身を文け（もどろけ）」ていたのが、アイヌでは口辺と上肢である。すなわち、性別、部位、文様が時代とともに変化したとすると、その動機や目的も変っているに違いない。これを証明することは至難のわざである。ただ、文様については、江戸時代以降近年までに変遷があったと考えられるので

（第二部Ⅰ）、長い年月の間には変化がなかったと考えるのは不自然であろう。

この節の冒頭に掲げたアイヌと琉球の問題にもどると、この両者の関係を単純に想定することはできない。仮に両者の文身習俗が同一起源を有するとしても、長い期間には地域差が生じたり、いく度かの変遷があって、近代以降の習俗につながっている。

民族が移動する際には、それまでの習俗も持って移住すると考えられるので、文身習俗の問題は日本人の起源まで遡って考えなければならない。最近の日本人起源論は人類学や考古学だけでなく、生物学、ウィルス学、血液学、遺伝学など多くの分野から研究者が参加している。文身習俗の問題も今後は文化人類学のみでなく、複眼的視野を持った研究が必要であろう。

＊注　松藤和人（同志社大学講師、考古学）は港川人の年代に関連して、「縄文時代前期に流行した抜歯様式と同様な抜歯例や、素潜りを職業とするひとたちの職業病ともいわれる外耳道骨腫（外骨腫）が認められるなど、旧石器時代の人骨としては問題とすべき点もないわけではない」と述べている。なお、「骨腫」という言葉は骨腫瘍を示し、限局性の「外骨腫」には使われない。

引用文献

第一部

I

荒巻実・設楽博己「有髯土偶小考」『考古学雑誌』七一巻一号、一〜二二頁、一九八五。

江坂輝弥『土偶』三〇〇〜三一五頁、校倉書房、一九六〇。

——『日本の土偶』一五二〜一五六頁、六興出版、一九九〇。

樋口清之「我国古代に於ける身体変工風習（Artificial deformation）とその文化的意義」『植木博士還暦記念国史学論集』四五三〜四九三頁、一九三八（「日本先史時代人の身体装飾上」『人類学先史学講座』一三巻、二四〜二九頁、雄山閣出版）。

石田英一郎・江上波夫・岡正雄・八幡一郎『日本民族の起源』八〇〜八三頁、平凡社、一九五八。

清野謙次『日本民族生成論』一九六〜一九八頁、日本評論社、一九四六。

甲野　勇「日本石器時代土偶概説」『日本原始工芸概説』（杉山寿栄男編）、二三一〜二五一頁、一九二八（『日本考古学選集』二〇巻、九八〜一二〇頁、築地書館、一九七一）。

——「日本の石器時代に文身の風習があったらうか」『ドルメン』五号、四〇〜四三頁、一九三二。

三森定男『日本原始文化』二三二〜二三五頁、四海書房、一九四一。

中村士徳「三河国発見の有髯石器時代土偶に就きて」『考古界』三篇八号、五一一頁、一九〇四。

中沢澄男・八木奘三郎『日本考古学』八六～八八頁、博文館、一九〇六。

大野延太郎（雲外）「黥面土偶に就て」『東京人類学会雑誌』二〇巻二二三号、七九～八二頁、一九〇四。

――「愛知県下旅行調査報告」同右二〇巻二三〇号、三四四～三五一号、一九〇五。

――「土偶の形式分類に就て」同右二六巻二九六号、五四～六〇頁、一九一〇。

――「黥面土偶に就て」同右二六巻二九七号、一〇九～一一一頁、一九一〇。

――「有髯土偶に就て」同右二七巻一号、二六～二九頁、一九一一。

――「土中の日本」『中央史壇』九巻四号、一～二八二頁、一九二四。

――『遺物遺跡より観たる日本先住民の研究』二七、三五～三九頁、磯部甲陽堂、一九二六。

大塚和義「土偶からみた縄文時代の化粧」『化粧文化』二六号、八〇～八九頁、一九九二。

斎藤卓志「土偶・仮面にみられる刺青の問題」『衣生活と民具』（日本民具学会編）、五九～七四頁、雄山閣出版、一九九二。

設楽博己「線刻人面土器とその周辺」『国立歴史民俗博物館研究報告』二五集、三一～六九頁、一九九〇。

――「有髯土偶」『季刊考古学』三〇号、四〇～四一頁、一九九〇。

高山　純『縄文人の入墨』講談社、一九六九。

坪井正五郎「石器時代人民に関するアイヌ口碑の総括」『東洋学芸雑誌』一一巻一四九号、八八～九四頁、一八九四。

――「コロボックル風俗考　第一回」『風俗画報』明治二八年四月号、一八九五（『日本考古学選集』二巻、五〇～五五頁、築地書館、一九七一）。

――「日本石器時代人民の口辺装飾」『東洋学芸雑誌』一三巻一七四号、一八二～一八七頁、一八九六。

――「主要なる日本石器時代人民とアイヌとの人種的関係の有無」同右一四巻一九四号、四七四～四八二頁、一八九七。

――「主要なる日本石器時代人民とエスキモーとの類似」同右一七巻二二六号、九六～三〇〇頁、一九〇〇。

――――「下総余山貝塚発見の有髯土偶」『東京人類学会雑誌』二三巻二六二号、一四〇～一四一頁、一九〇八。

八木奘三郎『日本考古学』嵩山房、一八九八（『増訂日本考古学』八四～八六頁、一九〇二）。

吉岡郁夫「倭人の文身」『名古屋民俗』四八号、一～五頁、一九九四。

II

Adams, W. S. : The aetiology of swimmers' exostoses of the external auditory canals and of associated changes in hearing. "Journal of Laryngology and Otology" Vol. 65, pp. 133-153, 232-250, 1951.
Altomann, F. : Malformations of the auricle and the external auditory meatus. "Archives of Otolaryngology" Vol. 54, No. 2, pp. 115-139, 1951.
浅井昌夫・川端五十鈴「外耳道外骨腫症例」『耳鼻と臨床』二七巻、五〇五～五〇九頁、一九八一。
Ascenzi, A. & Balistreri, P. : Aural exostoses in a Roman skull excavated at the "Baths of the swimmer" in the ancient town of Ostia. "Journal of Human Evolution" Vol. 4, pp. 579-584, 1975.
DiBartolomeo, J. R. : Exostoses of the external auditory canal. "Archives of Otology and Laryngology" [Supplement] Vol. 88, pp. 1-17, 1979.
江坂輝弥『土偶』三〇〇～三一五頁、校倉書房、一九六〇。
――――『日本の土偶』一五二～一五六頁、六興出版、一九九〇。
Fowler, E. Jr. & Osmun, P. : New bone growth due to cold water in the ear. "Archives of Otolaryngology" Vol. 36, pp. 455-466, 1942.
Harrison, D. F. N. : Exostosis of the external auditory canal and cold water : a latitudinal analysis. "American Journal of Physical Anthropology" Vol. 71, pp. 410-415, 1980.
春成秀爾「抜歯」『考古遺跡遺物地名表』（竹内理三他編）、四二三～四二九頁、柏書房、一九八三。
長谷部言人「石器時代の外聴道骨瘤の見らるること」『人類学雑誌』三九巻一号、一～九頁、一九二四。

――「陸前気仙郡大船渡湾付近の石器時代人に外聴道骨瘤多し」同右四〇巻九号、三二一～三二六頁、一九二五。

岩崎繁野「日本のあまの生態について」『労働科学』五〇巻一〇号、一九七四（『日本民俗文化資料集成』四巻、二四五～二五五頁、三一書房、一九九〇）。

金関丈夫『発掘から推理する』一三八～一四二頁、朝日新聞社、一九七五（『考古と古代』一三三～一三七頁、法政大学出版局、一九八二）。

Kennedy, G. E.: The relationship between auditory exostoses and cold water. A latitudinal analysis. "American Journal of Physical Anthropology" Vol. 71, pp. 401-415, 1986.

清野謙次『古代人骨の研究に基づく日本人種論』二六七～二七三頁、岩波書店、一九四九。

――『日本貝塚の研究』三四～四七頁、岩波書店、一九六九。

香原志勢「海女の分布の生態学的考察」『岡正雄教授還暦記念　民俗学ノート』平凡社、一九六三（『日本民俗文化資料集成』四巻、一九一～二〇九頁、三一書房、一九九〇）。

国分直一「海上の道」『えとのす』一号、一九七五（『環シナ海民族文化考』六六～八二頁、慶友社、一九七六）。

三宅宗悦・今道四方爾「備後国大田貝塚人の外聴道骨腫に就て」『人類学雑誌』四六巻一一号、七〇九～七一八頁、一九三一。

宮本博人「津雲貝塚人の抜歯風習に就て」同右四〇巻五号、一六七～一八一頁、一九二五。

野垣徳次郎「海女に見られたる聴器障碍に就て2」『耳鼻咽喉科臨床』三四巻、五七四～五八九頁、一九三七。

大林太良「東亜・東南アジア・オセアニアの文身と他界観」『日本民族と南方文化』（金関丈夫博士古稀記念委員会編）、七一一～七三八頁、平凡社、一九六八。

――『邪馬台国』一〇～一四頁、中央公論社、一九七七。

太田文彦・一色信彦・浅島啓三「巨大なる側頭骨骨腫の一症例」『耳鼻咽喉科臨床』五二巻、一三二八～一三三一頁、一九五三。

斎藤卓志「土偶・仮面にみられる刺青の問題」『衣生活と民具』（日本民具学会編）、五九～七四頁、雄山閣出版、一九九二。

猿渡二郎・浜凱「アイヌ人頭蓋骨ニ於ケル外聴道骨増殖症ニ就テ」『大日本耳鼻咽喉科会会報』四一巻一二号、一六七七～一六八七頁、一九三五。

佐々木高明「稲作文化の伝来と展開」『季刊自然と文化』二〇号、一〇～一九頁、一九八八。

佐藤敏夫「外聴道骨腫ノ一例」『大日本耳鼻咽喉科会会報』五巻一〇・一一号、一八九九（猿渡・浜一九三五より引用）。

沢木修二他編『臨床耳鼻咽喉科学』2耳科編、二版、一七三頁、中外医学社、一九八一。

柴田精郎「外耳道 Exostose の研究2」『日本耳鼻咽喉科学会雑誌』五六巻、四六〇～四六二頁、一九五三。

柴田精郎・山野辺守幸、同1、同右五六巻、三六六～三六九頁、一九五三。

設楽博己「線刻人面土器とその周辺」『国立歴史民俗博物館研究報告』二五集、三一～六九頁、一九九〇。

潮見浩・川越哲志・川瀬正利「広島県尾道市大田貝塚発掘調査報告」『広島県文化財調査報告』九集、一～五〇頁、一九七一。

高山純『縄文人の入墨』一四三～一五〇頁、講談社、一九六九。

寺田豊作「巨大ナル外聴道骨腫　付其手術ニヨリ治癒シタル二例」『大日本耳鼻咽喉科会会報』一一巻、一二一～一二八頁、一九〇二。

鳥居龍蔵「倭人の文身と哀牢夷」『人類学雑誌』三二巻七号、一八五～一九一頁、一九一七。

Van Gilse, P. H. G. : Des observations ulterieures sur la genèse des exostoses du conduit par l'iritation déau froide. "Acta Otolaryngologica" Vol. 26, pp. 343-352, 1938.

吉岡郁夫「縄文時代の海人」『比較民俗研究』一〇号、九〇～一〇一頁、一九九四。

III

天野暢保「美豆良を描く人面文の土器」『安城歴史研究』四号、一～一〇頁、一九七八。

――――「愛知県亀塚遺跡の人面文土器」『考古学雑誌』六七巻一号、一〇〇～一〇四頁、一九八一。

石原道博編訳『新訂　魏志倭人伝・後漢書倭伝・宋書倭国伝・隋書倭国伝』（岩波文庫）四五～四六頁、岩波書店、一九八五。

伊藤　彰「潜水漁撈覚書」『日本民俗文化資料集成』四巻、二一一～二二一頁、三一書房、一九九〇。

金関丈夫『発掘から推理する』一三八～一四二頁、朝日新聞社、一九七五（『考古と古代』一三三～一三七頁、法政大学出版局、一九八二）。

松本信広『印度支那の民族と文化』三三一～三三三頁、岩波書店、一九四三。

松本清張『古代史私注』八～九頁、講談社、一九八一。

松岡静雄『ミクロネシア民族誌』三六四～三六五頁、岩波書店、一九四三。

森　浩一『図説日本の古代1　海を渡った人びと』九九～一〇三頁、中央公論社、一九八九。

直良信夫『日本哺乳動物史』二三六、二四一頁、養徳社、一九四四。

大林太良『邪馬台国』（中公新書）、一〇～一四頁、中央公論社、一九七七。

岡崎　敬「倭の水人－壱岐島弥生時代遺跡発見の鯨骨製品とその伝統－」『日本民族と南方文化』（金関丈夫博士古稀記念委員会編）九三～一二五頁、平凡社、一九六八。

実吉達郎『動物の日本史』一一七～一二一頁、新人物往来社、一九七三。

斎藤卓志「土偶・仮面にみられる刺青の問題」『夜生活と民具』（日本民具学会編）五九～七四頁、雄山閣出版、一九九二。

芝田清吾『日本古代家畜史の研究』一三三、二五七頁、学術書出版会、一九六九。

設楽博己「線刻人面土器とその周辺」『国立歴史民俗博物館研究報告』二九集、三一～六九頁、一九九〇。

高山　純『縄文人の入墨』一四五～一五〇頁、講談社、一九六九。

鳥居龍蔵「倭人の文身と哀牢夷」『人類学雑誌』三二巻七号、一八五～一九一頁、一九一七（『鳥居龍蔵全集』一巻、四四一～四四五頁、朝日新聞社、一九七五）。

和歌森太郎「倭人の習俗―古代日本の入墨について―」『邪馬台国』(古代史談話会編)二〇四～二三六頁、朝倉書店、一九五四(『和歌森太郎著作集』四巻、八三～一〇三頁、弘文堂、一九八〇)。

――『日本民族史』筑摩書房、一九六三(『和歌森太郎著作集』七巻、一七一～三五六頁、弘文堂、一九八一)。

IV

江坂輝弥『土偶』三〇四頁、校倉書房、一九六〇。

市毛　勲「人物埴輪顔の赤彩色について」『考古学雑誌』五〇巻一号、一一～二九頁、一九六四。

――「本邦古代における黥面と顔面彩色―人物埴輪顔面の赤彩色についてⅢ―」同右五四巻四号、三三八～三四九頁、一九六九。

――『増補朱の考古学』一四七～一六一頁、雄山閣出版、一九八四。

――「髪形と身体装飾」『古墳時代の研究』(石野博信他編)三巻、四五～五一頁、雄山閣出版、一九九一。

石原道博編訳『新訂　魏志倭人伝・後漢書倭伝・宋書倭国伝・隋書倭国伝』三一～三六、七〇頁、岩波書店、一九八五。

伊藤　純「古墳時代の黥面」『季刊考古学』二〇号、三八～四二頁、一九八七。

倉野憲司校注『古事記・祝詞』(日本古典文学大系)一六三、三〇七頁、岩波書店、一九五八。

森　浩一編『井辺八幡山古墳』(同志社大学文学部考古学調査報告五)、同志社大学考古学研究室、一九七二。

大矢全節「刺青の資料」『日本医史学雑誌』二三巻二号、二三一～二三五頁、一九七七。

佐伯有清「日本古代の猪養」『どるめん』一四号、一四～二四頁、一九七七。

坂本太郎他校注『日本書紀』上(日本古典文学大系)、二九七、三六四、四二四、四二六、四八六頁、岩波書店、一九六七。

高山　純『縄文人の入墨』二七五～二七六頁、講談社、一九六九。

辰巳和弘『埴輪と絵画の古代学』八一～一二四頁、白水社、一九九二。

和歌森太郎『日本民族史』筑摩書房、一九六三（『和歌森太郎著作集』七巻、一八〇～二〇二頁、弘文堂、一九八一）。

――「倭人の習俗―古代日本人の入墨について―」『邪馬台国』（古代史談話会編）二〇四～二三六頁、朝倉書店、一九五四（『和歌森太郎著作集』四巻、八三～一〇三頁、弘文堂、一九八〇）。

V

長谷川兼太郎「墨刑」『臨牀の皮膚泌尿と其境域』三巻、一六九～一七一頁、一九三八。

飯沢　匡「刺青大概」『原色日本刺青大鑑』（飯沢匡・福士勝成監修）、一五五～一七一頁、芳賀書店、一九七三。

井上泰宏『入墨の犯罪学的研究』一七～二九頁、立花書房、一九四九。

松田　修『刺青・性・死』平凡社、一九七二（『日本刺青論』一一三～一八二頁、青弓社、一九八九）。

――『日本刺青論』青弓社、一九八九。

宮尾しげを「刺青と江戸文化」『原色日本刺青大鑑』一九三～一九八頁、芳賀書店、一九七三。

森永種夫『犯科帳―長崎奉行の記録―』（岩波新書）、一五～一八頁、岩波書店、一九六二。

森田一朗『刺青』図譜新社、一九六六。

中山太郎「痣の遺伝する話」『日本民俗学、風俗篇』九七～一一〇頁、大岡山書店、一九三〇。

――「文身と民俗」『ドルメン』五号、五～七頁、一九三二。

大矢全節「入墨の資料」『日本医史学雑誌』二三巻二号、二三一～二三五頁、一九七七。

――「日本刺青之研究一」『臨牀の皮膚泌尿と其境域』三巻、七一〇～七一六頁、一九三八。

――「日本刺青之研究二」同右三巻、八〇九～八一七頁、一九三八。

玉林晴朗『文身百姿』六六～一〇三頁、玉林繁、一九五六。

田中香涯「思ひ出るが儘に九」『臨牀の皮膚泌尿と其境域』三巻、一七一～一七三頁、一九三八。

柳田国男『方言覚書』創元社、一九四二（『定本柳田国男集』一八巻、一三七～三五四頁、筑摩書房、一九六九）。

第二部

I

Bird, I. L. "Unbeaten trats in Japan", London, 1880（高梨健吉訳『日本奥地旅行』平凡社、一九七三。神成利男訳『コタン探訪記』七六〜九〇頁、北海道出版企画センター、一九七七）。

江坂輝弥『日本の土偶』一五五頁、六興出版、一九九〇。

埴原和郎他『シンポジウム　アイヌ−その起源と文化形成』一五三〜一五四頁、北海道大学図書刊行会、一九七二。

Hitchcock, R. "The Ainos for Yezo, Japan" "The Report of National Museum for 1890" Smithonian Institution, United National Museum for 1890（北構保男訳『アイヌ人とその文化』六九〜七七頁、六興出版、一九八五）。

本多勝一『アイヌ民族』一三四〜一四二頁、朝日新聞社、一九九三。

Kodama, S.（児玉作左衛門）"Ainu, Historical and anthropological studies" pp. 116-145, Hokkaido Univ. School of Medicine, 1970.

——『明治前日本人類学・先史学史−アイヌ民族史の研究（黎明期）−』日本学術振興会、一九七一。

児玉作左衛門・伊藤昌一「アイヌの文身の研究」『北海道帝国大学北方文化研究報告』二輯、一九三九。

——・——「樺太アイヌ文身の研究」同右三輯、一九四〇。

——・——「アイヌの文身（其一　北海道アイヌ）」『人類学先史学講座』一六巻、雄山閣出版、一九四〇。

Koganei, Y.（小金井良精）"Beiträge zur physischen Anthroporogie der Aino. II Untersuchungen am Lebenden" "Mitteilungen aus der medizinischen Facultät der kaiserlich-japanischen Universität" Bd. 2, Nr. 2, 1894（児玉・伊藤一九三九年より引用）。

河野本道「化粧と装身のアイヌ文化誌」『化粧文化』八号、四〇〜五七頁、一九八五。

工藤雅樹『城柵と蝦夷』一四三〜一四九頁、ニューサイエンス社、一九八九。

松野正彦・田川弘子「十勝アイヌ文身の研究」『北大解剖研究報告』一一三号、一〜一六頁、一九五八。

満岡伸一『アイヌの足跡』一〇七〜一一二頁、眞正堂、一九二四。

Munro, N. G. "Ainu, creed and cult", pp. 117-119, R. K. Paul Ltd., 1962 (Greenwood Press Pub., 1979).

西鶴定嘉『樺太アイヌ』三二頁、樺太文化振興会、一九四二（みやま書房、一九七四）。

大塚和義「土偶からみた縄文時代の化粧」『化粧文化』二六号、八〇〜八九頁、一九九二。

――「アイヌ民族の化粧様式とその歴史」同右三〇号、五〜一六頁、一九九四。

須藤隆・今泉隆雄・坪井清足編『古代の日本　9東北・北海道』角川書店、一九九二。

玉林晴朗『文身百姿』三〇七〜三一四頁、玉林繁、一九五六。

鳥居龍蔵「北千島アイヌの入墨に就て」『東京人類学会雑誌』一八巻二〇九号、四三一〜四三四頁、一九〇三（『鳥居龍蔵全集』七巻、四四五〜四四七頁、朝日新聞社、一九七六）。

――"Etudes archéologiques et ethnologiques. Les Aïnou des Iles Kouriles"『東京帝国大学理科大学紀要』四二冊一編、一九一九（小林知生訳「考古学民族学研究　千島アイヌ」『鳥居龍蔵全集』五巻、三一一〜五五三頁、朝日新聞社、一九七六）。

土佐林義雄「アイヌ文身文様の構成」『民族学研究』一三巻四号、三八二〜三八八頁、一九四九。

坪井正五郎「アイヌの婦人」『東京人類学会雑誌』四巻四二号、四五三〜四五九頁、一八八四。

――「石器時代の遺物遺跡は何者の手に成たか」同右三巻三一号、三八二〜四〇三頁、一八八八。

――「アイヌの入れ墨」同右八巻八九号、四五七〜四六一頁、一八九三。

――「アイヌの入れ墨（続稿）」同右八巻九〇号、四九二〜四九七頁、一八九三。

――「カラフトアイヌ女子の入れ墨」同右二六巻三〇〇号、二二八〜二三〇頁、一九一一。

吉田　巌「アイヌの黥について」『人類学雑誌』三二巻三号、八一〜八三頁、一九一七。

Ⅱ
知花春美「読谷村ハジチ調査報告」『読谷村立歴史民俗資料館館報』二号、三九〜五六頁、一九七七。

——「恩納村の針突」同右四号、二五〜五六頁、一九七九。

恵原義盛『奄美生活誌』二八六〜二八七頁、木耳社、一九七三。

平敷令治「女性の入墨—近代に廃止された習俗—」『那覇市における針突習俗』（那覇市教育委員会編）一〜六頁、那覇市教育委員会、一九八三。

伊波普猷「南島の黥（はづき）」『ドルメン』五号、一四〜二三頁、一九二六。

——『をなり神の島』楽浪書院、一九三八（〔東洋文庫〕平凡社、一九七三。『伊波普猷全集』五巻、九二〜九六頁、平凡社、一九七四）。

市川重治「沖縄婦人の文身」『風俗』一五巻四号、七七〜八〇頁、一九七七。

池田勲二「沖縄（琉球）婦人手背に見る入墨（針突）に就て」『仁泉医学』二巻二号、七四〜七六頁、一九五〇。

柏　常秋『沖永良部島民俗誌』三五〜四〇頁、凌霄文庫刊行会、一九五四。

真栄田義見・三隈治雄・源武雄編「いれずみ　入墨」『沖縄文化史辞典』五版、四六〜四七頁、東京堂出版、一九七二。

真栄平房敬「首里周辺の入墨」『那覇市における針突習俗』（那覇市教育委員会編）七〜九頁、那覇市教育委員会、一九八三。

宮島幹之助「琉球ノ入墨トアイヌノ入墨」『東京人類学会雑誌』九巻九一号、一五〜一九頁、一八九三。

三宅宗悦「南島婦人の文身」『人類学先史学講座』一巻、雄山閣出版、一九三八。

名嘉真宜勝「与那国島の針突」『読谷村立歴史民俗資料館館報』四号、五七〜六七頁、一九七九。

——『南島入墨習俗の研究』読谷村立歴史民俗資料館、一九八五。

——「南島の入墨習俗—美としての針突—」『化粧文化』二八号、六七〜七九頁、一九九三。

那覇市教育委員会『那覇市における針突習俗』一〇〜五一頁、那覇市教育委員会、一九八三。

野間吉夫『シマの生活誌―沖永良部島採訪記』三元社、一九四二（『日本民俗文化資料集成』九巻、二一三～三三〇頁、三一書房、一九八九）。

小原一夫「針突図誌（一）―奄美大島の部―」『島』一巻二号、一七六～一七七頁、一九三三。

――「同（二）―徳之島の部その一―」同右一巻三号、二七二～二七三頁、一九三三。

――「同（三）―徳之島の部その二―」同右一巻四号、三三八～三三九頁、一九三三。

――『南嶋入墨考』筑摩書房、一九六二（『日本民俗文化資料集成』九巻、四一九～五一七頁、一九六二）。

笹森儀助『南島探験』私家版、一八九四（東喜望校注（東洋文庫）一八〇～一八三頁、平凡社、一九八二）。

――「琉球群島ニ於ケル人類学ノ事実（「南島探験」ノ抜キ書キ）」『東京人類学会雑誌』一〇巻一一一号、三六三～三七七頁、一八九五。

玉林晴朗『文身百姿』三〇三～三〇七頁、玉林繁、一九五六。

当間一郎「沖縄の針突（はじち）」『化粧文化』七号、二一～三五頁、一九八二。

――同、同右八号、五八～七六頁、一九八三。

山下文武「奄美婦人入墨の文様について」『沖縄の宗教と民俗』（窪徳忠先生沖縄調査二十年記念論文集刊行委員会編）六四五～六六四頁、第一書房、一九八八。

柳田国男『海南小記』大岡山書店、一九二六（創元社、一九四〇。『定本柳田国男集』一巻、二四一～二四三頁、筑摩書房、一九六八）。

吉原重康「琉球及大嶋群島婦人の黥」『東京人類学会雑誌』一五巻一七一号、三四五～三四九頁、一九〇〇。

Ⅲ

張　良澤・上野恵司編『FORMOSA　台湾原住民の風俗』一六、三六頁、白帝社、一九八五。

古野清人「台湾蕃族の刺青」『ドルメン』五号、二三～二六頁、一九三二。

塙　鯤南「蕃社の風俗及び生活の状態」『東京人類学会雑誌』一三巻一四九号、四三九～四五二頁、一八九八。

伊能嘉矩「台湾のツァリセン族に見らるる酋長表示の標榜」同右二五巻二八六号、一三一〜一四〇頁、一九〇九。

増田福太郎『南方民族の婚姻』三七〜三八頁、ダイヤモンド社、一九四二。

宮本延人「Atayal 族の胸部刺墨」『民族学研究』一四巻二号、七九〜八〇頁、一九四九。

――『台湾の原住民族―回想・私の民族学調査―』一〇一〜一〇五、一八二〜一八五頁、六興出版、一九八五。

宮内悦蔵「所謂台湾蕃族の身体変工」『人類学先史学講座』一九巻、雄山閣出版、一九四〇。

名嘉真宜勝「台湾の入墨」『南島入墨習俗の研究』一一三〜一一八頁、読谷村立歴史民俗資料館、一九八五。

玉林晴朗『文身百姿』三一四〜三二七頁、玉林繁、一九五六。

鳥居龍蔵「東部台湾に於ける各蕃族及び其分布」『東京人類学会雑誌』一二巻一三六号、三七八〜四一〇頁、一八九七（『鳥居龍蔵全集』一一巻、四六四〜四八五頁、朝日新聞社、一九七六）。

――「台湾諸蕃族に就て」『地学雑誌』九輯一〇四、一〇五巻、一八九八（『全集』一一巻、四八五〜五〇五頁）。

――「台湾蕃地探検談」同右一三輯一四六・一四八巻、一九〇二（『全集』一一巻、四二一〜四三一頁）。

移川子之蔵「刺青ヲ通ジテ観タル台湾ト周囲ノ諸民族」『解剖学雑誌』一六巻総会記録一三〜一八頁、一九四〇。

IV

長谷部言人「東カロリン土人に就て」『人類学雑誌』三〇巻七号、二六二〜二七五頁、一九一五。

――「ポナペ島の文身に就て」同右三二巻七号、一九一〜一九五頁、一九一七。

――「西部ミクロネシア人の文身」同右四三巻三号、一二〇〜一四六頁、一九二八。

――「結縛崇拝」同四五巻一〇号、三八五〜三九一頁、一九三〇。

――「マーシャル人の文身」『ドルメン』五号、二七〜三五頁、一九三二。

伊能嘉矩「カロリン土人を観る」『東京人類学雑誌』二三巻二六二号、一三一〜一三五頁、一九〇八。

松村　瞭「南洋占領地視察談」『人類学雑誌』三〇巻七号、二四三〜二五三頁、一九一五。

松岡静雄『ミクロネシア民族誌』岡書院、一九二七（三六四〜三八八頁、岩波書店、一九四三）。

佐藤伝蔵「トラック島土俗一斑」『東京人類学会雑誌』一二巻一二九号、九八〜一〇三頁、一八九六。

志賀田順太郎（坪井正五郎問）「トラック島土俗」同右八巻九〇号、四七五〜四八七頁、一八九三。

鈴木経勲『南洋探検実記』（東洋文庫）八六〜八七頁、平凡社、一九八〇。

高山　純『縄文人の入墨』講談社、一九六九。

――『江戸時代パラウ漂流記』一二〇〜一二四頁、三一書房、一九九三。

玉林晴朗『文身百姿』三三一〜三三四頁、三林繁、一九五六。

第三部

I

福士政一「文身の目的・動機」『日本医事新報』八二〇号、一八七二頁、一九三八（谷奥・一九五九年より引用）

Hambly, W. D. "The history of tattooing and its significance" Witherby, London, 1925.

井上泰宏『入墨の犯罪学的研究』五九〜七五頁、立花書房、一九四九。

清野謙次『太平洋民族学』岩波書店、一九四三。

小林省三「文身瑣談」『ドルメン』五号、三六〜三九頁、一九三二。

倉田喜一郎「文身（刺青）」『美容形成外科学』（難波雄哉他編）七四七〜七五七頁、南江堂、一九八七。

前田尚久「文身の研究（第一報）」『皮膚科性病科雑誌』六〇巻四号、八四〜九二頁、一九五〇。

大林太良「東亜・東南アジア・オセアニアの文身と他界観」『日本民族と南方文化』七一一〜七三八頁、平凡社、一九六八。

大矢全節「日本刺青史考」『日本医事新報』七一五号、一八一九〜一八二二頁、一九三六。

――「日本刺青之研究（第二報）」『臨牀の皮膚泌尿と其境域』三巻、八〇九〜八一七頁、一九三八。

――「刺青の資料」『日本医史学雑誌』二三巻二号、二三一〜二三五頁、一九七六。

Ploss, H. H., Bartels, M. & Bartels, P. "Woman" Vol. 1, pp. 220-232, Heinemann, London, 1935.

志賀田順太郎「トラック島土俗」『人類学雑誌』八巻九〇号、四七五～四八七頁、一八九三。

菅原光雄「入れ墨」『現代皮膚科学大系』一七巻、三一三～三二四頁、中山書店、一九八三。

――――「入れ墨」『皮膚科MOOK 15色素異常症』二八二～二八七頁、金原出版、一九八七。

高山　純『縄文人の入墨――古代の習俗を探る』講談社、一九六九。

――――「入墨の意義と性格」『季刊考古学』五号、六七～七〇頁、一九八三。

玉林晴朗『文身百姿』三四四～三五七頁、玉林繁、一九五六。

谷奥喜平「文身（いれずみ）」『日本皮膚科全書六巻3冊　異物沈着症』二八～五一頁、一九五九。

移川子之蔵「刺青ヲ通ジテ観タル台湾ト周囲ノ諸民族」『解剖学雑誌』六〇巻総会記録、一三～一八頁、一九四〇。

吉益脩夫『犯罪心理学』東洋書館、一九四八（前田一九五〇より引用）。

吉岡郁夫『身体の文化人類学－身体変工と食人－』雄山閣出版、一九八九。

II

青木大勇「文身と黴毒」『皮膚泌尿器科雑誌』一二巻、四一二～四一五頁、一九一二。

福士勝成「医学から見た刺青－苦痛を中心に－」『原色日本刺青大鑑』（飯沢匡・福士勝成監修）、二〇〇～二〇八頁、芳賀書店、一九七三。

福士政一「文身の目的・動機の分類」『日本医事新報』八二〇号、一八七二頁、一九三八（前田・一九五〇年より引用）。

舟橋高信「文身ト第二期黴毒疹」『皮膚科図譜』一六号、図版一〇、一九三〇。

花田勝美・山田秀樹・鈴木真理子・大熊達義・羽根田やえ子「瀰漫性肉芽腫性間質性肺炎を伴った広範いれずみの一例」『臨床皮膚科』三七巻一二号、一一一五～一一二〇頁、一九八三。

倉田喜一郎「文身（刺青）」『美容形成外科学』（難波雄哉ら編）、七四七～七五七頁。

Loewenthal, L. A. & Johannesburg, H. : Reactiion to cinnabar, Archives of Dermatology & Syphilology, Vol. 65, pp. 114–115, 1952.

前田尚久「文身の研究　第一報」『皮膚科性病科雑誌』六〇巻四号、八四～九二頁、一九五〇。

光田健輔「入墨（特ニ朱）ト癩菌トノ関係ニ就テ」『皮膚泌尿器科雑誌』三二巻、七〇九～七一三頁、一九一二。

Morrell, L. J. F. : Tattoo, with reaction to cinnabar, Archives of Dermatology & Syphilology, Vol. 65, pp. 114–115, 1952.

根尾博・原田儀一郎「紅皮症ニ於ケル刺青上ノ反応」『皮膚泌尿器科雑誌』四七巻五号、四三二頁、一九四〇。

Obermayer, M. E. & Hassen, M. : Sarcoidosis with sarcoidal reaction in tattoo, Archives of Dermatology, Vol. 71, pp. 766-767, 1955.

大熊守也・手塚正・田中卓「刺青における黒粒子の電顕的局在ならびに粒子の動態に関する考按」『臨床皮膚科』三〇巻八号、六四一～六四五頁、一九七六。

大矢全節「日本刺青之研究　第二報㈠」『臨床の皮膚泌尿と其境域』三巻、七一〇～七一六頁、一九三八。

――――同㈡、同右三巻、八〇九～八一七頁、一九三八。

桜根好之助「皮膚刺青部位における水銀過敏症」『皮膚科の臨床』一巻八号、別表、一九五二。

須貝哲郎・池上隆彦「緑色イレズミによる急性皮膚炎」『臨床皮膚科』二三巻一号、三三～三九頁、一九六九。

菅原光雄「異物沈着症　入れ墨」『現代皮膚科学大系』一七巻、三一三～三二四頁、中山書店、一九八三。

――――「入れ墨」『皮膚科ＭＯＯＫ　５色素異常症』二八二～二八七頁、金原出版、一九八六。

谷奥喜平「異物沈着症　文身」『日本皮膚科全書』六巻三冊、二八～五一頁、金原出版、一九五九。

渡辺左武郎・山崎英雄「アイヌの文身皮膚の組織像」『人類学雑誌』六七巻四号、一九八～二〇一頁、一九五九。

Wolff, M. & Sidell, C. M. : Allergic reaction to mercury occurring in tattoo. “Archives of Dermatology & Syphilology” Vol. 69, pp. 625–626, 1953.

「一〇代の入れ墨に精神的トラブルと感染症の危険」“Medical Tribune” Vol. 24, No. 18, p. 14, 1991.

Ⅲ

Bellwood, P.（植木武・服部研二訳）『太平洋　東南アジアとオセアニアの人類史』三六七〜三八八頁、法政大学出版局、一九八九。

百々幸雄「北海道古人骨にみられる外耳道外骨腫」『人類学雑誌』八〇巻一号、一二〜二二頁、一九七二。

今泉隆雄「律令国家とエミシ」『新版古代の日本9』（須藤隆ら編）一六三〜一九八頁、角川書店、一九九二。

片山一道『ポリネシア人』二二七〜二六三頁、同朋舎出版、一九九一。

菊池俊彦「北海道をめぐる北方諸民族の交流」『新版古代の日本9』（須藤隆ら編）三七一〜三九八頁、角川書店、一九九二。

国分直一「シナ海諸地域と先史日本文化」『民族学研究』三〇巻四号、二七七〜三〇〇頁、一九六六。

――『環シナ海民族文化考』六六〜八二頁、慶友社、一九七六。

工藤雅樹『城柵と蝦夷』一二一〜一四九頁、ニューサイエンス社、一九八九。

松藤和人「旧石器時代人の文化」『日本の古代』四巻（森浩一編）二五〜七四頁、中央公論社、一九八六。

Milne, J. Notes on the Koro-poku-guru or pit-dwellers of Yezo and the Kurile Islands. "Transactions of the Asiatic Society of Japan" Vol. 10, pp. 187–198, 1882（吉岡郁夫・長谷部学訳『ミルンの日本人種論』二三三〜二四七頁、雄山閣出版、一九九三）。

大林太良「東亜・東南アジア・オセアニアの文身と他界観」『日本民族と南方文化』七二一〜七三八頁、平凡社、一九六三。

大塚和義「土偶からみた縄文時代の化粧」『化粧文化』二六号、八〇〜八九頁、一九九二。

酒詰仲男「石器時代のアワビ（Haliotidae）について」『人類学雑誌』六二巻一号、一一〜二〇頁、一九五一。

Suzuki, H.（鈴木尚）"Skulls of the Minatogawa man," "The Minatogawa Man,"（ed. Suzuki, H. & Hanihara, K.）pp. 7-49, Univ. of Tokyo Press, 1982.

山口　敏「人類学からみた蝦夷」『日本古代文化の探究　蝦夷』（大林太良編）八三〜一一一頁、社会思想社、一九七九。

吉岡郁夫「外国人研究者による日本人顔貌のタイプ」『日本医史学雑誌』三八巻四号、六四七〜六五三頁、一九九二。

あとがき

文身との出会い　終戦の翌年のことである。中学生の私は父とともに親戚の家を訪れた。その近くに神戸から疎開していた一家があり、そのなかに文身をしていた人がいた。このとき、私は生まれてはじめて文身を見た。季節はたぶん初夏のころではなかったかと思う。私は薄い地の上着を着ていたが、その人は上半身裸であったように記憶している。裸でなければ文身を見ることはできないからである。その人の背中で、大きな鯉が頭を上にして躍っていたのが印象に残っている。

今思い出しても、そのときの印象は強烈であった。それは少し恐ろしいような、妖しいようなというか、言葉ではうまく表現できない。昔の人が文身に呪力を感じたのが、少しわかるような気がする。その人とは一言二言、言葉を交わしたが、最初の恐ろしい印象とは違って、やさしかった。おそらく肉体労働に従事していた人ではないかと思う。

過去の記憶をたぐってみても、これより前には、文身を見た記憶がない。

文身との関わり　私が文身と直接関わったのは、だいぶ後の昭和四〇年代のことである。それまでまったく無縁であった文身が、急に身近なものになった。それは私が医師になったからで、私が文身に興味を持ったからではない。私の意志とは無関係に、向こうからやって来たというのが正しい。私の仕事は数名の小さな文身皮膚を取り除くことであった。

まもなく私は診療から離れたので、文身とは縁が切れた。あれから、もう三〇年余の歳月が経っている。病院を去るとき、腕から採った名刺大ぐらいの文身皮膚を、顕微鏡標本を作るつもりでホルマリンに入れて保存していたが、そのうちどこかへ行ってしまった。私の文身についての関心はその程度のものであった。

最近になって、ようやく関心を抱くようになったのは、一般によく知られている派手な文身ではなくて、習俗としての文身である。日本の中央部では弥生時代から古墳時代まで、アイヌや琉球では近年まで行われていたことは、本文で詳述した通りである。

副産物　現在、地球上で、文身が習俗として行われている地域はおそらくないと思う。日本周辺でも、文身習俗の名残りを見ることさえむずかしくなっている。本書では文身習俗の歴史を中心にしたので、私は自分で調査をしないでこの原稿を書いてきた。こういう書き下ろしの原稿を書いていると、途中でアイデアが浮かんできたり、内容が思わぬ方向に発展したりすることがある。

副産物の一つは「縄文時代の海人」である。倭人伝に出てくる「倭の水人」の黥面文身について考えているとき、縄文人骨のなかに、海人の職業病とされている外耳道外骨腫が多発している集団があることを思い出した。このグループは広島県尾道市の大田貝塚から発見されている。この貝塚は私の郷里にも近い。

それに続いて、大田貝塚―大船渡湾の貝塚―海人、という連想が自然に生まれてきた。これが〝地の利〟というものであろう。とくに、大田貝塚人には外骨腫が二五パーセントときわめて高率に発症している。その原因は炎症性のものではなく、ダイビング以外にはない。私はこれでこのグループが海人の集団であることを直接証明したと確信している。

これをまとめて『比較民俗研究』（筑波大学比較民俗研究会）に発表した後、戦後にも大田貝塚の調査が行われていたことを知った。この報告書はかなり苦労して手に入れ、それにもとづいて若干の追加訂正を行った。こうして、当初は予定していなかった一章を設けることになり、それ以後の私の筆も思わぬ方向に進んで行った。

いいわけと謝辞　話をもとにもどす。私がこの本を書くようになったのは、私が文身習俗に興味を抱いたからではない。平成元年に雄山閣出版から『身体の文化人類学』を出していただいたことである。そのころ、文化庁から愛知大学に赴任されてまもない木下忠先生から、文化人類学の講義を依頼された。私は講義が好きではないが、文化人類学の講義ははじめてとあって、好奇心でお引き受けした。そこで、数年前から身体変工の文献を少しずつ集めていたので、人体に関係のある習俗を取り上げてみた。わずか一年間の講義ではあったが、そのノートに手を入れて『身体の文化人類学』となった。

この本が出る直前になって、突然木下先生が脳出血で倒れられた。意識不明の状態が長かったので、内心もうだめではないかと思い、「あとがき」でそのことに触れておいた。その後奥さんの献身的な看護によって、先生は奇跡的に回復された。先生には「あとがき」のことをお伝えして、お詫び申し上げた。これは私にとっては嬉しい見こみ違いであった。この「あとがき」のこともあるので、どうしてもこのことを書いておきたかったのである。

この前著のなかで文身にも少し記したので、それが発展して本書が生まれることになった。生みの親は木下先生である。直接のきっかけは同社編集部から、諸民族の文身習俗について書かないかという打診であった。文身についての資料は引き続き収集してはいたが、世界各地の文身の文献は夥しい数にのぼっているし、私も文身だけに集中していたのではなかった。私の手持ちの材料はまだ日本周辺が主であったので、お断りするつもりでそのことをお伝えした。それでも構わないといわれて、安請けあいしたのが難産の始まりだった。

私が原稿を書き始めてから、ボケ老人の母親の死や家庭の事情もあり、ようやく脱稿のめどがついたのは三年後の平成八年の正月を迎えてからであった。その間、編集部の芳賀章内氏や本書の編集を担当していただいた垂水裕子氏から、たえず励ましていただき、ようやくここまでこぎつけることができた。

この稿を書くにあたって、長年沖縄の民俗調査を手がけて来られた名古屋民俗研究会代表伊藤良吉氏から貴重な蔵書を貸していただき、御教示を得た。そのほか同研究会の方々からも有形無形の御助力をいただいた。また、郷里の谷重豊季氏には文献を探していただいた。稿を終るに際し、以上の方々に心から厚く御礼を申し上げます。

平成八年三月二〇日

著　者

〈新装版〉刊行にあたって

本書は、弊社より平成八年（一九九六）九月に刊行された〈初版〉を底本とした〈新装版〉ですが、より読みやすくするため、今回、版面を拡大いたしました。なお、本文中の地名や肩書等は〈初版〉時のままになっております。何卒御了承願います。

（雄山閣編集部）

■著者紹介

吉岡 郁夫（よしおか　いくお）

1932年名古屋市に生まれる。医学博士。

1958年広島大学医学部卒、名古屋大学医学部解剖学研究室大学院修了。愛知医科大学教授、愛知学院大学教養部教授などを歴任。日本民俗学会会員、日本民族学学会会員、名古屋民俗研究会会員。

主な著書『人体の不思議』（1986年、講談社現代新書）『日本人種論争の幕あけ—モースと大森貝塚』（1987年、共立出版）『身体の文化人類学—身体変工と食人』（1989年、雄山閣）『人魚の動物民俗誌』（1998年、新書館）ほか多数。

著者あるいは関係者のご連絡先をご存知の方は、小社までご連絡下さいますようお願い申し上げます。

1996年9月20日　初版発行
2021年7月30日 新装版第一刷発行　《検印省略》

いれずみ（文身）の人類学【新装版】

著　者　吉岡郁夫
発行者　宮田哲男
発行所　株式会社 雄山閣
東京都千代田区富士見2-6-9
ＴＥＬ　03-3262-3231 / ＦＡＸ　03-3262-6938
ＵＲＬ　http://www.yuzankaku.co.jp
e-mail　info@yuzankaku.co.jp
振　替：00130-5-1685
印刷・製本　株式会社ティーケー出版印刷

Printed in Japan 2021　ISBN978-4-639-02783-6　C0021

N.D.C.383 288p 21cm